MAX NORDAU

LES
MENSONGES
CONVENTIONNELS
DE NOTRE CIVILISATION

NOUVELLE ÉDITION SOIGNEUSEMENT REVUE

SUR LA TREIZIÈME ÉDITION ALLEMANDE

PAR

AUGUSTE DIETRICH

PARIS
W. HINRICHSEN, ÉDITEUR
22, RUE JACOB, 22
—
1888
Tous droits réservés

De cette nouvelle édition in-18 des *Mensonges conventionnels de notre Civilisation*, il a été tiré vingt-cinq exemplaires sur papier de Hollande à 10 francs. De même ont été réservés trente exemplaires du premier tirage in-8° cavalier, imprimés en grands caractères, dont le prix est dès maintenant porté pour un exemplaire broché à 10 francs et pour un exemplaire relié à 12 fr. 50.

LES
MENSONGES CONVENTIONNELS
DE NOTRE CIVILISATION

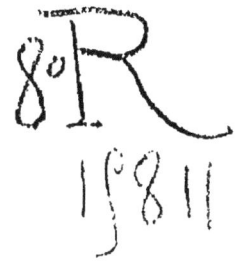

De cette nouvelle édition in-18 des « Mensonges conventionnels de notre civilisation », il a été tiré 25 exemplaires sur papier de Hollande à 10 francs. De même ont été réservés trente exemplaires du premier tirage in-8° cavalier, imprimés en grands caractères, dont le prix est dès maintenant porté pour un exemplaire broché à 10 francs et pour un exemplaire relié à 12 fr. 50.

PUBLICATIONS D'AUGUSTE DIETRICH

Rouget de Lisle et la Marseillaise, in-18, chez A. Ohio (Palais-Royal).

Les Maîtresses de Louis XV : chapitre de psychologie historique, in-18, chez A. Keiss (Vienne).

Jacques Richard. Poésies recueillies pour la première fois et précédées d'une Etude, nouvelle édition définitive, avec portrait et fac-similé, et un sonnet de Sully Prudhomme, 1883, in-24, chez Fischbacher.

Jacques Richard et la Presse. Revue des journaux, précédée d'une Etude : Au Pays de Jacques Richard, in-18, chez Charpentier.

Michel Kohlhaas (Nouvelle traduite de l'allemand de H. de Kleist, avec une introduction), in-18, chez A. Keiss (Vienne), épuisé.

Ecrivains modernes de l'Autriche : Mme d'Ebner-Eschenbach. Brochure in-8°. Bureaux de la Revue britannique, 71, rue de la Victoire.

Bojéna, la servante morave. Roman de Mme d'Ebner-Eschenbach. (A paru dans la Revue britannique.)

Langue allemande : Morceaux choisis, à l'usage de l'enseignement secondaire spécial et des écoles primaires supérieures, par G. Magé et A. Dietrich, in-12, chez Eug. Belin.

A PARAITRE PROCHAINEMENT

La Mort de Danton, drame de Georges Büchner, suivi des autres œuvres de l'auteur. (Avec préface de Jules Claretie.)

EMILE COLIN — IMPRIMERIE DE LAGNY

MAX NORDAU

LES
MENSONGES CONVENTIONNELS
DE NOTRE CIVILISATION

OUVRAGE TRADUIT

Sur la treizième édition allemande

PAR

AUGUSTE DIETRICH

NOUVELLE ÉDITION REVUE

PARIS

W. HINRICHSEN, ÉDITEUR

22, RUE JACOB, 22

1888

Tous droits réservés.

A

ANTONY VALABRÈGUE

Au Poète et au Critique,

Souvenir amical

du traducteur.

A. D.

NOTE POUR CETTE NOUVELLE ÉDITION

La traduction des *Mensonges conventionnels de notre Civilisation*, publiée au mois d'avril 1886 (1 vol. in-8°), a obtenu en France un succès comparable jusqu'à un certain point à celui qui a accueilli l'original en Allemagne. En moins d'une année, en effet, les quinze cents exemplaires de cette traduction se sont trouvés totalement épuisés. C'est pour répondre aux demandes qui lui sont encore fréquemment adressées que l'éditeur en publie aujourd'hui une nouvelle édition à bon marché, dans le format in-18, que le traducteur a revue avec le plus grand soin sur la treizième édition allemande, parue depuis la publication de la première édition française.

L'ÉDITEUR,

W. H.

Paris, mars 1888.

AVANT-PROPOS DU TRADUCTEUR
POUR LA PREMIÈRE ÉDITION

Le livre dont nous présentons la traduction au public français a paru à Leipzig en novembre 1883 et en est actuellement à sa douzième édition, chiffre qui équivaut à trente ou quarante éditions en France. Accueilli avec une sorte d'enthousiasme par les uns, plus ou moins anathématisé par les autres, il a provoqué d'ardentes apologies aussi bien que de violentes réfutations, et sa publication a atteint, on peut le dire, les proportions d'un événement. Les journaux d'outre-Rhin se sont accordés à peu près unanimement à le regarder comme un des symptômes les plus caractéristiques du mouvement d'idées qui, sur le terrain politique, religieux, social et moral, s'effectue actuellement en Allemagne. Son retentissement a franchi la frontière et il en a déjà paru — d'après une note bibliographique que nous avons sous les yeux — des traductions en anglais, italien, portugais hollandais, danois et suédois (1). Nous avons pensé qu'il méritait, ne fût-ce qu'à titre de curiosité, de passer dans notre langue à son tour. Rien de ce qui touche à l'Allemagne, on ne saurait le répéter trop souvent ni trop haut, ne doit désormais nous rester étranger, et il y a pour nous un intérêt de premier ordre — un intérêt national — à lire et à traduire les livres des Allemands, comme ceux-ci lisent et traduisent les nôtres. Le vrai patriotisme, celui des gens éclairés et qui comptent, consiste non à dédaigner et à ignorer son adversaire, mais à l'étudier et à l'observer de près, afin de connaître

---

(1) Depuis que ceci a été écrit, il en a paru une nouvelle traduction en espagnol.

son fort et son faible, et, le cas échéant, de tirer le meilleur profit possible des constatations faites à son sujet.

Quant au jugement à porter sur l'ouvrage en question, nous en abandonnons le soin au lecteur. Tout ce qu'on est en droit de demander à un traducteur, en une matière faite pour soulever des appréciations fort opposées, c'est de s'acquitter consciencieusement de la partie matérielle de sa tâche, sans empiéter sur les attributions spéciales de la critique. Son seul rôle, en un tel cas, est de présenter au lecteur une glace transparente et incolore, à travers laquelle chacun découvrira ce que sa nature d'esprit, son tempérament, ses habitudes d'action et de pensée le portent à apercevoir. Les Allemands, grands glossateurs, comme tout le monde sait, reprennent volontiers pour leur propre compte le principe posé par Spinoza dans sa *Réforme de l'Entendement*, à savoir que nulle chose, considérée en elle-même, ne peut être dite parfaite ou imparfaite, et qu'il faut se borner autant que possible à la comprendre, sans la blâmer ni la louer : ce qui revient à dire que c'est une méthode philosophique vicieuse de faire de nos sympathies et de nos antipathies le *criterium* de la justesse de tel ou tel point de vue. Ce principe, qui serait immoral et fréquemment désastreux sur le terrain des faits, est incontestablement fort sage dans le champ des idées. En tout cas, nous croyons devoir l'invoquer dans la circonstance présente. En traduisant les *Mensonges conventionnels de notre Civilisation*, nous avons voulu uniquement — pourquoi ne nous rendrions-nous pas ce modeste témoignage ? — faire œuvre de littérateur patriote, qui écoute volontiers le vent souffler à la frontière et aime à savoir dans quelle direction, et à aucun degré œuvre d'homme de parti.

A. D.

Paris, avril 1886.

PRÉFACE

Ce livre prétend reproduire fidèlement la manière de voir de la majorité des hommes instruits de notre époque. Il existe certainement, au sein des nations civilisées, des millions d'hommes que leurs propres réflexions ont amenés à critiquer dans notre organisation politique et sociale exactement ce qui est critiqué dans les pages qu'on va lire, à penser que cette organisation n'est pas conforme à la saine raison, non plus qu'aux données fournies par les sciences expérimentales, physiques et naturelles, et que par conséquent elle n'est pas maintenable.

Malgré cela, il est très probable que beaucoup de lecteurs feront la grimace et lèveront les bras au ciel, ceux-là peut-être surtout qui trouveront exprimées dans ce livre leurs propres opinions les plus secrètes.

Voilà précisément pourquoi l'auteur a cru qu'il y avait nécessité absolue, inéluctable, d'écrire ce livre. La maladie grave de notre époque, c'est la lâcheté. On n'a pas le courage de déployer son drapeau, d'assumer la responsabilité de ce que l'on croit être la vérité, de mettre d'accord ses actes avec ses convictions. On estime qu'il est prudent et habile de se conformer aux usages, d'observer les dehors, lors même que, dans son for intérieur, on a complètement rompu avec tout cela. On ne veut froisser personne, ne blesser aucun préjugé. On appelle cela « respecter les convictions d'autrui ». Et ces autres sont ceux-là même qui ne respectent nullement nos convictions à nous; ils les dénigrent, ils les poursuivent de leur haine, et ne demanderaient pas mieux que d'exterminer avec les opinions ceux qui les professent.

C'est ce manque de courage viril et de sincérité qui prolonge l'existence du mensonge et recule à perte de vue le triomphe de la vérité.

L'auteur a voulu du moins remplir son devoir vis-à-vis de lui-même, vis-à-vis de la vérité et de ceux qui sont de son bord. Il a dit bien haut et sans réticence aucune tout ce qu'il pense.

Qu'ils en fassent autant, les gens avisés, les habiles, les diplomates, les opportunistes, — peu importe le mot sous lequel il leur plaît de cacher leur hypocrisie et leur mensonge; — qu'ils en fassent autant, et ils constateront, peut-être à leur grand étonnement, que dans bien des endroits déjà ils forment la majorité. Ils n'auront alors qu'à se compter pour être les plus forts, et bientôt peut-être ils trouveront leur avantage à être sincères et conséquents plutôt que de persister dans la duplicité et la dissimulation.

LES
MENSONGES CONVENTIONNELS
DE NOTRE CIVILISATION

MANÉ, THÉCEL, PHARÈS

I

L'Humanité, semblable au Faust de Gœthe, est à la recherche de la science et du bonheur; mais jamais peut-être elle n'a été aussi éloignée qu'aujourd'hui de dire au moment présent : « Oh! demeure, tu es si beau ! » L'instruction et la civilisation se répandent partout et prennent possession des contrées les plus sauvages. Chaque jour voit surgir une nouvelle et merveilleuse découverte qui rend la terre plus habitable et les ennuis de l'existence plus faciles à supporter. Mais, malgré l'accroissement de toutes les conditions du bien-être, l'Humanité est plus mécontente, plus inquiète, plus agitée que jamais. Le monde civilisé n'est qu'une immense salle de malades qui remplissent l'air de leurs gémissements navrants et se tordent en proie à tous les genres de souffrances. Allez de pays en pays et deman-

dez de porte en porte : « Le contentement habite-t-il ici ?
Etes-vous tranquilles et heureux? » Partout on vous répondra : « Cherche plus loin, nous n'avons pas ce dont
tu parles ! » Écoutez aux frontières : le vent vous apporte
de partout les bruits sinistres de querelles, de combats,
de révoltes contre de brutales oppressions.

En Allemagne, le socialisme ronge avidement, de ses
dents aiguës, les piliers de l'édifice politique et social ;
et ni l'appeau du socialisme d'Etat ou chrétien, ni les
lois d'exception, ni l'état de siége, ni les pouvoirs discrétionnaires de la police ne le détournent un instant de sa
silencieuse et souterraine œuvre de destruction. Sous
le masque de l'antisémitisme se dissimule un prétexte
commode pour la manifestation de passions qui n'oseraient pas se montrer sous leur nom véritable. Chez les
pauvres et les ignorants, c'est la haine contre ceux qui
possèdent ; chez les usufruitiers de droits féodaux, ce
qu'on appelle les classes privilégiées, c'est la crainte de
concurrents mieux doués qui pourraient leur ravir influence et puissance ; pour la jeunesse à l'idéalisme confus, c'est une forme exagérée et injuste du patriotisme,
la prétention irréalisable non seulement à l'unité politique de l'Allemagne, mais aussi à l'unité ethnique du
peuple allemand. Un mal secret, qu'on a signalé cent
fois sans pouvoir jamais l'expliquer, chasse tous les mois
de leur patrie par delà les mers des milliers d'individus ;
des flots d'émigrants, de plus en plus nombreux, se pressent dans les ports de l'Allemagne ; on dirait une redoutable hémorragie du corps national, rebelle à tous les
traitements.

Les partis politiques se livrent les uns aux autres une
guerre d'extermination ; le moyen âge et la souveraineté
monarchique luttent contre le temps moderne et la souveraineté populaire.

En Autriche-Hongrie, dix nationalités sont aux prises les unes avec les autres, et cherchent à se faire le plus de mal possible. Dans chaque province, presque dans chaque village, les majorités écrasent les minorités ; quand celles-ci ne peuvent plus résister, elles feignent la soumission avec la rage dans le cœur et en souhaitant même la destruction de l'empire, comme l'unique moyen de sortir d'une situation intolérable.

La Russie en est arrivée au point qu'on la croirait revenue à la barbarie primitive. L'administration a perdu tout sentiment de solidarité publique, et les employés, loin de penser aux intérêts du pays et du peuple, ne songent qu'à leurs intérêts propres ; tous les moyens leur sont bons : rapine et vol, vénalité et trafic de la justice. Les gens instruits cherchent dans le nihilisme une arme désespérée ; ils risquent mille fois leur vie pour amener, par la dynamite ou le revolver, le poignard ou l'incendie, le chaos sanglant que leurs rêveries fiévreuses leur montrent comme condition indispensable d'un nouvel ordre social. Les hommes d'État, voulant guérir cette effroyable maladie, ont recours aux remèdes les plus étranges. L'un voit le salut dans l'émancipation du peuple russe et dans l'établissement du régime parlementaire ; l'autre, n'ayant foi que dans l'asiatisme, réclame la suppression de toute importation européenne et l'affermissement du despotisme héréditaire et sacré des tsars ; un autre croit encore à l'efficacité d'un traitement dérivatif et prône la guerre à outrance contre l'Allemagne, l'Autriche, la Turquie, contre le monde entier, s'il le faut. Et pendant que les médecins discutent, la masse du peuple se livre au pillage et au meurtre des juifs ; elle démolit leurs demeures, rase leurs synagogues, et jette en même temps des regards d'envie sur les châteaux seigneuriaux.

En Angleterre, on pourrait croire, au premier coup d'œil, à la solidité du sol et à l'intégrité de l'édifice politique. Mais, quand on approche l'oreille contre terre, on sent trembler le sol, on entend des grondements formidables et menaçants; la solidité des murs, lézardés de toutes parts, est de plus en plus compromise.

L'église, la noblesse de naissance et la noblesse d'argent sont vigoureusement organisées et protégent leurs intérêts, dont elles ont une notion très exacte. La bourgeoisie se soumet docilement aux lois écrites ou non écrites de la classe dominante; elle feint la piété et s'incline devant un titre; elle jure qu'il n'y a de convenable que ce qui satisfait les dix mille aristocrates, et que c'est être vulgaire et impardonnable de contrarier leurs priviléges. Mais l'ouvrier, le fermier restent en dehors de cette conjuration; ils réclament leur part du capital et du sol; ils fondent des associations de libres-penseurs et de républicains; ils montrent le poing à la royauté et à l'aristocratie, et celui qui cherche à lire l'avenir non dans le marc de café, comme les vieilles femmes, mais dans les yeux des prolétaires anglais, voit l'orage menaçant. Je ne parle pas de l'Irlande. La révolution économique y a commencé sa marche irrésistible, le meurtre y tient le haut du pavé; et si le gouvernement anglais n'arrive pas à noyer le peuple dans le sang, il devra permettre à celui qui ne possède rien de s'emparer par la force des biens de celui qui possède; cet exemple ne trouverait que trop tôt des imitateurs en Angleterre et ailleurs.

En Italie, une royauté mal consolidée se maintient avec peine contre le flot montant du républicanisme. Les journaliers des rizières de la Lombardie et des solitudes marécageuses de la Romagne, secoués par la fièvre et dévorés par la pellagre, émigrent en foule, ou bien, s'ils restent dans leur misérable pays, ils s'inquiètent entre eux du titre légal des grands propriétaires fonciers, à qui ils vendent pour cinquante centimes par jour la moelle de leurs os. Depuis l'unification de l'Italie, la jeunesse n'a plus devant elle un but fixe et traditionnel, et l'*Irredenta* cherche à lui offrir un idéal nouveau. Les secrètes souffrances du peuple se trahissent au sud par des signes appelés la «Camorra» et la «Maffia», en Toscane par le fanatisme religieux et le christianisme communiste primitif.

La France est de tous les pays de l'Europe celui qui, pour le moment, est peut-être en droit de se féliciter le plus de sa santé politique. Mais, là aussi, que de dispositions morbides, que de germes de maladies ! A tous les coins de rues, dans les grandes villes, des orateurs populaires prêchent avec véhémence le partage des biens et l'emploi du pétrole; le quatrième Etat s'apprête, tantôt bruyamment, tantôt en silence, à s'emparer du gouvernement et à chasser des emplois et des sinécures, du parlement et des municipalités, la bourgeoisie qui, depuis 1789, tient seule le pouvoir. Les anciens partis, qui voient venir le choc inévitable, veulent résister, mais timidement, sans espoir, sans unité, par des complots cléricaux, monarchiques et militaires.

Il est inutile de nous arrêter aux petits pays. Le nom de l'Espagne éveille aussitôt l'idée du carlisme et du cantonalisme. Celui de la Norvège fait songer au conflit entre le gouvernement et la représentation nationale, conflit qui contient la république comme le fruit renferme le pepin. Le Danemark a le parti des paysans et les crises ministérielles chroniques; la Belgique a son ultramontanisme armé. Tous les pays, les puissants comme les faibles, ont chacun leur grave plaie; ils croient trouver sinon le salut, du moins un soulagement, en sacrifiant chaque année, avec une anxiété croissante, des milliards pour le militarisme. C'est ainsi que les grands de la terre, au moyen âge, espéraient pouvoir guérir d'une maladie dangereuse en offrant leurs biens à l'Eglise.

II

L'opposition entre les gouvernements et les peuples, la colère des partis politiques les uns contre les autres, la fermentation dans les différentes classes sociales, tout cela n'est qu'une forme de la maladie générale de l'époque. Cette maladie est la même dans tous les pays, quoique dans chacun elle porte un autre nom; elle s'appelle tour à tour nihilisme, fénianisme, socialisme, antisémitisme ou *Irredenta*. Une forme beaucoup plus grave encore de cette maladie, c'est le profond mécontentement et la mélancolie qui, indépendamment des attaches nationales ou autres, sans égard aux frontières politiques et à la situation sociale, remplissent l'âme de tout homme qui est au niveau de la civilisation contemporaine. C'est la note caractéristique de notre époque, comme la joie naïve de l'existence est celle de l'antiquité classique, et la dévotion celle des premiers siècles du moyen âge. Chaque individu sent un malaise, une irritation, qu'il attribue, s'il n'en cherche pas la raison à l'aide de l'analyse, à mille causes accidentelles et toujours erronées. Il est amené à critiquer durement, quand il ne les condamne pas, toutes les manifestations de la vie sociale. Cette impatience, que les impressions extérieures ne font qu'irriter et exaspérer, les uns la nomment nervosité, les autres pessimisme, d'autres encore scepticisme. Les désignations ont bien varié ; elles ne font que couvrir un seul et même mal.

Ce mal se trahit dans toutes les manifestations de l'esprit humain. La littérature et l'art, la philosophie et la science positive, la politique et la science économique sont atteints de sa pâleur. Dans la littérature, les premières traces en sont apparues à la fin du siècle précédent. Parmi toutes les productions de l'esprit humain, la littérature est celle où se sont accusés tout d'abord les troubles ou les modifications qu'éprouvait la constitution de l'Humanité. Quand les classes élevées se gorgeaient encore de jouissances et faisaient de l'existence une perpétuelle orgie ; quand la bourgeoisie à courte vue paraissait bêtement satisfaite du cours des choses, Jean-Jacques Rousseau poussa son cri ardent de délivrance ; il déclara la guerre à un présent qui avait pourtant de grands charmes, et il parla avec enthousiasme d'un retour à l'état de nature. Assurément, il n'assimilait pas cet état à la barbarie primitive ; ce n'était dans sa pensée qu'une allégorie, une chose différente de la réalité et qui y ressemblait le moins. Son cri éveilla un écho chez tous ses contemporains, comme une corde mise en vibration fait vibrer les cordes voisines, accordées à l'unisson. Cela prouve que la disposition d'esprit de Rousseau se trouvait au fond de toutes les âmes. Débauchés et bourgeois parlèrent de vivre dans les antiques forêts et dans les solitudes. C'était un plaisant contraste avec la façon dont ils utilisaient pour leurs plaisirs tous les raffinements et tous les vices de cette civilisation tant critiquée.

Les déclamations de Rousseau ont donné directement naissance au romantisme allemand. Celui-ci est une application inconséquente des idées du philosophe, et il n'a pas le courage d'aller jusqu'au bout. Le romantisme ne remonte pas jusqu'à l'époque préhistorique, il s'arrête à une période plus rapprochée, au moyen âge ; mais le moyen âge qu'il nous peint avec de si éclatantes couleurs est aussi peu le vrai moyen âge historique, que l'état de nature de Rousseau est le véritable état de l'homme primitif. Dans les deux cas, il s'agit d'une création arbitraire de la fantaisie, construisant un monde artificiel par un procédé identique, par un contraste complet avec le monde existant. Dans les deux cas, il s'agit de la manifestation d'un même désir, soit conscient, soit instinctif : celui d'échapper à un présent insuffisant, avec l'idée que tout autre état doit être meilleur que l'état existant. En poursuivant les évolutions de cette tendance littéraire, nous arrivons au romantisme français, fils du romantisme allemand, et au mépris byronien du monde, mépris issu de la même famille. De la ligne byronienne descendent en Allemagne les poètes de la mélancolie, en Russie Pouchkine, en France Musset, en Italie Leopardi. Tous ont pour trait commun le mécontentement tragique du monde réel. Celui-ci l'exprime en plaintes émues, celui-là en amère moquerie contre lui-même, cet autre en aspirations exaltées vers un état meilleur.

Et la littérature allemande de notre génération, les œuvres des vingt dernières années, sont-elles autre chose qu'une tentative d'échapper au présent et à ses contrariétés? Le public réclame des romans et des poésies qui l'entretiennent de pays éloignés et d'époques aussi reculées que possible. Il lit avidement les tableaux de l'ancienne vie germanique sortis de la plume de Gustave Freytag et de Félix Dahn, les chants moyen âge de Scheffel et de ses maladroits imitateurs, les récits égyptiens, corinthiens et romains d'Ebers et d'Eckstein ; s'il accueille par hasard avec faveur un livre traitant un sujet moderne, ce livre doit se recommander par un idéalisme faux, une sentimentalité maladive; il doit présenter des êtres revêtus de notre costume et vivant de notre vie, tels que nous les désirons, mais tels que personne n'en a jamais vu.

Depuis fort longtemps, la littérature anglaise a cessé de reproduire la réalité. Quand elle ne décrit pas avec un plaisir sénile des crimes et des infamies de toute sorte — meurtres, brigandages, vols, séductions, captations d'héritage, — elle montre un monde modèle à l'usage des gens bien pensants, un monde où les aristocrates sont beaux, fiers, sages, généreux et riches, où les bourgeois sont pieux et pleins de soumission envers les nobles, où les gens vertueux sont félicités avec complaisance par les comtes et les barons, où les méchants sont mis sous les verrous par la police : un monde, en un mot, qui est une idéalisation naïve de l'état actuel de la société anglaise, quand cet état craque dans tous ses joints et qu'il est intérieurement déjà vermoulu et mort.

La littérature française semble au premier coup d'œil ne pas entrer dans le cadre général ; mais au premier coup d'œil seulement. Sans doute, elle ferme de parti pris son horizon au présent et au réel ; elle se refuse à tout retour au passé, à toute aspiration vers l'avenir, à un idéal meilleur, ou en tout cas nouveau. Elle sacrifie à un principe artistique pour lequel elle a trouvé la dénomination de naturalisme. Mais regardons-y de plus près : le naturalisme est-il une preuve de satisfaction à l'égard de ce qui existe, et, dans ce sens, est-il en opposition avec l'idéalisme pseudo-historique et fantastique que je regarde comme une manifestation de dégoût pour la réalité, et une aspiration à s'élever au-dessus d'elle? Quels sujets traite le naturalisme, avec un exclusivisme dont on lui a fait un reproche? Nous présente-t-il des tableaux de bonheur? Nous peint-il les beaux et joyeux côtés de la vie? Nullement. Il s'attache aux côtés les plus laids et les plus désolants de la civilisation, notamment de celle des grandes villes ; il s'efforce de montrer partout la corruption, la souffrance, le manque de consistance morale, l'homme moribond et la société agonisante. A la fin de chaque livre inspiré par cette tendance, une voix triste semble murmurer cette phrase qui revient avec une uniformité fatigante : « Tu le vois, lecteur mis à la torture, cette vie décrite ici avec une exactitude impitoyable ne mérite vraiment pas d'être vécue. » Telle est la thèse dont chaque production de la littérature naturaliste doit faire la preuve ; elle est son point de départ et sa conclusion. Elle ne diffère pas de la thèse sur laquelle s'appuie le faux idéalisme de la littérature allemande et de la littérature anglaise. Les deux tendances, loin de marcher à l'encontre l'une de l'autre, conduisent au même but. Le naturalisme énonce les prémisses, dont l'idéalisme tire la conclusion. Celui-là dit : « L'état actuel de choses est intolérable. » Celui-ci ajoute : « En ce cas, qu'il disparaisse! Cherchons à l'oublier un instant, en nous représentant en rêve l'état idéal et consolant dont je fais passer la fantasmagorie sous les yeux de mes lecteurs. » Le philistin ému appelle « noble poète » l'écrivain qui chante en vers enthousiastes la vie joyeuse des gens insouciants, les gracieuses vierges au cœur plein d'amour et tenant des lis dans leurs mains, les aventures des châteaux sur les pics embrasés par les feux de l'aurore. Eh bien! ce « poète » n'est que l'antinomie complémentaire de cet autre écrivain qui fouille de sa plume, comme avec un croc, tous les bourbiers, et pour lequel le même philistin n'a pas assez de mépris.

Je me suis arrêté un peu longuement à la littérature, parce qu'elle est en définitive l'expresssion la plus variée et la plus complète de la vie intellectuelle d'une époque.

Mais toutes les autres manifestations de la pensée humaine de notre temps offrent des traits semblables. Nous voyons toujours et partout l'inquiétude, l'amertume, le mécontentement se traduire chez les uns en douleur ou en colère, et aller chez les autres jusqu'au vif désir d'un changement complet d'existence. Autrefois, les arts plastiques avaient pour but la reproduction du beau; le peintre et le sculpteur rendaient seulement les aspects agréables du monde et de la vie. Quand Phidias sculpte son Jupiter, quand Raphaël peint sa Madone, leur main est guidée par une admiration naïve de la forme humaine. Ils contemplaient avec joie et satisfaction les productions de la nature, et quand leur sentiment délicat leur y montrait une légère imperfection, ils se hâtaient de la faire disparaître d'une main discrète, c'est-à-dire d'une main qui atténue et idéalise. L'art actuel ne connaît ni cette admiration naïve ni cette joie. Il examine la nature d'un œil méfiant, d'un regard méchant, exercé à découvrir particulièrement les défauts et les laideurs; il s'arrête, sous prétexte de vérité, à toutes les défectuosités de l'objet; il les exagère involontairement en les accentuant. Je dis sous prétexte de vérité, car la vérité elle-même est au-dessus de nos moyens. L'artiste, en effet, reproduit nécessairement l'objet comme il le voit et le sent personnellement; le laid casseur de pierres de Courbet est aussi subjectif et aussi loin, en sens opposé, de la vérité absolue, que la charmante Mona Lisa de Léonard de Vinci, pour laquelle Vasari s'enthousiasme précisément à cause de sa ressemblance avec la nature. Là même où l'art moderne ne peut s'empêcher de reconnaître la beauté et de lui payer tribut en la copiant, il cherche à la souiller en y mêlant l'idée que la forme noble et pure sert à des buts peu élevés et qui la profanent. Le corps nu de la femme est outragé dans sa majesté par des traits de sensualité et de libertinage qui ne manquent dans aucun tableau contemporain de ce genre, et qui agit sur un spectateur aux sens impressionnables à peu près comme la perfide insinuation : « Oh ! si le monde savait tout », que dans un salon une commère glisse dans l'oreille de son voisin, sur la vertu vantée d'une dame de leur connaissance. L'art ancien prend plaisir au sujet qu'il traite, l'art nouveau montre de l'aigreur et du mécontentement contre la nature. Celui-là exalte l'objet, celui-ci s'en plaint. L'un est un perpétuel dithyrambe, l'autre une critique sans fin, et souvent injuste. L'idée fondamentale dont procèdent tous les deux est, pour l'un, que nous vivons dans le plus beau des mondes, et, pour l'autre, que notre monde ne saurait être plus laid.

Dans la philosophie, le pessimisme est à la mode, dans celle des écoles comme dans celle des lettrés qui, sans en faire leur occupation spéciale, s'intéressent pourtant aux grands problèmes de la connaissance humaine. Schopenhauer est Dieu, et Hartmann est son prophète. Le positivisme d'Auguste Comte ne fait pas de progrès comme doctrine et ne gagne pas de nouveaux adhérents, parce que ses partisans eux-mêmes ont reconnu que la méthode de Comte est trop étroite et sa tendance trop peu élevée. Les philosophes français n'étudient plus guère que la psychologie, ou, plus exactement, la psycho-physiologie. La philosophie anglaise mérite à peine encore le nom de métaphysique, puisqu'elle a renoncé à sa tâche la plus sublime : la recherche d'une conception satisfaisante de l'univers ; elle ne s'occupe plus que de questions pratiques de second ordre ; John Stuart Mill s'est renfermé essentiellement dans la logique, c'est-à-dire dans la morphologie de la pensée humaine ; Herbert Spencer représente la science sociale, c'est-à-dire les questions intellectuelles et morales concernant la vie au sein de la société. Bain cultive la théorie de l'éducation, c'est-à-dire qu'il s'occupe des applications de la psychologie et de la philosophie morale. L'Allemagne seule a encore une métaphysique vivante, et cette métaphysique est sombre et désespérée. Le bon docteur Pangloss est mort et n'a pas laissé d'héritiers. L'hégélianisme trouvait une raison suffisante pour tout ce qui existe et puisait encore une sorte de tranquillité et de satisfaction chétives dans sa conviction que tout ce qui est a nécessairement sa raison d'être; aujourd'hui il est mis au rebut comme tout système usé, et la philosophie qui conquiert le monde est celle qui aboutit à ce résultat tragique de ramener au néant l'intolérable cosmos, vu l'aspiration de tous les êtres à la non-existence.

Dans l'économie sociale, cette même maladie se montre sous une forme différente, mais non moins caractéristique. Chez le riche, nous cherchons en vain le sentiment paisible et la joie de la possession ; nous ne voyons pas davantage chez le pauvre la résignation patiente à la misère, car, selon toute prévision humaine, la misère existera toujours. Le riche est hanté par la crainte d'un danger prochain; il voit dans les hommes et dans les événements une menace vague, mais très réelle, et sa fortune lui apparaît comme un simple prêt qui d'un moment à l'autre peut lui être brutalement réclamé. Le pauvre est en proie à l'envie, il convoite les biens d'autrui; il ne trouve ni en lui-même ni dans la constitution du monde, telle qu'il a appris à l'envisager, des raisons suffisantes pour qu'il doive rester pauvre et banni du banquet de la vie; plein d'une impatience rageuse, il écoute les voix intérieures qui lui persuadent qu'il n'a pas moins de droits que le riche à tous les biens. Le riche craint, le pauvre espère et cherche un changement dans les conditions économiques ; personne ne croit à la durée de ces conditions, pas même ceux qui n'osent pas s'avouer leurs doutes et leurs appréhensions.

Que voyons-nous dans la politique intérieure de tous les pays civilisés, de tous sans exception? Les oppositions sont partout plus rudes, les luttes de parti plus acharnées qu'à aucune autre époque. Les défenseurs modérés de l'état de choses existant meurent, et, au premier jour, ils auront disparu de la surface de la terre. On chercherait en vain un quiétiste politique pensant qu'il ne faut pas toucher aux institutions existantes, et tentant de rallier des partisans à cette idée. Il n'y a plus de conservateurs. Cette qualification devrait disparaître du vocabulaire politique, si on voulait la prendre au sens strict du mot. Un conservateur est celui qui veut conserver ce qui existe : personne ne le veut. La défensive a cessé d'être une méthode de lutte politique; l'offensive seule est pratiquée. On ne voit plus que réaction et réforme, c'est-à-dire une révolution pour reculer ou pour avancer, pour ramener le passé, ou pour hâter l'approche de l'avenir. Réactionnaires et libéraux exècrent également le présent.

Cette agitation générale et ce déchirement intérieur réagissent sur la vie individuelle. De mille manières et en proportions effrayantes se manifeste la crainte que l'on éprouve à considérer le monde dans sa réalité. On prend plaisir à fausser la perception sensitive et la conscience, on altère le système nerveux par des excitants et des narcotiques, témoignant ainsi une instinctive répugnance pour la vérité des faits. Nous ne voulons pas approfondir ici le vieux problème de « la chose en soi. » Il est certain que nous ne pouvons percevoir directement que les modifications de notre propre organisme, et non pas celles qui se produisent hors de nous. Mais les modifications qui ont lieu en nous sont très vraisemblablement occasionnées par des objets extérieurs, et il est évident que nos perceptions nous donnent une image incomparablement plus exacte d'un objet, si elles sont influencées uniquement par notre organisme imparfait, mais fonctionnant normalement, que lorsqu'à cette imperfection naturelle vient s'ajouter un trouble de l'activité du système nerveux par l'emploi voulu de poisons. Quand les perceptions des choses extérieures provoquent en nous, consciemment ou inconsciemment, un constant malaise, nous sentons le besoin également constant d'écarter ces perceptions ou de les modifier pour les rendre agréables. C'est pour cette raison que la statistique signale partout un accroissement progressif de la consommation de l'alcool et du tabac; que l'habitude de l'opium et de la morphine se répand d'une façon inquiétante, et que les gens cultivés se jettent avidement sur tout nouveau moyen d'étourdissement et d'excitation découvert par la science ; c'est pour cette raison enfin qu'aujourd'hui déjà, à côté des alcoolisants et des morphinomanes, nous voyons des buveurs habituels de chloral, de chloroforme et d'éther.

L'humanité civilisée commet en grand l'action de l'individu qui cherche à noyer son chagrin dans la bouteille ; elle veut échapper à la réalité et demande les illusions dont elle a besoin aux matières qui peuvent les lui donner.

Cette dépravation de l'instinct, cette fuite momentanée hors de la réalité ont pour conséquence logique le désir de sortir définitivement de celle-ci en quittant la vie. Partout, et particulièrement dans les pays très civilisés, le nombre des suicides s'accroît dans la même proportion que la consommation de l'alcool et des narcotiques. Une sourde irritation, qui parfois n'apparaît que sous la forme d'un vague et inquiet mécontentement, entretient chaque homme dans un état fiévreux et donne à la lutte pour l'existence, dans la société moderne, des formes sauvages et infernales qu'elle n'avait pas aux époques antérieures. Cette lutte n'est plus une rencontre d'adversaires polis, qui se saluent avant de tirer l'épée, comme les Français et les Anglais à la bataille de Fontenoy, mais l'horrible mêlée d'égorgeurs ivres de sang et de vin, frappant bestialement et qui n'attendent pas plus de grâce qu'ils n'en font.

On se plaint de la rareté de plus en plus grande des caractères. Qu'est-ce qu'un caractère ? Une individualité qui suit, en s'orientant sûrement, quelques principes moraux très simples qu'elle a reconnus bons et qu'elle a pris pour guides de toute sa carrière. Le scepticisme ne permet pas le développement du caractère, parce qu'il exclut la foi en des principes dirigeants. Quand l'étoile polaire s'éteint et que le pôle électrique disparaît, la boussole devient inutile; il n'y a plus de point solide qu'elle pourrait indiquer. Le scepticisme, encore une maladie à la mode, n'est, lui aussi, qu'une forme du mécontentement à l'égard de ce qui existe. L'idée que tout est vain, que rien n'est digne d'une agitation, d'un effort, d'une lutte entre le devoir et le caprice, cette idée, dis-je, ne se fait jour que lorsqu'on a appris à mépriser comme défectueux et insuffisant tout ce qui existe.

La littérature, l'art, la philosophie, la politique, la vie économique, toutes les formes de l'existence sociale et individuelle laissent donc apparaître un trait fondamental unique et commun : l'amer mécontentement de l'état du monde. De toutes ces différentes manifestations de l'esprit humain s'échappe à nos oreilles un seul et même cri de douleur qui peut se traduire, en langage vulgaire, par cette exclamation : « Sortons, sortons de l'état de choses existant ! »

III

Ici se pose une question : ce tableau est-il seulement celui du présent, ou ne s'applique-t-il pas aussi à toutes les époques antérieures ?

Je suis loin d'être, suivant le mot du poète romain, un « prôneur des temps qui ne sont plus. » Je ne crois pas à un antique âge d'or. Les hommes ont sans doute toujours souffert; toujours ils ont été mécontents et malheureux. Le pessimisme a un fondement physiologique, et une certaine somme de souffrances est impliquée par la conformation de notre organisme. Nous n'avons même la conscience de notre « moi » que parce que nous souffrons. Ce « moi » ne nous est révélé que par le sentiment de sa limite, et ce sentiment est provoqué uniquement par une rencontre plus ou moins douloureuse avec les choses qui existent en dehors de notre « moi. » C'est ainsi que, dans une pièce obscure, on ne s'aperçoit de l'existence des murailles qu'en s'y heurtant. L'homme achète la conscience de soi-même par la douleur, et l'opposition entre l'objet et le sujet ne lui est révélée que par un malaise constant. Mais s'il est vrai que l'Humanité a toujours souffert et s'est toujours plainte, que de tout temps elle a ressenti le douloureux contraste entre le désir et la possession, entre l'idéal et la réalité, il n'est pas moins vrai que le mécontentement de l'homme n'a jamais encore été aussi profond et aussi général qu'aujourd'hui, que jamais il ne s'est manifesté par tant de causes et dans des formes aussi radicales.

A quelque époque de l'histoire qu'on remonte, il y est question de luttes de partis et de révolutions. On pourrait souvent croire, à première vue, que l'ambition égoïste de quelques chefs en a été l'unique cause, et que les masses qui en font la force y sont restées au fond complètement étrangères. Mais je ne crois pas qu'on puisse identifier ces mouvements avec leurs chefs. Les partis se forment et se groupent seulement autour des mots d'ordre dans lesquels une portion du peuple croit trouver l'expression de ses vagues aspirations ; quand une ambition égoïste fait servir les passions populaires à ses propres intérêts, comme un industriel fait servir la force de l'eau, de la vapeur ou du vent, cette ambition ne peut évidemment atteindre son but qu'en feignant d'aspirer à la réalisation de vœux importants et généraux. Les luttes de partis sont pour un peuple ce qu'est pour le portefaix le mouvement par lequel il fait passer son fardeau d'une épaule sur l'autre, afin de se procurer un soulagement léger, et au fond trompeur. Les révolutions sont des tourmentes tendant à réaliser les aspirations populaires. Elles ne sont jamais volontaires, elles ne sont que le résultat d'une loi physique, comme l'ouragan qui rétablit l'équilibre entre les différences de densité de l'air occasionnées par les différences de température, ou comme la cataracte qui ramène au même point d'élévation la surface de deux cours d'eau. Chaque fois que la différence de niveau entre les désirs populaires et les faits réels devient trop grande, il éclate fatalement une révolution que les pouvoirs constitués peuvent endiguer artificiellement pendant un certain temps, mais qu'ils ne parviendront pas à éviter. Parmi tous les témoignages de l'histoire, les révolutions sont donc les seuls qui, par leur violence, leur étendue et leurs résultats, nous permettent de juger avec sûreté du degré et des motifs de mécontentement des hommes qui en ont été les acteurs.

Eh bien ! toutes les révolutions que mentionne l'histoire jusqu'en ces derniers temps avaient une étendue relativement restreinte et concernaient un nombre limité de faits intolérables. Le fond de la politique intérieure de l'antique Rome républicaine, c'est la lutte des plébéiens contre les patriciens. Quelles étaient les aspirations des masses prolétaires qui se personnifiaient dans Catilina et les Gracques ? Elles voulaient une part légitime de la propriété foncière, elles voulaient dire aussi leur mot sur les affaires de l'État. Dans l'antique république chaque citoyen avait un sentiment extrêmement fort de la solidarité politique et des devoirs et des droits qui en résultent. Réduit à lui-même, chaque individu sentait qu'il n'était qu'un fragment misérable ; il ne devenait un tout à ses propres yeux que quand il avait pris sa vraie place comme partie nécessaire de l'engrenage politique. Le plébéien de Rome se regardait comme un fils cadet de riche maison injustement méprisé et déshérité ; il luttait pour avoir sa place à la table paternelle et sa voix au conseil de famille. Mais il ne lui vint pas à l'idée de s'insurger contre l'ordre politique ou social existant : il en était fier et s'y soumettait avec joie. Il appréciait le patricien pour sa haute naissance, et ne lui enviait ni les honneurs héréditaires dans le temple des dieux, ni les marques extérieures de son rang élevé. Il occupait avec satisfaction le degré de la vaste échelle sociale et économique où le hasard de la naissance l'avait placé, et s'il élevait avec respect ses regards vers les familles des chevaliers et des sénateurs, il contemplait avec la conscience de sa dignité la foule complètement ou à demi servile, les esclaves et les affranchis.

Plus profond était le mécontentement de ces esclaves qui, à l'époque confuse de la transition de la République à l'Empire, se révoltaient fréquemment, et, en sacrifiant leur vie dans des combats terribles et meurtriers, protestaient contre l'ordre social existant. Dans ces masses obscures qui forment le piédestal vivant de la figure monumentale de Spartacus, nous pressentons pour la première fois l'angoisse de ce doute dévorant : tout ce qui existe doit-il réellement être tel qu'il est? — ce doute qui, semble-t-il, n'a jamais surgi des meurtrissures des Égyptiens, que les vieilles peintures murales des temples et des tombeaux nous montrent, traînant leurs fardeaux, en longs cortèges muets et mornes. Ce même doute n'a pas encore fait sentir ses tortures aux deux cents millions d'Hindous qui, aujourd'hui, subissent en silence le joug des Anglais, comme ils ont subi depuis des siècles le joug des castes. Les partisans de Spartacus, eux-mêmes, n'étaient ni radicaux ni pessimistes dans le sens moderne ; ils regimbaient contre l'aiguillon, mais non contre celui qui le tenait. Leur colère ne s'adressait pas à l'ordre du monde, mais à la place qu'ils y occupaient. Comprenaient-ils que l'intelligence humaine ne peut admettre que des êtres ayant une volonté et une raison soient traités comme du bétail et des choses insensibles, comme une pure propriété? Nullement. Ils acceptaient l'institution de l'esclavage, seulement ils ne voulaient pas, eux, être esclaves. Leur idéal n'était pas la destruction d'une forme sociale irrationnelle, mais un changement de rôles. De tels révolutionnaires eussent été faciles à satisfaire ; s'ils avaient triomphé, ces désespérés fussent devenus des hommes contents, ces rebelles se fussent changés en soutiens de la société.

Les grands mouvements du moyen âge ont une signification morale plus profonde. Les ravages des iconoclastes, les croisades, le fanatisme vaudois et albigeois nous dévoilent une grave agitation des âmes. Le charme mystérieux de la fabuleuse contrée située à l'Orient ne peut exercer son pouvoir séducteur sur des esprits grossiers, que s'ils sont tourmentés du vague désir de modifier leur condition ordinaire. Les centaines de milliers d'hommes qui se précipitaient de l'Europe vers la Palestine, pays qui devait leur apparaître comme un abîme inconnu, étaient guidés moins par l'étendard de la croix que par une nuée lumineuse qui marchait devant eux et que tous voyaient avec les yeux de l'âme — et ce guide était l'idéal. L'homme heureux n'abandonnait certainement pas son bien-être domestique pour s'acheminer vers le saint sépulcre; celui-là seul agissait ainsi, qui aspirait à une amélioration de son sort.

Et les hommes qui, pour leur foi, tuaient et se faisaient massacrer; qui, pour le plus petit doute, montaient sur le bûcher ou exterminaient des populations entières, — ces hommes-là, on peut en être sûr, n'étaient pas des optimistes satisfaits du présent. Celui, en effet, qui éprouve une angoisse fiévreuse pour le salut de son âme, c'est-à-dire pour son bonheur dans l'autre monde; celui qui veut gagner la vie promise au delà du tombeau par tant de sacrifices, d'efforts et de souffrances, — celui-là juge certainement que la vie d'ici-bas, la vie de la chair, ne lui a pas apporté de satisfactions suffisantes.

L'Humanité au moyen âge était donc également mécontente et agitée. Ce qui pourtant l'a empêchée de s'insurger violemment contre les choses existantes, c'est qu'elle puisait dans sa foi une consolation et un apaisement qui lui faisaient supporter presque avec joie tous les maux terrestres. Celui qui attend avec certitude un bonheur prochain, se résigne à un mal temporaire et le ressent à peine.

Mais l'Humanité poursuivit le cours de son développement, et les consolations de la foi commencèrent à lui faire défaut. Le moment vint où la religion ne fut plus la barrière infaillible opposée à l'esprit de révolte des mécontents. Ce fut un moment critique. Il s'en fallut de peu que le doute et la mélancolie, qui sont le propre de notre époque, allassent s'emparer des esprits quatre cents ans plus tôt. Cependant, les hommes ne se laissèrent pas ravir sans résistance leurs chères illusions; ils firent un effort prodigieux pour les retenir. Leur lutte pour un idéal consolateur se nomme dans l'histoire le mouvement de la Réforme. Ce mouvement a eu pour effet de prolonger durant des siècles le demi-sommeil des hommes et leurs rêveries agréables. Toutefois, alors déjà se manifestèrent des signes précurseurs d'un pessimisme que la foi en un monde meilleur ne parvint pas à maîtriser. La guerre des paysans allemands est l'acte de gens désespérés à qui le paradis ne semblait pas un dédommagement suffisant pour la misère terrestre, et qui voulaient prendre par la violence, dès leur vie terrestre, un acompte sur les joies promises dans l'autre monde.

Il nous faut arriver à la Révolution française pour trouver un peuple auquel les conditions existantes semblent assez intolérables pour qu'il les supprime par tous les sacrifices et à tout prix. Pour la première fois dans l'histoire de l'Humanité, nous assistons à un vaste mouvement populaire qui ne s'attaque pas à un objet unique, mais à la totalité des institutions. Cette fois les pauvres n'aspirent plus à la possession de *l'ager publicus*, comme les plébéiens de Rome; des déshérités et des esclaves ne revendiquent plus la libre disposition d'eux-mêmes et leur dignité d'hommes, comme firent les partisans de Spartacus; certaines classes ne s'emparent plus de privilèges spéciaux, à l'exemple des bourgeois dans les soulèvements des cités au moyen âge; enfin, nous n'avons pas affaire ici à des rêveurs en quête de consolations, voulant sauvegarder contre la contrainte intellectuelle la forme de leur rêve, comme firent les Vaudois, les Albigeois, les Huguenots, les combattants de la Réforme. Tout cela se trouve dans la grande Révolution, mais il y a autre chose encore. Elle est à la fois matérielle et intellectuelle ; elle renie la foi et met en question la forme existante de la possession individuelle ; elle cherche à reconstituer l'État et la société sur une nouvelle base et d'après un plan nouveau. Elle a la ferme volonté de créer pour le corps et pour l'âme des conditions d'existence plus agréables. C'est une explosion qui s'est produite avec une égale force, non seulement sur certains points de faible résistance, mais sur toute l'étendue de la surface qui lui est opposée : cette explosion a fait éclater le cadre entier de l'organisation sociale.

Certes, pour se cabrer aussi impétueusement contre toutes les institutions, pour vouloir les raser aussi radicalement, il faut les avoir trouvées terriblement absurdes et en avoir bien douloureusement souffert. Et cependant nous remarquons dans la grande Révolution un trait qui nous oblige à croire que l'état d'âme d'où elle est sortie n'était pas aussi douloureux que l'état actuel : ce trait, c'est son inépuisable optimisme. En réalité, les hommes de la grande Révolution étaient absolument exempts de la maladie du pessimisme ; ils étaient pleins jusqu'à en déborder d'espérance et de certitude. Ils avaient la ferme conviction de posséder des moyens infaillibles pour assurer l'absolu bonheur des hommes, et quand on a cette conviction, il est impossible de ne pas être heureux soi-même. Il y a dans ces hommes-là la joie du printemps et de l'aurore, qui a inspiré à Uhland son chant d'allégresse : « Le monde devient plus beau chaque jour, tout va changer ! » Cette jeunesse, pour ne pas dire cette naïveté enfantine d'espérances et d'illusions, ce sentiment de joie à l'égard de l'avenir, est peut-être le phénomène le plus curieux de la grande Révolution.

Notre rapide excursion à travers les siècles nous a appris que l'état d'âme actuel n'a pas son semblable dans le passé. L'histoire universelle n'offre qu'un moment analogue sous ce rapport au temps présent : c'est l'époque de l'agonie du monde antique. Cette analogie a été souvent constatée. Les vues traditionnelles sur le monde étaient surannées, et on n'en avait pas trouvé de nouvelles pour les remplacer. On ne croyait plus à ce que disaient les prêtres ni à ce qu'enseignait l'école ; les hypothèses sur lesquelles on basait la conduite de l'existence étaient en train de crouler ; la vie elle-même n'avait plus ni logique ni signification. Aussi les hommes éprouvaient-ils une fatigue et un désespoir qui leur faisaient haïr l'existence. Ni en eux ni hors d'eux ils ne trouvaient une consolation ou l'espoir d'un avenir meilleur, d'un gai lendemain. C'était un état moral terrible qui avait pour conséquence le suicide en masse. Cette anxiété des uns et ce sombre désespoir des autres, cette recherche inquiète et cet esprit amer et frondeur, ce scepticisme des gens superficiels et ce pessimisme des gens profonds, tous ces traits qui caractérisent notre civilisation, nous ne les rencontrons qu'au temps épouvantable de la chute de l'empire romain et de la mort du paganisme. Mais, même entre ces deux époques analogues, il existe une dernière différence. Dans la Rome impériale, le désespoir n'était le lot que des privilégiés de l'intelligence, c'est-à-dire d'un très petit nombre : la masse vivait sans penser, et si elle ressentait le contre-coup de ce moment terrible, c'était tout au plus comme un fardeau extérieur dû au temps. A notre époque, au contraire, cette disposition d'esprit se répand, comme un crépuscule envahissant, sur l'immense majorité des hommes civilisés. Il est vrai que ce n'est là qu'une différence de quantité et de qualité. Mais ce qui rend une grave maladie redoutable, c'est précisément sa vaste extension.

V

D'où provient cet état moral intolérable de l'Humanité? D'où vient, chez tous ceux qui pensent, cette humeur chagrine et cette amertume qu'on n'a jamais vues encore à un tel degré de profondeur et de développement? Cependant notre temps rend facilement accessibles, même aux plus pauvres, une foule de satisfactions intellectuelles et matérielles que jadis un roi même ne pouvait se procurer.

Tout cela vient de la même cause qui inspirait aux Romains cultivés de la décadence le dégoût en face du vide de la vie, dont ils ne croyaient pouvoir se délivrer que par le suicide : cette cause est le contraste entre notre conception du monde et toutes les formes de notre vie intellectuelle, sociale et politique. Chacune, de nos actions est en contradiction avec nos convictions et leur donne un démenti. Un abîme infranchissable est là béant entre notre entendement, entre ce que nous sentons être la vérité, et les institutions traditionnelles sous lesquelles nous sommes forcés de vivre et d'agir.

Notre conception du monde est une conception scientifique. Nous concevons le *cosmos* ou univers comme une substance qui a pour attribut le mouvement, lequel, force unique en réalité, arrive à notre perception sous la forme de différentes forces. Nous voyons le mouvement régi par des lois fixes, qu'en partie nous avons reconnues, définies, prouvées expérimentalement, et dont nous entrevoyons l'autre partie ; nous tenons ces lois pour immuables et nous n'y connaissons aucune exception. Quant à la question de la cause première et du commencement des choses, nous l'avons abandonnée comme insoluble par les moyens de notre organisme. Pour notre commodité, et comme conclusion provisoire d'une série d'idées qui, d'après les lois de la pensée, ne peuvent rester à l'état fragmentaire, nous admettons, arbitrairement, une éternité que nous ne saurions démontrer. Cette hypothèse nous suffit complètement pour expliquer tous les phénomènes et ne contredit pas notre idée de l'action des lois naturelles. Elle nous rend inutile l'hypothèse, également indémontrable, d'une volonté ou d'une intelligence éternelles — de Dieu enfin. Cette seconde hypothèse aurait l'inconvénient d'amener une série d'autres hypothèses, telles que la Providence, l'âme, l'immortalité, etc., hypothèses incompréhensibles, irrationnelles et en désaccord avec toutes les lois naturelles reconnues inattaquables.

Si de l'ensemble du monde nous descendons à l'Humanité, notre conception scientifique nous conduit nécessairement à voir dans l'homme un être vivant qui se rattache sans interruption à la série des organismes et qui est régi sous tous les rapports par les lois générales du monde organique. Il nous est absolument impossible d'accorder à l'homme des priviléges spéciaux ou des états de grâce qui n'appartiendraient pas aussi à chaque autre animal ou à chaque plante. Nous croyons que le développement de l'espèce humaine, comme celui de toutes les espèces d'êtres vivants, n'a été probablement rendu possible que par la sélection; qu'en tout cas il a été secondé par elle, et que la lutte pour l'existence, dans le sens le plus large, constitue toute l'histoire de l'Humanité aussi bien que la vie du plus obscur individu; cette lutte forme le fond de tous les faits politiques et sociaux.

Telle est notre conception du monde; nous en déduisons tous les principes de notre manière de vivre et notre idée du droit et de la morale. Cette conception est devenue une des bases de notre civilisation; elle nous pénètre avec l'air que nous respirons. Impossible désormais de nous y soustraire. Le pape, qui l'a condamnée dans son encyclique, était sous son influence. On a beau chercher à en préserver l'élève des jésuites par un rempart de théologie et de scolastique du moyen âge, comme on cherche, sur le continent, à conserver des animaux marins dans des aquariums remplis d'eau de mer — l'élève des jésuites lui-même est plein de nos idées modernes; il les absorbe en voyant les affiches dans les rues, en observant les habitudes de vie de ses coreligionnaires, en lisant les gazettes pieuses, en achetant un bréviaire chez un libraire bien pensant; toute sa vie spirituelle en est inconsciemment imprégnée; il a malgré lui des pensées et des sensations que l'homme du onzième siècle n'a jamais eues. Il a beau tenter l'impossible : il ne peut s'empêcher d'être le fils du temps moderne et de sa civilisation.

Et avec cette conception du monde, il nous faut vivre dans une civilisation qui admet complaisamment qu'un homme acquière, par le hasard de sa naissance, les droits les plus étendus sur des millions de ses semblables organisés absolument comme lui, souvent même beaucoup mieux que lui; qu'un homme qui prononce des mots vides de sens et fait des gestes sans but soit honoré comme l'incarnation visible des forces surnaturelles;

qu'une jeune fille d'un certain rang social épouse non pas un homme beau et vigoureux, mais un individu laid, débile, rabougri, parce que le premier est d'un rang soi-disant bas, tandis que le second est de même condition ; qu'un ouvrier, enfin, sain et fort meure de faim, tandis qu'un désœuvré maladif et impuissant nage au sein d'une opulence dont il ne peut même pas jouir! Nous qui croyons que l'Humanité est sortie de formes vivantes inférieures et qui savons que tous les individus sans exception naissent, vivent et meurent en vertu des mêmes lois organiques, il nous faut nous incliner devant un roi, il nous faut honorer en lui un être dont l'existence est régie par des lois spéciales, et il ne nous est pas permis de sourire quand nous lisons sur les monnaies et dans les actes du gouvernement qu'il est ce qu'il est par une mystérieuse « grâce de Dieu ! » Nous qui sommes convaincus que tous les événements de ce monde sont déterminés par des lois physiques immuables, ne souffrant aucune exception, il nous faut voir l'Etat payer des prêtres dont le rôle avoué est d'accomplir des cérémonies destinées, dit-on, à contrebalancer les lois naturelles et à les asservir ; il nous faut assister à l'occasion à des messes ou à des offices solennels où l'on implore une force surnaturelle insaisissable à la science, pour lui demander en notre faveur une protection spéciale et mystérieuse ; nous assignons même aux individus qui accomplissent ces comédies absurdes un haut rang dans l'Etat et dans la société ! Nous croyons à l'effet considérable et bienfaisant de la sélection, et nous n'en défendons pas moins la convention du mariage, lequel, dans sa forme présente, exclut la sélection. Nous trouvons dans la lutte pour l'existence le fondement de tout droit et de toute morale, et cependant chaque jour nous faisons des lois et nous soutenons des institutions qui empêchent absolument le libre jeu des forces : nous défendons aux forts l'usage des facultés qui leur assureraient le triomphe, et nous faisons de leur victoire naturelle sur les faibles un crime digne de mort.

Notre vie entière repose donc sur des hypothèses empruntées à un autre temps, et qui, sur aucun point, ne répondent à nos idées actuelles. La forme et le fond de notre vie politique sont en flagrante contradiction. Le problème dont la civilisation officielle semble chercher la solution, c'est de faire entrer un cube dans un globe de même contenance. Chaque mot que nous disons, chaque acte que nous accomplissons est un mensonge à l'égard de ce que, dans le fond de notre âme, nous reconnaissons comme la vérité. Nous nous parodions pour ainsi dire nous-mêmes et nous jouons une éternelle comédie : comédie fatigante, en dépit de l'habitude, réclamant de nous un constant désaveu de nos idées et de nos convictions, et qui, dans les moments où nous descendons en nous-mêmes, doit nous remplir de mépris pour nous et pour le monde. Dans une foule de circonstances, nous prenons une mine solennelle, une attitude grave, nous revêtons un costume qui nous fait l'effet d'un habit de bouffon ; nous feignons un respect extérieur pour des personnes et des institutions qu'au fond nous trouvons des plus absurdes, et nous demeurons lâchement attachés à des conventions qu'en notre âme et conscience nous savons manquer de tout fondement.

Cet éternel conflit entre les conventions sociales et nos convictions a un contre-coup fatal. On se produit à soi-même l'effet d'un clown qui fait rire tout le monde, mais que ses propres plaisanteries dégoûtent et laissent profondément attristé. L'ignorance se concilie très bien avec une sorte de satisfaction animale, et l'on peut être heureux et content en trouvant justes et nécessaires les institutions qui nous entourent. Les inquisiteurs qui traitaient le doute par le garrot et le bûcher voulaient à leur manière rendre service à l'Humanité et lui garantir une vie sans troubles. Mais quand on ne voit dans les institutions existantes que des formes mortes et à demi pourries, des simulacres vains et privés de sens, on doit subir les terreurs et les révoltes, les accablements et les accès de gaieté désespérée qui s'empareraient d'un homme vivant enfermé dans une fosse avec des cadavres, ou encore d'un homme raisonnable forcé de vivre parmi des aliénés et contraint, pour n'être pas maltraité par eux, à se prêter à toutes leurs extravagances.

Cette contradiction constante entre nos idées et toutes les formes de notre civilisation, cette nécessité de vivre au milieu d'institutions qui nous paraissent mensongères, voilà ce qui nous rend pessimistes et sceptiques ; voilà la plaie saignante du monde civilisé. Dans ce conflit intolérable, nous perdons toute joie de vivre et tout désir de lutter ; c'est la source du malaise fiévreux qui assombrit tous les gens cultivés en n'importe quel pays. C'est dans ce conflit qu'est la solution de l'énigme mystérieuse de l'état d'esprit contemporain.

Les chapitres qui suivent vont démontrer en détail ce désaccord entre les mensonges conventionnels régnants et la conception scientifique du monde, qui se révolte contre eux.

LE MENSONGE RELIGIEUX

I

La plus répandue et la plus puissante des institutions que le passé nous a léguées, c'est la religion ; toute l'Humanité se range sous sa bannière. Elle enlace du même lien les races les plus élevées comme les plus infimes, et rapproche, au point de vue des idées et de la civilisation, le nègre de l'Australie et le lord anglais. La religion pénètre toutes les formes de la vie politique et sociale ; la foi en ses doctrines surnaturelles implique plus ou moins ouvertement non seulement la validité, mais l'unique possibilité de toute une série d'actions qui marquent les phases de développement et les moments décisifs de l'existence individuelle. Dans beaucoup de pays civilisés, chaque homme est forcé d'appartenir à une religion. On ne s'occupe pas de sa croyance et de ses convictions intimes ; mais extérieurement il doit faire partie d'une confession déterminée. On n'en est plus tout à fait au point de vue où se trouvaient l'Espagne au seizième siècle, l'Angleterre sous le règne de Marie la Sanglante, ou les colonies de la Nouvelle Angleterre au temps de la tyrannie puritaine ; alors on exigeait sous des peines terribles que chaque citoyen participât aux exercices du culte. Mais le progrès, en somme, est peu considérable. Si l'Etat n'oblige plus personne à aller à la messe et à confesse, s'il ne brûle plus ceux qui le dimanche manquent à l'office, il réclame pourtant, dans bien des pays d'Europe et d'Amérique, qu'on se fasse inscrire comme membre d'une communauté religieuse, et il contraint les citoyens, par les tribunaux et les gendarmes, à contribuer de leur argent à l'entretien du culte.

La religion s'empare de l'homme dès son entrée dans la vie, elle l'accompagne obstinément à travers toute son existence, et ne le lâche pas même à sa mort. Un enfant vient-il de naître ? Ses parents doivent le faire baptiser, sous peine, dans bien des pays, d'encourir un châtiment. Plus tard, il veut se marier : il ne le peut qu'à l'église et avec l'assistance d'un prêtre. Sans doute, en beaucoup de pays, existe le mariage civil. Mais, d'abord, il n'est pas introduit partout ; ensuite, là où il a fini par pénétrer, de puissantes influences s'efforcent de l'abolir ; enfin, même là où il est solidement ancré, les mœurs sociales n'ont pas marché du même pas que la loi et affectent de voir dans le mariage civil un mariage incomplet. Le citoyen meurt : c'est encore le prêtre qui accompagne son corbillard, qui récite des prières sur son cercueil, et le défunt ne peut reposer que dans la soi-disant terre « consacrée », au milieu de symboles et d'inscriptions de nature religieuse. Dans maintes circonstances, le citoyen ne peut sauvegarder ses intérêts les plus légitimes qu'à l'aide d'un serment religieux. Doit-il faire à sa patrie, comme soldat, le sacrifice de son sang ? il ne le peut sans prêter, au nom de Dieu, serment de fidélité au drapeau. Doit-il défendre son droit en justice ? il ne le peut encore qu'en prêtant serment. Sans serment, il ne peut être ni juré et juger ses concitoyens, ni député et servir les intérêts du peuple ; à peine peut-il occuper un emploi public. La tentative qu'on a faite en Angleterre et en France pour remplacer le serment religieux par une invocation solennelle à l'honneur et à la conscience, a rencontré des résistances passionnées. Dans le monde entier on chercherait presque inutilement un petit coin de terre qui ait secoué la domination religieuse.

Les formes que la civilisation a revêtues dans son développement historique sont : la famille, la propriété, l'État et la religion. Mais aucune de ces quatre formes n'est aussi compréhensive que la dernière. Beaucoup de gens vivent en dehors de la famille : par exemple, les enfants trouvés et les vagabonds des grandes villes, à moins qu'arrivés à l'âge mûr ils n'aient recours au mariage ou au concubinage. Les indigents et les criminels qui subsistent de rapine et de vols ne reconnaissent pas le principe de la propriété. Au sein de notre civilisation réglementée, avec ses prescriptions nombreuses, son appareil administratif et son armée d'employés, il existe des groupes importants qui refusent d'entrer dans le cadre de l'organisation politique. Tels sont, entre autres, les tziganes dans presque tous les pays de l'Europe. Leurs naissances, leurs mariages et leurs décès ne sont enregistrés nulle part, ils ne paient aucun impôt, ne satisfont pas à la loi militaire, n'ont ni domicile ni nationalité politique. Ils ne pourraient d'ailleurs, s'ils le voulaient, entrer que fort difficilement dans la société civile normale : il leur manque les divers papiers timbrés couverts de signatures illisibles et de respectables cachets de police, faute desquels le fils numéroté et étiqueté de la civilisation ne peut faire constater légalement ni sa vie ni sa mort.

Par contre, ceux qui secouent le joug religieux sont en bien petit nombre. En Allemagne s'est formée une ligue de libres-penseurs, dans l'intention de s'affranchir extérieurement des liens héréditaires de la superstition. Après plusieurs années d'existence, cette ligue compte mille membres à peine, et parmi ceux-là même beaucoup sont considérés comme appartenant à une confession religieuse. En Autriche, une loi permet d'abandonner les religions existantes : il n'y a pas cinq cents personnes qui aient profité de cette loi. La plupart d'entre elles n'ont même pas agi dans le but de se conformer dans leurs actes et leur conduite à leurs convictions intimes. Les unes voulaient contracter mariage avec une personne d'une autre croyance, ce qui implique le renoncement préalable des deux parties à leur confession ; les autres étaient des juifs qui se berçaient de l'espoir d'échapper par ce moyen au préjugé qui poursuit leur race. Ce dernier motif est entré si fréquemment en jeu, qu'en Autriche les termes « sans confession » et « juif » sont devenus presque synonymes. Aussi le secrétaire de l'Université de Vienne, en interrogeant les étudiants sur leur religion, comme c'est encore l'usage là-bas, avait-il coutume de dire avec un sourire bienveillant à ceux qui lui répondaient qu'ils n'avaient pas de religion : « Pourquoi ne dites-vous pas tout de suite que vous êtes juif ? »

Parmi tous les pays civilisés, la France est celui où la liberté de la pensée a conquis la plus large place dans les lois, mais non pas dans les mœurs. Même en France, la majorité des libres penseurs reste dans le giron de l'église à laquelle leurs parents ont appartenu ; ils vont à la messe et à confesse, se marient à l'autel, font baptiser et confirmer leurs enfants et appellent le prêtre auprès de leurs morts. Ils sont peu nombreux encore, ceux qui laissent grandir leurs enfants sans baptême et sans confirmation, et qui réclament pour eux-mêmes un enterrement civil.

Dans la libre Angleterre, la loi et l'opinion publique tolèrent toutes les sectes et toutes les religions. On peut y professer le bouddhisme ou adorer le soleil des Parsis, mais il est défendu d'afficher l'athéisme. Bradlaugh a eu l'audace de proclamer ouvertement le sien : il a été mis pour cela au ban de la société, expulsé du parlement, et on lui a fait des procès qui lui ont coûté cher. L'influence de la religion sur les esprits est tellement puissante et il nous est si difficile de renoncer aux habitudes religieuses, que lorsque les athées eux-mêmes veulent substituer à la foi chez l'homme un idéal conforme à notre conception du monde, ils ont la faiblesse de maintenir pour leur conception rationnelle le terme de « religion », rappelant les niaiseries de l'Humanité naissante. A Berlin et dans d'autres villes de l'Allemagne du Nord, des associations de libres-penseurs n'ont pas trouvé d'autre désignation que celle de « communauté religieuse libre ». David-Frédéric Strauss, de son côté, baptise du nom de « religion de l'avenir » un idéalisme qui repose sur la négation d'une croyance religieuse au surnaturel. Cela ne rappelle-t-il pas un peu l'histoire bien connue de l'athée, s'écriant : « Par Dieu, je suis athée ! »

II

C'est le moment de prévenir un malentendu. Quand je nomme la religion un mensonge conventionnel de l'homme civilisé, je n'entends pas par le mot religion la croyance à des puissances surnaturelles. Cette croyance, chez la plupart des hommes, est sincère. Elle continue à vivre inconsciemment même chez des hommes de la plus haute culture intellectuelle. Parmi les fils du dix-neuvième siècle, bien peu s'attachent assez fortement à la conception scientifique du monde, dont leur raison reconnaît la justesse, pour que cette conception ait pu pénétrer jusque dans les derniers réduits de leur âme, réduits presque inaccessibles à la volonté et qui sont la source de sentiments confus et de rêveries. Dans ces recoins sombres et mystérieux les antiques préjugés et les idées superstitieuses conservent leur pouvoir, et il est incomparablement plus difficile de les en déposséder que de chasser les hiboux et les chauves-souris des trous d'une vieille tour.

Comme moyen d'attache, plus ou moins inconsciente, à des idées transcendantales, la religion est donc en réalité un reste excessivement répandu encore de l'enfance de l'Humanité. Je vais plus loin, et je dis qu'elle est une infirmité causée par l'imperfection de notre organe pensant; c'est une des marques du caractère limité de notre être. Je vais m'efforcer d'expliquer cette affirmation.

La philologie, la mythologie comparée et l'ethnographie ont apporté déjà un nombreux contingent à l'histoire de la naissance et du développement de la pensée religieuse; la psychologie a tenté avec succès de découvrir les propriétés psychiques qui devaient conduire l'homme primitif à l'idée du surnaturel, et y tenir attaché l'homme civilisé.

Il a fallu des milliers de siècles de civilisation, la succession de générations innombrables, pour que, après des penseurs de la taille de Pythagore, de Socrate et de Platon, un homme arrivât à reconnaître certaines notions comme non essentielles, comme de simples formes ou catégories de notre pensée. Pendant les premières lueurs de notre ère spirituelle, ces notions devaient naturellement dominer la pensée rudimentaire de l'homme primitif avec une puissance dont le fils de la civilisation, habitué qu'il est aux abstractions, et ne connaissant plus l'effort énorme qu'elles coûtent, ne peut se faire aucune idée. Pour le sauvage, temps, espace et causalité sont quelque chose d'aussi réel et d'aussi matériel que les choses qui l'entourent et qu'il peut percevoir avec son sens le plus grossier : le toucher. Il se représente le temps comme un monstre qui dévore ses enfants ; l'espace lui apparaît comme une muraille qui ferme l'horizon, ou encore comme une confluence de la terre avec le ciel, qu'il s'imagine être une coupole ; la causalité lui paraît si nécessaire, si inséparable des phénomènes, qu'il lui donne la forme la plus simple et la plus compréhensible pour lui : celle d'une action directe d'un être semblable à lui-même. Si un arbre tombe, un être organique peut seul l'avoir abattu ; si la terre tremble, quelqu'un l'a évidemment ébranlée, et comme l'idée de « quelqu'un » est encore trop vague pour l'esprit du sauvage et trop insaisissable, il la personnifie dans un homme. Il opère de la même façon pour tous les phénomènes qui se produisent autour de lui. Esclave passif de l'idée de causalité, il cherche la cause de chaque perception, et comme il sait ou croit savoir que la cause des actions accomplies par lui est sa propre volonté, il reporte cette observation sur la nature et reconnaît dans les phénomènes de celle-ci l'effet du caprice d'un être semblable à l'homme. Mais ici pour la première fois pénètre en lui un motif de trouble et d'étonnement. Quand sa femme, à l'aide d'un briquet, allume du feu ; quand son compagnon, avec sa hache de pierre, tue un animal, ses sens aperçoivent la cause de la production de la flamme et de la chute de l'animal. Mais quand la tempête renverse sa hutte ou que la grêle le blesse, il ne voit pas l'être qui exerce contre lui cette action violente. Il ne doute pas que cet être existe et se trouve tout près de lui, car la hutte gît en ruines, et la blessure faite par la grêle saigne ; il faut bien que quelqu'un ait fait cela et ait voulu le faire. Mais comme le sauvage ne découvre pas l'auteur du méfait, son esprit est en proie à la vive anxiété provoquée toujours par un danger inconnu contre lequel on ne peut se défendre, et ce sentiment est le point de départ de la religion.

En effet, tous les voyageurs qui ont pu observer des sauvages sont unanimes à reconnaître que le sentiment religieux se manifeste chez eux exclusivement sous forme de crainte superstitieuse. Il doit en être ainsi. Les sensations désagréables sont non-seulement beaucoup plus nombreuses, mais aussi beaucoup plus fortes que les sensations agréables, et elles excitent, à l'extérieur comme à l'intérieur, une activité incomparablement plus haute et plus vive. Une sensation agréable nous semble presque émoussée et nous l'acceptons passivement ; l'esprit n'a pas besoin de la voir clairement ; les muscles et le cerveau peuvent se reposer tandis qu'elle se produit. Une sensation désagréable, au contraire, arrive tout d'abord clairement à la conscience, et exige ensuite une série d'actes de la pensée et de la volonté pour en découvrir la cause et se prémunir contre elle. Aussi l'homme primitif devient-il beaucoup plus tôt attentif aux forces de la nature qui lui sont hostiles qu'à celles qui lui sont propices. Que le soleil le réchauffe et que le fruit le nourrisse, il ne s'en préoccupe nullement, parce qu'il ne pense que lorsqu'il y est forcé, et parce qu'il peut manger le fruit et s'étendre au soleil sans penser. Les désagréments et les dangers, au contraire, éveillent l'activité de son esprit et le remplissent d'images durables. Parvenu à un très haut degré de développement intellectuel, l'homme arrive à se représenter clairement les charmes de la vie, à en jouir non seulement instinctivement, mais consciemment, à y voir, comme cause première, le bon plaisir d'un être semblable à l'homme, et à éprouver pour cet être amour, reconnaissance et admiration. Avant d'arriver à cet état relativement tardif de sa civilisation, l'homme se contente de ressentir de l'angoisse et de l'effroi devant la volonté invisible et inconnue qui se déchaîne dans le tonnerre et l'éclair, qui l'accable de toutes sortes de maux et lui prépare douleurs et infortunes.

De ce sentiment de crainte sortent tous les actes primordiaux du culte religieux. On évite de faire des choses qui pourraient irriter le puissant ennemi invisible; la fantaisie vive et enfantine, la marche capricieuse des idées de l'homme primitif lui font appréhender, dans tout ce qu'il fait, de mécontenter cet ennemi. Celui-ci est-il en colère, il faut l'apaiser par tous les moyens. On satisfait son avidité en lui offrant des présents, des sacrifices. On flatte sa vanité en le louant, en vantant ses qualités. On s'humilie devant lui, on cherche à le toucher par des prières, parfois aussi à l'intimider par des menaces. Prières, sacrifices, adjurations sont donc des manifestations du même sentiment d'où Darwin, dans son livre sur l'expression des mouvements de l'âme chez les hommes et les animaux, fait dériver les formes de salutation : le chien frétille et rampe, le chat fait ronron, l'homme civilisé s'incline ou ôte son chapeau; ce sont toujours des actes de soumission à un adversaire plus fort.

Résumons. La causalité, qui est une forme ou catégorie de la pensée humaine, est conçue par l'homme primitif d'une façon grossièrement matérielle. Il cherche à tous les phénomènes qui l'inquiètent des causes prochaînes. Son incapacité de penser sous une forme abstraite ne lui permet que des idées concrètes qui apparaissent à son esprit toujours revêtues d'images qui lui sont familières. Il arrive ainsi à l'anthropomorphisme, c'est-à-dire qu'il se représente toutes les forces, tout ce qui est en état de produire un phénomène, sous la figure d'un homme doué de conscience, de volonté et d'organes pour agir; il ne peut encore comprendre une force distincte de la forme organique sous laquelle il en voit d'ordinaire les effets. La causalité le conduit donc à admettre une cause de tous les phénomènes, son incapacité d'abstraction le mène à l'anthropomorphisme et lui fait peupler la nature d'un dieu personnel ou de plusieurs dieux personnels; sa crainte de ceux-ci, qui lui semblent des ennemis, le décide à leur faire des sacrifices et des prières, en un mot à les honorer d'un culte extérieur.

Voilà l'origine de la religion chez l'homme primitif; elle persiste dans le cœur de l'homme civilisé. Même des esprits assez cultivés et assez exercés à penser pour ne plus considérer le temps et l'espace comme quelque chose de matériellement existant, continuent à concevoir la causalité comme une réalité et n'ont pu s'élever à la hauteur d'abstraction d'où l'on voit dans la causalité, comme dans l'espace et le temps, non pas une condition des phénomènes, mais une forme de notre pensée. L'anthropomorphisme continue à avoir cours, non seulement chez l'enfant, qui prend plaisir aux contes où parlent le vent et les arbres et où se marient les étoiles, mais chez l'adulte, dont l'esprit n'a jamais pu se soustraire complètement aux influences des habitudes enfantines. N'est-ce pas une chose caractéristique, que le philosophe à la mode de nos jours a bâti son système, par un singulier retour aux idées de l'homme primitif, sur les suppositions qui ont donné naissance aux premiers rudiments d'une conception du monde chez les contemporains de l'ours des cavernes, les nègres de l'Australie actuelle ; sur l'hypothèse d'une volonté servant de condition fondamentale non seulement à une activité quelconque, mais à la simple existence de chaque objet? Traiter les choses qui nous environnent selon un procédé qui nous est familier, parce que nous l'observons fréquemment en nous-mêmes ; expliquer leur existence par une volonté existant en elles, parce qu'il nous est impossible de séparer l'idée d'un homme de celle d'une volonté agissant en lui et déterminant toutes ses actions — tout cela appartient absolument au premier échelon de l'activité intellectuelle de l'Humanité. Certes, Schopenhauer, par des raffinements de la forme et une terminologie scientifique, a donné à son système une apparence assez distinguée pour pouvoir le présenter aux gens cultivés ; mais ce système n'en reste pas moins dans son essence l'atavisme le plus étonnant qu'ait à enregistrer l'histoire de la philosophie ; cette histoire n'est elle-même que celle des rechutes de l'esprit humain dans de vieilles rêveries et des folies dont on croit avoir triomphé. Un penseur des plus éclairés, tel que Schopenhauer, donne aux choses inorganiques, pour les comprendre, une volonté semblable à celle de l'homme (quoique dans l'homme même quelques-uns des faits les plus importants, ceux de la nutrition, par exemple, s'accomplissent sans l'influence de la volonté) ; son système est accueilli favorablement par un grand nombre d'esprits d'élite ; comment ne comprendrait-on pas alors que le chasseur de mammouths de l'époque quaternaire, généralisant les pauvres observations faites sur son « moi » limité, ne pût s'expliquer la nature qu'en supposant derrière ses phénomènes un créateur fait à son image, mais plus fort et plus terrible, avec une plus grande hache de pierre et un plus vigoureux appétit, et qu'il arrivât ainsi aux rudiments d'une religion ?

L'idée d'une volonté comme cause des phénomènes du monde, et par conséquent la croyance en un Dieu ou en des dieux personnels, n'est qu'une partie de la religion ; celle-ci en effet ne borne pas à la nature ses essais d'explication ; elle s'exerce aussi sur l'homme et sur la place qu'il occupe dans le monde. Aux idées religieuses appartient également celle d'une âme chez l'homme et d'une survivance de cette âme après la mort. La croyance en l'immortalité est le complément de la croyance en Dieu, et forme avec elle un vaste système sur lequel on a pu étayer un ordre social et une morale, parce qu'il a fourni une définition précise du bien et du mal, une distinction entre la vertu et le vice, une récompense et un châtiment futurs, liés à l'immortalité de l'individu avec ses attributs essentiels : la sensation et la raison. Toutefois, la croyance en l'âme et en son immortalité ne repose pas sur la causalité et sur l'anthropomorphisme, elle provient d'une autre source que nous allons examiner de près.

On s'est souvent demandé si la croyance à une âme et à son immortalité a précédé ou suivi la croyance en Dieu, et si toutes les idées religieuses ne sont pas sorties du culte des âmes, en passant par un degré intermédiaire : la croyance aux démons. En effet, beaucoup de peuples de l'antiquité et de tribus sauvages d'aujourd'hui ont attaché ou attachent plus d'importance à la croyance à une âme qu'à celle à un être suprême ; nous en avons pour preuves le culte des morts en Égypte, le respect des lares et des ancêtres à Rome, les anciens Celtes et les Germains buvant le sang des ennemis tués, et l'anthropophagie de maintes tribus de l'Afrique intérieure et des îles de la mer du Sud. L'anthropophagie, notamment, ne dérive certainement pas d'un besoin irrésistible de chair, comme des observateurs superficiels l'ont prétendu, mais de l'espoir mystique que les qualités de l'ennemi tué passeront dans l'homme qui en mange.

En somme, la question d'antériorité de la croyance en l'âme ou en Dieu est secondaire. Il est certain que l'homme a eu de très bonne heure l'idée de quelque chose de différent de son corps et déterminant la vie, puis survivant après la mort et la destruction de la forme extérieure. Ce qui en a donné la première idée, ce fut une observation inexacte, une intelligence défectueuse des lois de la nature. On sentait dans l'homme vivant des mouvements mystérieux, tels que le battement du cœur, la pulsation des artères. Chez l'homme mort, tout est immobile. Le rôle que, aujourd'hui encore, le cœur joue dans la langue courante comme siège des sentiments, atteste l'attention que ses mouvements surprenants excitèrent de bonne heure. L'homme peu familiarisé avec la logique a coutume de rattacher par un lien de causalité des phénomènes qui se succèdent. Puisque chez un mort rien ne bouge plus, on en a conclu que ce qui chez un vivant tressaille et s'agite doit être la cause déterminante de la vie. Quand on vit, *cela* existe; quand on meurt, *cela* s'en va, abandonne le corps.

Mais qu'est-ce que *cela*? La fantaisie de l'homme primitif a donné bien des réponses à cette question. Un point sur lequel s'accordent presque tous les peuples, c'est d'attribuer au principe vital, à l'âme, la forme d'un animal. Les uns opinent pour une colombe, les autres pour un papillon. D'autres, capables d'idées plus abstraites, se la représentent comme un souffle ou comme une ombre. Les phénomènes inquiétants et inexplicables du sommeil et des rêves deviennent, grâce à ces hypothèses, susceptibles d'une explication qui suffit à l'esprit primitif. L'âme, cette habitante matérielle et organisée du corps, cette espèce de parasite de l'être vivant, éprouve parfois le besoin de quitter sa cage. Alors, le corps tombe dans un état semblable à celui qui l'attend quand l'âme l'abandonne pour toujours : il ne sait et ne sent rien, il ne se meut pas ; il dort. L'âme se promène quelque part ; elle fait et éprouve toutes sortes de choses ; il lui en reste un souvenir confus quand elle est rentrée dans sa demeure habituelle : ce sont les rêves.

Jacques Grimm raconte, d'après Paul Diacre, la légende suivante. Le roi des Francs Gontran s'étant un jour endormi à la chasse, le serviteur qui l'accompagnait vit un petit animal semblable à un serpent sortir de sa bouche en rampant et s'enfuir jusqu'au ruisseau voisin ; mais il ne put le traverser. Le valet tira son glaive et le posa sur le ruisseau. Le petit animal y passa, revint quelques heures après et rentra par la bouche du roi. Celui-ci alors s'éveilla et raconta à son compagnon qu'il avait vu en rêve un grand fleuve sur lequel était un pont de fer ; qu'il avait traversé ce pont, etc. Une autre légende, qu'on trouve également chez Grimm, nous parle d'une servante endormie dont la bouche laissa sortir une petite souris rouge. On retourna la servante de l'autre côté, ce qui empêcha la souris, à son retour, de trouver la bouche : et la servante ne s'éveilla plus.

Et ce mystérieux habitant du corps humain qui explique si facilement les grandes énigmes de la vie et de la mort, du sommeil et du rêve, où était-il avant la naissance de son hôte ? Où va-t-il après sa mort ? Il occupait auparavant d'autres corps et puis il en occupera d'autres encore : c'est la croyance en la métempsycose. Ou bien il naît seulement avec le corps, et, quand celui-ci est mort, il reste dans son voisinage : c'est l'idée de la vieille Égypte ; elle eut pour conséquence la conservation soigneuse des cadavres. Que ce principe vital meure avec le corps, voilà ce que l'homme primitif n'admet pas, et c'est tout naturel : le néant absolu est une idée étrangère et hostile à la pensée humaine, et celle-ci est même dans l'impossibilité de la comprendre. On ne peut exiger d'une machine qu'elle produise une force supérieure à la puissance de ses rouages. L'idée du néant est une production qui dépasse le pouvoir de l'appareil de la pensée humaine. On parle de l' « horreur du vide » de la nature; aussi grande est l' « horreur du vide » de la pensée humaine. Ce qui dans l'homme pense, c'est son « moi ». Sans « moi », pas de pensée, pas d'idée, pas même de sensation. L'idée du néant est de même conçue par le « moi »; mais tandis que le « moi » s'efforce de se représenter le néant, il a en même temps la pleine conscience de son existence, et cette simultanéité met un obstacle invincible à l'idée réelle et claire du néant. Pour pouvoir s'en faire une idée nette, il faudrait que le « moi » cessât un instant de se sentir existant, c'est-à-dire qu'il devrait être inconscient, qu'il ne pût pas penser. Mais alors il ne pourrait pas non plus penser le néant : c'est là le cercle vicieux dont la nature de son appareil pensant ne peut faire sortir l'homme. Tant qu'il pense, son « moi » a la pleine conscience de son existence et ne peut concevoir sérieusement le néant; l'homme est-il au contraire inconscient de son existence, alors il ne pense pas, il n'a donc pas non plus la pensée du néant.

Par des merveilles d'abstraction, la philosophie indoue est arrivée à l'idée du *nirvana*, du néant absolu, de l'absence absolue de matière et de mouvement. Cette idée du néant absolu, de la disparition du monde et du « moi », l'esprit humain la conçoit encore; mais l'idée d'une disparition du « moi » et d'une continuation du monde le révolte irrésistiblement. Comment? ces choses qui ne sont là que parce que nous les concevons, dont nous ne pourrions même nous représenter l'existence sans que nous les apercevions, ces choses doivent continuer à durer, et ce qui seul leur donne l'existence, le « moi » qui les conçoit, cela doit cesser ? C'est inimaginable. Qu'en même temps que le « moi » le monde entier disparaisse, que le *nirvana* fasse son apparition, c'est une idée possible et même, en un certain sens, de nature à nous donner une consolation égoïste. Mais que le « moi » cesse et que le monde continue à subsister sans changement, c'est une idée qui ne trouve pas place dans le cadre de notre pensée fondée sur le « moi ». Nous avons beau nous noyer dans un flot de paroles et nous persuader, par une illusion orgueilleuse, que des définitions et des formules ressassées nous représentent quelque chose de clair et d'intelligible : nous n'avons pas plus une idée du néant que nous n'en avons une de l'infini, que nous avons bien pu faire entrer aussi dans des formules, mais non dans notre cerveau. C'est déjà un triomphe énorme de l'esprit humain que des âmes d'élite soient arrivées à une sorte de pressentiment obscur, difficile à exprimer par des mots, de ces deux idées du néant et de l'infini ; on pourrait nommer cet acte, s'il était réellement possible, la séparation de l'homme d'avec lui-même.

Comment l'homme primitif eût-il pu accomplir ce travail presque surhumain de la pensée ? Il lui a fallu de nombreux siècles de dure préparation intellectuelle. Mais quand la faculté de penser était peu développée, l'idée du néant devait être insaisissable pour l'homme, tandis que celle de la durée éternelle du « moi » était toute naturelle et même nécessaire ; l'homme devait arriver à l'idée grossière d'une résurrection corporelle des morts et à l'idée plus subtile d'une immortalité de l'âme incorporelle conservant toutefois, d'une façon assez étrange, les attributs intellectuels de l'individu : la volonté, la sensibilité et la pensée.

Voilà ce que je voulais dire en affirmant plus haut que la religion est une faiblesse fonctionnelle due à l'imperfection de notre organe pensant et une des formes de notre nature limitée. La causalité et l'incapacité de nous représenter des forces autrement que sous les formes organiques habituelles amenèrent l'homme à l'idée de Dieu ; l'observation inexacte des phénomènes de la vie et de la mort, du sommeil et du rêve, le conduisirent à l'hypothèse d'une âme, et l'impuissance du « moi » à se supposer non existant lui donna la croyance à l'immortalité sous n'importe quelle forme. L'hypothèse d'une vie après la mort n'est qu'une manifestation de l'instinct de la conservation personnelle, de même que l'instinct de la conservation personnelle n'est que la conscience de la force vitale, siégeant dans chaque cellule de notre organisme. La force pour vivre est identique à la volonté de vivre. Celui qui a vu mourir beaucoup de gens sait avec quelle docilité l'individu se résigne à la pensée de la mort, lorsqu'il sent sa force vitale réellement épuisée par l'âge ou par la maladie ; tandis qu'il a une peine terrible à accepter la nécessité de sa fin, quand un coup imprévu vient le frapper en pleine jeunesse, alors qu'il escomptait l'avenir.

Le suicide ne contredit qu'en apparence ce que je viens de dire. Sans doute, il suppose une volonté très énergique, qui ne peut elle-même être que la preuve d'une vitalité également énergique ; et il semblerait ainsi que, dans ce cas, la force pour vivre est le contraire de la volonté de vivre. Mais en réalité le suicide, quand il n'est pas le résultat d'un obscurcissement momentané de la conscience, est un acte irrationnel de défense de la vie contre des dangers qui la menacent ; on se donne la mort quand on craint un mal physique ou moral, quand on redoute par conséquent des difficultés d'existence ; on ne commettrait pas cet acte extrême si l'on ne tenait pas inconsciemment à la vie, puisqu'on n'aurait alors aucun motif pour craindre des désagréments qui, en mettant les choses au pire, ne peuvent que détruire la vie. Tout suicide a en soi quelque chose d'un fait souvent observé : c'est l'action du soldat qui se tue avant la bataille, parce qu'il est dominé par la crainte des dangers ; il ne se tue donc nullement par dégoût de la vie ou par indifférence pour la mort, mais au contraire par suite d'un désir de vivre poussé jusqu'à la perte de tout jugement. L'affirmation que la force pour vivre est identique à la volonté de vivre ne souffre donc pas d'exception, et cette volonté de vivre ne s'arrête pas même devant le fait de la mort. L'organisme, qui sent dans toutes ses cellules le tourbillon des phénomènes vitaux, est inaccessible à l'idée d'une cessation complète de ce mouvement fécond et délicieux. L'individu conçoit sa propre existence comme éternelle, sa propre fin comme incommensurablement éloignée, quoique, chose étrange ! il puisse très bien concevoir la mort d'un autre individu. Une très haute culture nous permet seule, à force d'abstraction, d'analogie et de tâtonnement, d'arriver à une idée qui rend possible à notre esprit, ou plutôt à notre sentiment, l'intelligence de la disparition de notre existence individuelle, par l'idée d'une étroite solidarité de l'individu avec l'espèce ; on considère alors les générations ultérieures comme des continuations immédiates et des degrés successifs de développement des générations qui ont précédé, et l'on puise dans la durée de l'Humanité une consolation et un dédommagement pour la caducité de l'individu.

Les causes qui, chez l'homme primitif, ont éveillé les idées surnaturelles, continuent leur action aujourd'hui — d'une part sous leur forme primordiale, de l'autre dans la sphère de l'inconscient. L'anthropomorphisme ne cesse d'être la tendance de tout esprit qui ne surveille pas très sévèrement la naissance et le développement de ses idées ; la facilité avec laquelle nous revêtons des abstractions d'images familières est cause que chacun de nous se représente l'immatériel sous la forme grossièrement matérielle des procédés organiques rvés dans la vie de l'animal ou de la plante.

Quant à l'incapacité de nous représenter la cessation du « moi » d'une façon claire, elle n'est pas moindre aujourd'hui qu'à n'importe quelle époque. Dans la sphère de l'inconscient la superstition primitive continue à agir grâce à la loi de l'hérédité. L'hérédité, dit le philosophe français Th. Ribot, est pour l'espèce ce que la mémoire est pour l'individu. En d'autres mots, l'hérédité est la mémoire de l'espèce. Dans chaque être particulier continuent à vivre les idées des ancêtres sous la forme de souvenirs fréquemment inconscients ou obscurcis, mais toujours présents, et n'ayant besoin que d'une impulsion extérieure pour surgir en pleine clarté, pour inonder de leurs rayons la vie de l'âme tout entière. L'hérédité est un joug auquel nous ne pouvons nous dérober. De même que nous sommes impuissants à déterminer selon notre désir la forme de notre visage et de notre corps, nous sommes incapables de changer la physionomie intime de notre pensée. Cela explique les traits de superstition indépendants de la volonté que nous surprenons fréquemment, avec un douloureux étonnement, même chez des esprits très clairvoyants, et les mouvements de sentimentalité religieuse auxquels sont sujettes en particulier les âmes poétiques, parce que chez elles l'hérédité joue un rôle prépondérant. Cette source d'idées supra-sensibles n'arrivera que peu à peu à tarir par le travail accumulé de nombreuses générations ; il faudra des milliers de siècles pour que l'homme devienne enclin par naissance à considérer les phénomènes du monde et de la vie d'une façon scientifique et conforme à la raison. Alors cent générations l'auront précédé dans cette voie. Nous sommes enclins de naissance à envisager les phénomènes d'une façon superstitieuse et irrationnelle, parce que non pas cent générations, mais peut-être cent mille ont eu avant nous une habitude défectueuse de penser.

Aux causes principales que nous avons énumérées viennent s'en ajouter d'autres qui peut-être auraient été incapables à elles seules d'éveiller les idées d'un Dieu et d'une âme immortelle, mais qui néanmoins contribuent puissamment à les entretenir. L'un des motifs secondaires de la persistance du sentiment religieux, en dépit de l'émancipation moderne, c'est la lâcheté naturelle de l'homme. Celui-ci, en effet, ne renonce pas volontiers à de puissants alliés et ne consent pas facilement à se voir placé tout seul en face de lui-même, à devoir recourir uniquement à sa propre force, sans pouvoir compter sur aucun auxiliaire ou défenseur invisible. Rarement l'Humanité produit un individu qui, dans le sentiment de sa force et soutenu par la haute conscience de lui-même, est prêt à envisager la vie comme un combat dans lequel il doit manier vigoureusement et habilement épée et bouclier pour en sortir vainqueur, ou du moins sain et sauf. Ces hommes exceptionnels, qui représentent le type le plus fier et le plus achevé de notre espèce, deviennent chefs de parti, conquérants, pasteurs des peuples. Ils méprisent les routes battues et se fraient des voies nouvelles. Ils n'acceptent pas patiemment la destinée que les circonstances leur apprêtent; ils cherchent à se forger une destinée particulière, dussent-ils périr à l'œuvre. Mais la grande masse des hommes n'a ni cette indépendance ni cette audace. Les individus ordinaires veulent soutenir la lutte pour l'existence non comme un combat singulier, mais comme un engagement en masse, en rang de bataille fermé; ils veulent sentir des compagnons de lutte à leurs côtés et derrière eux, et même, si faire se peut, devant eux. Ils veulent entendre des cris de commandement et agir sous de hautes responsabilités. Les hommes de cette espèce se cramponnent à la foi comme à une arme et à une consolation. Comme cela tranquillise, de s'imaginer que, au milieu des tempêtes les plus dangereuses de la vie, on est sous la protection particulière d'un Dieu ou d'un ange gardien ! De cette façon, le tailleur ou le journalier a la satisfaction de partager le privilège d'Achille, que protégeait, au plus fort de la lutte guerrière, le bouclier invisible de Pallas Athéné. Et quel sentiment de force ne puise-t-on pas dans la conviction que, dans toutes les situations de la vie, on est muni d'une arme puissante : la prière! On désespère difficilement, quand on a la certitude de pouvoir détourner chaque mal par un mot, une invocation.

Je prends un cas extrême. Un aéronaute tombe de la nacelle de son ballon à une hauteur de quelques centaines de mètres. S'il est libre-penseur, il sait qu'il est irrémédiablement perdu et qu'il n'y a pas de puissance capable d'empêcher son corps d'être couché par terre, dix secondes plus tard, brisé et sanglant. Est-il au contraire croyant? Il conserve pendant toute la durée de la chute, tant qu'il n'a pas perdu connaissance, l'espoir qu'une puissance surnaturelle, qu'il peut faire intervenir à l'aide d'une oraison, suspendra en sa faveur, pendant un moment, les lois de la nature, et le déposera doucement sain et sauf à terre. Aussi longtemps que la conscience persiste, elle est dominée par l'instinct de la conservation, et elle reste opiniâtrément attachée à son droit d'en appeler d'une irrévocable condamnation à mort à une possibilité fabuleuse de salut. L'âme humaine n'a pas de bien plus cher que l'illusion, et il n'en est pas de plus grandiose ni de plus consolante que celle de la foi et de la prière. Aussi les hommes ordinaires, dans les afflictions excessives, ne cesseront-ils de retomber dans la superstition enfantine, tant qu'ils ne seront pas assez pénétrés de la conception scientifique du monde pour envisager la mort d'un individu, fût-ce leur propre mort, comme un événement d'une très petite importance pour l'espèce et pour l'univers ; tant que la solidarité de l'Humanité ne sera pas assez générale et assez solidement organisée pour que, dans les besoins pressants, chaque individu puisse faire appel avec une absolue confiance et d'une façon instinctive à ses semblables, et non à d'incompréhensibles puissances surnaturelles.

Une autre cause secondaire de la persistance des sentiments religieux, c'est le besoin d'un idéal, qui reste indélébile dans l'âme de chaque homme, même du plus grossier. Qu'est-ce que l'idéal ? Le type lointain d'après lequel l'Humanité se développe et se perfectionne, non seulement le type de la forme corporelle, mais aussi le type de la vie de l'âme, de la manière de penser, de la constitution de la société. La tendance vers cet idéal, l'aspiration vers lui sont innées à tout homme d'une constitution normale au moral comme au physique ; c'est un fait organique dont nous n'avons pas nécessairement la conscience, et qui, même chez le penseur le plus clairvoyant et le plus profond, offre un côté plus inconscient.

On sait comment on élève un remblai de chemin de fer. On plante d'abord des jalons en bois qui tracent le profil du remblai ; puis les ouvriers entassent de la terre jusqu'à ce que la masse ait atteint la hauteur et la forme indiquées par les lattes. Chaque être vivant a en lui une loi de formation et de développement qui a, par rapport à lui, la même importance que les lattes fichées en terre ont pour le remblai à élever; il naît avec un cadre invisible, mais absolument réel, dans lequel il croît, et qu'il cherche à remplir. Quand un organisme parvient à la forme qui représente le but extrême de sa faculté de développement, il a atteint la perfection et s'est idéalisé lui-même. Habituellement l'individu reste au-dessous de son type idéal, mais l'aspiration vers ce type est le principe mystérieux de sa conservation personnelle et de son développement, c'est-à-dire de tous les faits organiques qui s'accomplissent en lui. Chaque espèce a en soi, tout comme l'individu, son but de développement et tout ce qui est nécessaire pour l'atteindre. Elle naît, elle est organisée pour arriver à une taille et à une force marquées d'avance et pour vivre un temps indéterminé; elle grandit jusqu'à une certaine hauteur, décline ensuite et disparaît finalement en faisant place à une autre forme plus élevée, à laquelle elle a servi de premier degré, je devrais dire d'essai ou d'ébauche. La paléontologie nous apprend à connaître toute une série d'espèces animales qui ont vécu pendant une époque géologique déterminée et qui ensuite ont disparu. Tout cela peut s'appliquer aussi à l'Humanité. Elle est dans son ensemble une unité zoologique, gouvernée par une loi vitale unique; elle est née à une époque géologique déterminée; — que cette époque tombe aux commencements de la période quaternaire ou qu'on doive la placer dans la partie moyenne ou récente de la période tertiaire, cela importe peu à notre argumentation; elle cessera, d'après toutes les analogies, à une époque géologique déterminée. Les formes qui l'ont précédée, nous ne pouvons que les soupçonner; celles qui la suivront se dérobent absolument à nos prévisions. Mais tant que l'Humanité vit sur la terre et qu'elle n'a pas encore atteint le point culminant de son développement, elle s'efforce sans relâche de remplir le cadre invisible et déterminé à l'avance de sa forme; et cet effort vers la personnification de leur type achevé, ce grandissement jusqu'à la hauteur de leur mesure idéale, tous les hommes, sauf les idiots, en ressentent le besoin, quoique pour la plupart faiblement et obscurément.

Chez les hommes d'élite, ce sentiment arrive à l'état conscient; chez les autres, il s'arrête au degré d'une aspiration indéterminée et pleine de pressentiments que l'on peut nommer comme on voudra : désir ardent de s'élever plus haut ou besoin d'idéal; sous l'un ou l'autre de ces noms, ce n'est autre chose qu'une puissante envie de l'homme de sortir de son isolement individuel et de sentir clairement sa solidarité avec ses semblables. Le lien qui réunit tous les individus en une espèce fait aussi de l'espèce elle-même une unité zoologique, un individu d'ordre supérieur; ce lien s'enlace autour du cœur de chaque homme, qui sent clairement que c'est un lien de solidarité. Mais cette solidarité veut se manifester. Chacun de nous a des heures où il éprouve le besoin impérieux de savoir qu'il fait partie d'un grand tout, de se persuader que dans son existence individuelle agissent l'existence de l'espèce et sa puissante force vitale ; que son développement particulier est l'image minuscule du développement en masse de l'Humanité ; — bref, la conscience qu'il a de son identité avec un organisme supérieur sublime, prospère et ne laissant encore prévoir nulle fin, donne à l'homme une consolation indiciblement profonde pour l'étroitesse, la misère et la brièveté de sa propre existence.

L'homme d'élite a mille moyens de satisfaire ce besoin sans sortir de son cabinet de travail, ou tout au moins de son salon. L'examen du développement de l'Humanité à travers les âges, l'étude des grands penseurs et des grands poètes de tous les temps, la conception de l'harmonie du monde telle que l'expose la science, et, si ces moyens solitaires ne suffisent pas, les relations sociales avec d'autres esprits d'élite, en voilà plus qu'il n'en faut pour lui permettre à toute heure de sortir de son isolement individuel et de participer à l'existence générale de l'Humanité.

Mais quelle est la situation de l'homme du peuple ? Quand a-t-il l'occasion de se sentir homme au milieu de tous les autres hommes ? Quand lui démontre-t-on qu'il a le droit et le pouvoir de s'élever au-dessus de l'animal qui mange, reproduit et meurt ? Quand trouve-t-il, dans la lutte pour le pain quotidien et pour la satisfaction des besoins les plus grossiers, le moment de descendre en lui-même, de regarder au-dessus de lui, de s'orienter dans l'Humanité et dans la nature ? Jusqu'ici l'homme du commun n'est parvenu que par la religion à s'élever à une existence plus haute : l'idéal ne lui a été accessible que sous la forme de la foi. Le dimanche signifiait pour lui non seulement repos corporel, mais aussi épanouissement de toutes les fleurs de l'esprit ; l'église était sa salle de fête, le prêtre son intermédiaire pour se mettre en relation avec Dieu et les saints. Au temple, il se voyait dans un superbe monument qui lui appartenait bien autant que sa misérable cabane ; dans le service divin, il se trouvait associé à un acte qui n'a pas pour objet direct sa nourriture et son habillement ou quelque grossier but corporel. Au milieu des autres croyants, il se sentait membre au même titre d'une grande communauté, et les rapports qui le liaient à tous ses voisins s'affirmaient clairement même à ses sens par les exercices du culte, les génuflexions, les signes de la croix, qu'il accomplissait avec eux et en même temps qu'eux. Le sermon était la seule parole humaine élevée qui frappât son oreille et qui l'éveillât un peu de la lourdeur habituelle de sa pensée rudimentaire. C'était une raison puissante de son attachement à la foi : et elle restera puissante, elle gardera sa force, tant que la nouvelle civilisation n'offrira pas à l'homme du commun une compensation pour les émotions et les satisfactions modestes qu'il éprouve à se sentir un homme, et qu'il trouve dans la religion.

Cette compensation lui sera offerte; elle l'est en partie dès maintenant. La parole du poète et du penseur rendra superflue celle du prédicateur; les salles de théâtre, de concert et de conférences remplaceront les voûtes des églises. Les germes des transformations futures sont déjà visibles partout. Dans les pays qui possèdent la liberté politique, la foule ignorante et misérable cherche dans les réunions publiques, où on lui parle des intérêts communs de l'endroit ou du pays, la distraction du dimanche et l'élévation vers l'idéal. Là où existe le suffrage universel, l'homme du peuple, les jours de vote, se sent vraiment homme avec un orgueil tout autre que dans les actes d'ensemble du culte, tels que la communion, etc. Dans les nombreuses sociétés qui organisent des conférences ou des lectures d'œuvres poétiques, la masse entend une parole plus humaine et plus compréhensible que celle du sermon. On peut seulement regretter que ces sociétés n'exercent pas encore leur action sur les couches les plus profondes du peuple, qui en ont le plus besoin.

Ces germes se développeront; un avenir prochain peut-être verra une civilisation où les hommes satisferont leur besoin de délassement, d'élévation, d'émotions en commun et de solidarité humaine, non plus par des rêves religieux, mais d'une façon rationnelle. Le théâtre redeviendra, comme lors de ses débuts en Grèce il y a deux mille cinq cents ans, un lieu de culte pour les hommes ; on n'y verra plus régner l'obscénité, les chansons triviales, le rire bête, la demi-nudité lascive, mais on y verra aux prises, dans une belle personnification, les passions et la volonté, l'égoïsme et le renoncement ; tous les discours auront pour base l'existence solidaire de l'Humanité. Des actes de bienfaisance suivront les actes du culte. Quelles émotions nouvelles l'homme n'éprouvera-t-il pas dans ces fêtes de l'avenir ! La beauté claire et nette de la parole du poète l'emportera sans peine sur le mysticisme du prédicateur. Les passions humaines d'un noble drame captivent un esprit pour lequel le symbolisme d'une messe manque de sens. Les explications d'un savant qui expose les phénomènes de la nature, le discours d'un homme politique traitant les questions du jour, provoquent chez l'auditeur un intérêt incomparablement plus vif et plus direct que le bavardage ampoulé d'un prédicateur qui raconte des mythes ou délaie des dogmes. L'adoption d'orphelins par la commune, la distribution de vêtements et d'autres présents à des enfants pauvres, des témoignages publics d'estime décernés à des concitoyens méritants, en présence de la population, avec accompagnement de chant et de musique, dans des cérémonies dignes et imposantes : tout cela donne mieux que des simagrées religieuses, à celui qui y prend part, le vrai sentiment des obligations des hommes les uns envers les autres et de leur union par un lien de solidarité.

C'est ainsi que je me représente la civilisation future ; c'est ainsi qu'un jour, à ma conviction, l'homme le plus infime verra sa vie propre liée à la vie commune. Dans les fêtes de la poésie, de l'art, de la pensée, de l'Humanité, il élargira son étroit horizon individuel jusqu'au vaste horizon de l'existence de l'espèce ; il arrivera à l'idée de développements plus hauts et se pénétrera de l'idéal de l'Humanité. Mais jusqu'à la réalisation de ce tableau de l'avenir, la masse cherchera l'élévation idéale, qu'elle ne trouve pas ailleurs, dans la religion ou plutôt dans ses manifestations extérieures : les vastes voûtes de l'église, les vêtements solennels du prêtre, les sons de l'orgue et les chants, les actes mystiques du culte.

III

Les développements qui précèdent ne laissent pas subsister de malentendu. Le besoin qu'ont les hommes d'excitations intellectuelles élevées, d'un idéal, d'une consolation toujours prête et même d'une protection chimérique aussi puissante que mystérieuse dans toutes les nécessités — ce besoin n'est ni feint ni mensonger, mais il est réel et indélébile. Nous avons vu comment, pour des raisons historiques, physiologiques et psychologiques, il doit tout naturellement chercher sa satisfaction dans la croyance traditionnelle en Dieu, en l'âme et en l'immortalité. L'attachement à ces idées n'est chez la plupart des hommes ni un mensonge ni une illusion volontaire ou involontaire ; il est une faiblesse sincère, une infirmité de bonne foi, une habitude qu'on ne peut dépouiller, une sentimentalité poétique que l'on dérobe pieusement à l'analyse raisonnable. Par mensonge religieux, j'entends le respect que des hommes qui sont à la hauteur de la civilisation accordent aux religions positives, à leurs articles de foi, à leurs institutions, à leurs cérémonies, à leurs symboles, à leurs prêtres.

Ce respect, je le répète, est un mensonge et une hypocrisie dont l'énormité ne couvre pas les visages d'une honte perpétuelle, par cette seule raison qu'on fait la plupart des choses sans réflexion, sans se rendre compte de leur signification. Par pure routine on va à l'église, on salue le prêtre, on traite avec respect la Bible; machinalement on a une mine recueillie et dévote en prenant part aux actes du culte, et l'on se garde bien de se dire clairement quelle trahison indigne on commet par ces actes envers toutes ses convictions, envers tout ce que l'on a appris, envers tout ce que l'on a reconnu être la vérité.

La science historique nous a enseigné comment la Bible s'est formée : nous savons qu'on nomme ainsi une collection d'écrits aussi différents d'origine, de caractère et de contenu que le serait un livre renfermant, par exemple, le poème des *Nibelungen*, un code de procédure civile, des discours de Mirabeau, des poésies de Henri Heine, et une méthode zoologique, le tout imprimé pêle-mêle, selon le hasard, et réuni en un volume. Nous distinguons dans ce chaos des superstitions de la vieille Palestine, d'obscures réminiscences de fables indoues et persanes, des imitations mal comprises de doctrines et d'usages égyptiens, des chroniques aussi sèches qu'historiquement sujettes à caution, des poésies humaines, érotiques ou patriotiques, où l'on remarque rarement des beautés de premier ordre, mais fréquemment de la boursouflure, de la grossièreté, du mauvais goût et une sensualité tout à fait orientale. Comme monument littéraire, la Bible est beaucoup plus jeune que les Védas et une partie des Kings; comme valeur poétique, elle reste derrière tout ce que des poètes même de second ordre ont créé dans les deux mille dernières années. Quant à vouloir la comparer avec les superbes productions d'Homère, de Sophocle, de Dante, de Shakespeare ou de Gœthe, l'idée n'en pourrait venir qu'à un esprit fanatique ayant renoncé à l'usage de son jugement. Les notions que nous donne la Bible sur le monde sont enfantines, et sa morale est révoltante, telle qu'elle est exprimée, dans l'Ancien Testament, par la soif de vengeance de Dieu, dans le Nouveau, par la parabole de l'ouvrier de la dernière heure, par les épisodes de Madeleine et de la femme adultère, par les rapports du Christ avec sa mère. Et pourtant des hommes assez cultivés et assez doués de jugement pour reconnaître tout cela feignent un respect sans bornes pour ce vieux livre; ils s'offensent quand on en parle en toute liberté comme d'autres produits de l'esprit humain; ils forment de puissantes sociétés disposant de sommes énormes pour répandre ce livre par millions d'exemplaires dans le monde entier; ils prétendent y trouver eux-mêmes une source d'édification et d'élévation morale.

Les liturgies de toutes les religions positives reposent sur des idées et des usages qui ont leur origine dans la plus ancienne barbarie de l'Asie et du nord de l'Afrique. Le culte du soleil des Aryas, le mysticisme du bouddhisme, le culte d'Isis et d'Osiris chez les Égyptiens, ont fourni leur contingent aux actes religieux et aux prières, aux fêtes et aux sacrifices des juifs et des chrétiens. Et les hommes du dix-neuvième siècle conservent une mine sérieuse, voire même solennelle, en répétant des génuflexions, des gestes, des cérémonies et des préceptes imaginés il y a des milliers d'années, à l'âge de pierre et de bronze, sur le Nil ou sur le Gange, par des hommes ignorants et incultes, pour donner une forme sensible aux idées du plus grossier paganisme sur l'origine du monde et la force qui le régit !

Plus nous approfondissons cette indigne comédie et

plus nous nous rendons compte du grotesque contraste entre la civilisation de notre époque et les religions positives, plus il nous devient difficile d'en parler avec sang-froid. La contradiction est si monstrueuse, que les meilleurs arguments de la critique sont aussi impuissants que pourrait l'être le meilleur balai contre les montagnes de sable du Sahara; seul le rire de Rabelais ou l'encrier lancé avec colère par un nouveau Luther pourrait en venir à bout.

Comment montrer chaque trait du mensonge religieux? Il faut se contenter de prendre des exemples au hasard. Les diplomates usent de corruptions et de menaces pour déterminer les cardinaux à nommer un pape de leur choix; et quand des intrigues laborieuses ont amené un résultat, ces mêmes diplomates qui ont tiré les fils du polichinelle reconnaissent au pape une autorité qui suppose que c'est le Saint-Esprit qui l'a choisi pour successeur de saint Pierre. L'élection d'un pape est traitée comme un événement important par des milliers de gens qui rient aux éclats en lisant le récit de l'installation d'un nouveau dalaï-lama après la mort de son prédécesseur; cependant les deux événements ont entre eux la plus grande ressemblance. Les gouvernements entretiennent des représentants auprès d'un homme dont l'importance consiste à pouvoir donner à Dieu de nouveaux saints, assurer aux âmes des hommes des récompenses au ciel, et délivrer les pécheurs des peines d'une combustion posthume. En concluant des traités avec le pape, les gouvernements reconnaissent solennellement qu'il possède en effet une influence particulière auprès de Dieu; qu'il est armé par lui d'une partie de sa puissance sur la nature et l'Humanité, et qu'on doit à un personnage aussi redoutable des égards auxquels nul autre homme n'a le droit de prétendre. Ces mêmes gouvernements ne se font pas scrupule d'envoyer des expéditions dans l'intérieur de l'Afrique et de se moquer d'un enchanteur noir qui viendrait interdire à leurs émissaires de pénétrer sur son territoire, en les menaçant de la colère du fétiche dont il est le tout-puissant favori et conseiller. Qui me dira la différence entre ce pauvre diable de nègre et le pape romain, puisque tous deux prétendent être premiers ministres de Dieu, pouvoir diriger sa foudre, être à même de lui recommander des gens pour une récompense ou de lui en signaler pour un châtiment? Où donc est la logique des Européens cultivés, quand ils traitent l'un comme un drôle facétieux, l'autre comme une puissance digne du plus grand respect ?

Chaque acte religieux particulier devient une comédie coupable et une indigne satire quand il est exercé par un homme cultivé du dix-neuvième siècle. Cet homme s'arrose d'eau bénite et reconnaît ainsi que quelques mots dits sur cette eau par un prêtre avec accompagnement de certains gestes l'ont changée dans son essence, lui ont communiqué des vertus mystérieuses, tandis que l'analyse chimique la plus simple prouvera qu'entre cette eau et toute autre il n'y a certainement d'autre différence que celle — de la pureté ! On dit des prières, on fait des génuflexions, on prend part à des messes et à d'autres offices divins, et l'on admet ainsi qu'il existe un Dieu que des invocations, des gestes, les parfums de l'encens et les sons de l'orgue touchent agréablement — mais seulement si les invocations sont faites avec certaines paroles et certains gestes, et si le cérémonial est pratiqué par des personnes vêtues d'une façon convenue et bizarre, avec de petits manteaux et des robes d'une coupe et d'un mélange de couleurs comme nul homme raisonnable ne voudrait en porter. Le simple fait qu'une liturgie est établie et minutieusement observée ne peut, dans le langage de l'homme de bon sens, qu'être traduit ainsi : Les prêtres ont appris, de source certaine, que Dieu n'a pas seulement la vanité d'écouter des compliments, des louanges, des flatteries de toutes sortes, de vouloir qu'on vante sa grandeur, sa sagesse, sa bonté, toutes ses autres qualités, mais qu'à cette vanité il joint aussi le caprice de n'accepter toutes ces louanges et ces compliments que sous une forme déterminée et sous nulle autre. Et les fils du siècle de la science affectent du respect pour les liturgies et ne souffrent pas que l'on traite ces bouffonneries avec le mépris qui seul leur convient !

Plus insupportable et plus révoltant encore que le mensonge religieux de l'individu est le mensonge religieux de la communauté. Souvent un citoyen, tout en appartenant extérieurement à une religion positive et en la pratiquant, ne cache pas qu'au fond il est étranger à la superstition et n'est pas persuadé de pouvoir, en prononçant certaines paroles, changer le cours des lois du monde ; arracher au diable un enfant en l'aspergeant d'eau, et, par le chant et les paroles d'un homme en manteau noir, faciliter ou même ouvrir à un parent mort l'entrée du paradis. Mais, comme membre de la communauté et de l'État, ce même citoyen n'hésite pas à déclarer nécessaires toutes les institutions de la religion positive, et il leur fait tous les sacrifices matériels et moraux que réclament les gardiens soldés de la superstition reconnue et soutenue par l'État. Ce même État, qui fonde des universités, des écoles, des bibliothèques, bâtit aussi des églises ; ce même État, qui nomme des professeurs, solde aussi des prêtres ; le même code qui décrète l'enseignement obligatoire des enfants punit le blasphème et la raillerie ou l'offense envers les religions reconnues.

Qu'on y réfléchisse bien : Vous dites que la terre est immobile et que le soleil tourne autour d'elle, quoiqu'on vous démontre d'une façon irréfutable le contraire par tous les moyens de la science; ou bien vous affirmez que la terre n'a que cinq mille et quelques années d'existence, quoiqu'on puisse vous montrer des pierres commémoratives d'Égypte et de bien d'autres lieux qui sont plus âgées de quelques milliers d'années : et malgré ces non-sens personne ne peut rien vous faire, on ne vous enferme pas dans une maison de fous, on ne vous déclare pas incapable d'occuper des emplois et des dignités; cependant vous avez donné la preuve la plus frappante que vous êtes absolument incapable de jugement et que vous n'avez pas les qualités intellectuelles nécessaires pour administrer vos propres intérêts, et moins encore les intérêts publics. Vous affirmez au contraire que vous ne croyez pas à l'existence d'un Dieu, que le Dieu des religions positives est le produit d'esprits enfantins, ou vulgaires, ou sottement bornés : aussitôt vous vous exposez à une poursuite judiciaire, vous serez déclaré incapable d'occuper emplois et dignités. Pourtant on n'a encore donné aucune preuve sérieusement scientifique ou raisonnable de l'existence de Dieu; les prétendues preuves que même le théologien le plus croyant peut en fournir sont loin d'être aussi claires et aussi convaincantes que les preuves par lesquelles l'archéologue et le géologue démontrent l'antiquité de la civilisation humaine et de la terre, ou celles par lesquelles l'astronome démontre le mouvement de la terre autour du soleil. Même en se plaçant au point de vue des théologiens, on est infiniment plus digne d'excuse si l'on doute de Dieu que si l'on doute des résultats palpables de la recherche scientifique.

Continuons : l'État nomme des professeurs, les paie

avec l'argent des contribuables, leur confère des titres et des dignités, bref, leur transmet une partie de son autorité, et ces professeurs ont pour mission d'enseigner et de prouver que les phénomènes du monde sont régis par des lois naturelles, que la physiologie ne connaît aucune différence entre les fonctions organiques de tous les êtres vivants, et que deux fois deux font quatre. Seulement, à côté de ces professeurs de sciences exactes, l'État nomme aussi des professeurs de théologie qui ont également la mission d'enseigner — non pas de prouver, mais d'affirmer — que les hommes nouvellement nés sont atteints d'un péché originel, que Dieu a dicté un jour un livre à un homme, qu'en de nombreuses circonstances les lois naturelles ont été suspendues, qu'une pâte de farine peut, grâce à quelques paroles murmurées sur elle, se changer en chair, et, il faut l'ajouter, en la chair d'un homme déterminé, mort, comme ils le disent eux-mêmes, il y aura bientôt deux mille ans ; enfin, que trois font un et qu'un fait trois. Qu'un citoyen attaché aux lois écoute successivement une leçon d'un professeur de sciences naturelles nommé par l'État et une leçon d'un professeur de théologie armé de la même autorité, il se trouvera dans un étrange embarras. Le premier lui a dit qu'après la mort l'organisme se dissout en ses parties élémentaires, le second lui a déclaré que certaines personnes après leur mort sont non seulement restées intactes, mais sont encore revenues à la vie. Et les deux enseignements lui arrivent sous la garantie de l'État. A quel professeur doit ajouter foi l'infortuné citoyen ? Au théologien ? En ce cas le physiologiste ment : l'État paie un menteur, et il lui donne, en pleine connaissance de cause, la mission de répandre des mensonges parmi la jeunesse ! Doit-on en croire le physiologiste ? Alors c'est le théologien qui est un menteur, et l'État se rend coupable, en appointant le théologien, de la même faute de tromperie volontaire. Quoi d'étonnant si, en face de ce dilemme, le citoyen attaché à l'État venait à perdre son respect pour lui ?

Ce n'est pas tout. La communauté poursuit, devant les tribunaux, de vieilles femmes qui soutirent de l'argent aux servantes sous le prétexte de leur ramener le cœur volage de leurs amoureux ; mais cette même communauté rétribue et honore des hommes qui soutirent de l'argent aux mêmes servantes sous le prétexte non moins fallacieux de délivrer du feu du purgatoire, par des momeries, leurs parents défunts. La coutume veut qu'on traite avec respect et obéissance les ecclésiastiques, notamment les hauts dignitaires de l'église, les évêques, les cardinaux; à cette coutume se soumettent des hommes qui tiennent ces mêmes ecclésiastiques pour des fourbes ou des niais ne différant en rien des guérisseurs des Peaux-Rouges — car ces guérisseurs suivent aussi une liturgie, font des cérémonies, disent des prières, prétendent posséder une influence surnaturelle. On rit d'eux, et l'on va baiser la mule du pape ou la main d'un prélat !

Les journaux officiels ou semi-officiels racontent parfois en plaisantant qu'en Chine le gouvernement menace un Dieu de le déposer quand il ne tient pas compte de certains besoins du pays, quand, par exemple, il ne fait pas pleuvoir, n'accorde aucune victoire aux troupes impériales, etc. Mais les mêmes journaux impriment en tête de leurs colonnes un arrêté gouvernemental ordonnant — comme on l'a fait en Angleterre après la victoire de Tel-el-Kebir — de remercier à un jour fixé, en termes établis officiellement, Dieu pour avoir, en une circonstance déterminée, prêté au peuple en question son appui spécial. Où est la différence entre l'arrêté du gouvernement chinois, supprimant à un dieu national une partie de ses offrandes parce qu'il permet les ravages d'une épidémie, et l'arrêté du gouvernement anglais, exprimant à Dieu une reconnaissance publique parce qu'il a bravement pris les intérêts de la politique anglaise en Égypte, s'est comporté en ami des Anglais et en ennemi des Arabes? Les deux arrêtés procèdent de la même manière de voir; seulement les Chinois sont plus hardis et plus logiques que les Anglais, qui, en cas de défaite, n'oseraient pas exprimer à Dieu leur mécontentement de sa négligence à remplir ses devoirs envers la nation qui l'adore, de même qu'ils lui expriment leur satisfaction de la victoire.

Je l'ai dit plus haut : il serait trop long de démontrer le mensonge religieux dans tous ses détails; on doit se borner à des exemples, si l'on ne veut pas se répéter mille fois. Ce mensonge pénètre et démoralise toute notre existence publique et privée. L'État ment quand il ordonne des prières, quand il nomme des prêtres, quand il appelle dans sa chambre haute les princes de l'Église. La commune ment quand elle bâtit des églises. Le juge ment quand il prononce des condamnations pour sacrilège ou pour offense aux associations religieuses. Le prêtre, fils du temps moderne, ment, quand il se laisse payer pour des actes et des paroles qu'il sait être de sottes momeries. Le citoyen émancipé ment quand il affecte du respect pour le prêtre, quand il communie ou fait baptiser son enfant. Au sein de notre civilisation continuent à exister de vieilles formes du culte, qui, en partie, remontent au monde primitif; c'est un fait monstrueux, et la place que prend parmi nous le prêtre, l'équivalent européen du guérisseur d'Amérique et de l'almany d'Afrique, est un insolent triomphe de la lâcheté, de l'hypocrisie et de la paresse d'esprit sur la vérité et la fermeté des principes ; ce triomphe suffirait à lui seul à caractériser notre civilisation actuelle comme absolument mensongère, nos formes politiques et sociales comme absolument impossibles à maintenir.

LE MENSONGE MONARCHIQUE

ET ARISTOCRATIQUE

I

Si l'on pouvait considérer les institutions existantes au point de vue artistique et esthétique seulement, s'il était possible de les examiner et de les juger avec l'indépendance du prince Usbek, des *Lettres persanes* de Montesquieu, qui, dans un monde étranger, ne cherche que des impressions, et qui, après l'avoir quitté, en secoue la poussière de ses pieds, on n'hésiterait certainement pas à reconnaître que l'organisation actuelle du monde est habilement réglée, qu'elle est logique, et en somme très accomplie. Toutes les parties s'y tiennent et s'enchaînent nécessairement; il y court d'une extrémité à l'autre une seule ligne logique qui unit le tout. Quand l'édifice gothique de l'État et de la société au moyen âge se dressait encore dans son intégralité, il a dû être imposant et apparaître à ceux qu'il abritait comme un lieu à la fois sûr, commode et superbe. Aujourd'hui, la façade seule est restée, tandis que toute la partie utilisable du bâtiment est tombée en ruines ou a complètement disparu, ne laissant plus à celui qui cherche un abri ni une seule pièce dont le plafond soit intact, ni même un mur capable de le protéger contre la pluie et le vent ; mais la façade a conservé les proportions du vieux palais et continue à éveiller dans l'esprit du spectateur l'idée d'une construction remarquablement habile. Ce qui autrefois était un bâtiment solide est devenu aujourd'hui un décor purement extérieur et sans profondeur ; mais ce décor de théâtre est une œuvre d'art dans laquelle tous les détails se lient étroitement. Sans doute, il ne faut pas examiner le monument du côté intérieur, au milieu des décombres ; mais si l'on se place du côté extérieur, à une distance voulue par la perspective, et qu'on le juge avec impartialité, on ne pourra s'empêcher de dire : « Le maître architecte a bien rempli sa tâche. »

La royauté est inséparablement liée à la religion ; elle implique celle-ci sous sa forme historique. La réciproque n'est pas vraie. La religion peut être une institution d'Etat sans impliquer la monarchie. En théorie, cela n'a pas besoin de preuves ; en pratique, il suffit de considérer les républiques d'Indiens et de métis de l'Amérique du Sud gouvernées par les jésuites, la république des Etats-Unis de l'Amérique du Nord, fondée sur une base religieuse, etc. Il est impossible, au contraire, de s'imaginer la monarchie sans la croyance en Dieu. On peut se représenter un homme fort et violent s'emparant de la souveraineté dans un pays et la conservant par l'habileté ou la force ; il soumet la nation par un coup de main, il s'appuie sur une société de partisans égoïstes qu'il enchaîne à ses intérêts par des avantages matériels, des honneurs et des dignités, et sur une armée à laquelle il accorde la première place dans l'Etat, qu'il conduit à la victoire, qu'il comble d'or, d'ordres et de titres; il se pose sur la tête, à son gré, une couronne d'empereur ou de roi, il se nomme monarque, protecteur, dictateur ou président. On souffre sa domination, parce qu'on est forcé de se soumettre à son pouvoir. Il est même possible que la grande majorité du peuple se courbe volontairement, non seulement parce qu'il est dans la nature humaine de se laisser transporter jusqu'à l'enthousiasme par le prestige du succès, mais aussi parce que le commun des hommes trouve de l'avantage et de la commodité à approuver ce qui existe, et parce que le César, s'il est un homme supérieurement doué, peut très bien gouverner de telle sorte que le commerce et l'industrie fleurissent, que la justice soit rapide et sûre, et qu'une foule de citoyens, s'occupant uniquement de leurs intérêts matériels, voient avec reconnaissance leur table richement servie et leurs épargnes accrues. Un tel usurpateur pourrait être un homme éclairé. Lui seul ne perdrait rien à renoncer à l'alliance de la religion; appuyé sur l'épée, il n'aurait pas besoin du secours de la croix. Il n'aurait pas à redouter la critique de la raison, parce qu'il pourrait opposer sa force aux conséquences de celle-ci. Si un logicien lui disait: « Puisque tu es un homme comme nous tous, et que nous ne t'avons pas pris volontairement pour notre chef, nous n'avons aucun motif pour te laisser le rang suprême et pour obéir à tes ordres », le tyran pourrait répondre: « Ton argument est irrésistible, mais mon armée l'est aussi. Tu m'obéiras, non parce que cela est raisonnable et sage, mais parce que je puis t'y forcer. » Dans une telle situation, un maître n'a nul besoin d'en appeler à Dieu; il lui suffit d'en appeler à sa force. Il peut renoncer à l'huile du sacre et aux bénédictions des prêtres, puisqu'il a pour lui la poudre et que ses baïonnettes sont au moins aussi persuasives pour la foule que le mysticisme religieux d'un pompeux couronnement.

Mais, même pour cet usurpateur, les circonstances changent dès qu'il a un fils et veut lui léguer son pouvoir. Alors il sollicite le secours de la religion ; alors il se rappelle soudain que les églises, au moyen âge, étaient des asiles, et il se réfugie au pied de l'autel pour échapper aux persécutions de la raison. Maintenant, la lame de l'épée ne suffit plus ; il faut lui forger une croix pour pommeau. Les origines de la puissance de César sont entourées d'une clarté trop vive : on les enveloppera d'un nuage d'encens. On fond avec art les lignes fermes de l'histoire dans les contours incertains de la légende, et le prêtre reçoit la mission d'opposer à cette question indiscrète : « Pourquoi le faible rejeton, qui n'aurait jamais pu conquérir par lui-même une couronne, doit-il hériter de celle de son vaillant père ? » — la réponse suivante : « Parce que Dieu le veut ainsi ! » Voilà l'écueil contre lequel échouent les jeunes dynasties. Devant les fils du dix-neuvième siècle, la fusillade d'un coup d'Etat ne peut prendre l'aspect du buisson ardent de Moïse, et il entre difficilement dans nos têtes qu'un combat des rues soit une révélation de la volonté divine. C'est une tâche ardue d'entourer après coup d'une auréole les affiches prosaïques qui forment l'acte de naissance d'une dictature ; aussi, quand l'héritier d'un dictateur ne peut conserver son trône par les mêmes moyens énergiques, il lui sert fort peu d'aller chercher au ciel son droit à la souveraineté.

L'Eglise catholique défend sévèrement de canoniser un homme moins de quatre générations après sa mort. Il faut laisser aux croyants le temps d'oublier son caractère banal d'être humain, car, même avec la meilleure volonté, il leur est difficile de se persuader que Pierre ou Paul, avec qui ils étaient assis sur le même banc d'école, a maintenant des ailes d'ange et fait sa partie devant le trône de Dieu, comme un des premiers solistes dans le chœur des chanteurs bienheureux. Sur ce point, l'Eglise a été plus habile que les Césars voulant accomplir leur métamorphose en demi-dieux sous les yeux de leurs contemporains, sans attendre que ceux-ci eussent perdu la mémoire de leurs talons de bottes éculés et de leurs notes non payées. Ce fut une grande faute politique des Bonapartes de ne point se contenter de gouverner de fait la France, mais de se faire délivrer dans l'église Notre-Dame, par le couronnement, un certificat d'origine mystique. Le dix-huit Brumaire et le deux Décembre rendaient un tel certificat superflu. A l'aigle de l'Empire on n'avait pas besoin d'associer la colombe du Saint-Esprit.

Mais si un dictateur peut se passer de la religion, un monarque légitime doit compter absolument avec elle; elle est sa raison d'être nécessaire. Dans l'immense majorité des cas, il est personnellement plutôt au-dessous qu'au-dessus de la moyenne de l'intelligence humaine. C'est chose rare qu'un prince soit ce que dans la vie ordinaire on nomme une tête capable ; quant à un talent peu ordinaire ou à un génie, on n'en voit apparaître dans les dynasties historiques qu'une fois en des siècles. Parmi les chefs vivants des pays civilisés, il en est qui se donnent pour des capitaines, d'autres pour des savants, des juristes, des écrivains, des peintres, des musiciens. Ils prennent le plus souvent une peine sérieuse pour aller le plus loin possible dans la branche pour laquelle ils se croient des aptitudes, et leurs productions sont assurément la somme complète de ce qu'ils peuvent. Et que sort-il de tous leurs efforts? Si on ne les juge pas en courtisan, mais en critique impartial, on doit arriver à cette conclusion que, sans leur naissance royale, ils ne se seraient jamais fait par leurs propres forces une situation apparente. Ce prince qui se plaît à jouer au soldat ne serait jamais devenu un général; cet autre, qui coquette avec la jurisprudence, n'aurait probablement pas gagné beaucoup de procès; l'astronome n'aurait pas obtenu la plus petite chaire dans une Université, le poète dramatique n'aurait vu représenter aucune de ses pièces, le peintre n'aurait jamais vendu un tableau. S'ils se nommaient Mayer ou Durand ou Smith, ils resteraient piteusement en arrière dans la lutte générale pour les premières places. On peut se demander si un seul d'entre eux pourrait gagner sa vie par un travail bourgeois, fonder une famille et la soutenir. Il faut déjà y mettre de la bonne volonté pour admettre seulement qu'avec leurs facultés actuelles, mais une autre éducation, ils pourraient devenir de petits industriels, des épiciers sans caractère personnel, des employés ordinaires ou des officiers routiniers. Quelques-uns du moins ont des avantages sociaux : ils sont beaux hommes, ils savent dans l'intimité causer avec charme, ils pourraient tourner la tête d'héritières et faire de riches mariages, ce qui est aussi une sorte de talent. Il en est d'autres à qui l'on doit refuser même ces qualités, sinon éminentes, du moins aimables. Ils sont laids, malingres, souffreteux, trop pauvres d'esprit pour soutenir dix minutes même la plus plate conversation de salon, trop vulgaires pour qu'une femme supérieure les aime jamais pour eux-mêmes.

Eh bien ! chacun de ces princes prend dans son pays et vis à vis des personnes de son rang absolument la même place : Frédéric le Grand la même que Ferdinand VII d'Espagne, Joseph II la même que Ferdinand de Naples, nommé le « roi Bomba », Léopold Ier de Belgique la même que Louis XV ou Georges IV d'Angleterre. Ils sont également sacrés, également inviolables, également infaillibles; leur nom brille avec le même éclat sur les actes officiels, leurs décisions ont la même force et le même effet. Tout le monde se courbe avec un même respect devant eux, leur donne le même titre de Majesté, les nomme indifféremment : augustes, très puissants, très gracieux. Devant ce spectacle, le bon sens naturel de l'homme se révolte. Il demande : « Lâche, incapable, pourquoi commandes-tu à de grands généraux et à de puissantes armées ? Pauvre tête ignorante, qui ne sais pas l'orthographe de la langue maternelle, pourquoi es-tu le protecteur suprême des Académies et des Universités ? Criminel, pourquoi dispenses-tu la justice et décides-tu de la vie et de la mort des accusés ? Immonde débauché, pourquoi es-tu le rémunérateur de la vertu et du mérite ? Impuissant et chétif, pourquoi diriges-tu les destinées d'un peuple fort et détermines-tu pour de longues générations la tendance de son développement ? Pourquoi ? pourquoi ? »

Ces questions n'admettant pas une réponse raisonnable, il n'en reste pas d'autre à la monarchie que celle-ci : « Pourquoi ? parce que Dieu l'a ordonné ainsi. » Cette réponse stéréotypée prévient toute curiosité indiscrète et toute critique incommode ; grâce à elle, la monarchie se fait précéder partout de la majesté de Dieu comme d'un héraut. Chaque fois qu'elle veut exercer ses priviléges, elle commence par rappeler la source sacrée de sa puissance. « Par la grâce de Dieu », lit-on sur les monnaies ; « par la grâce de Dieu », disent les lois, les traités, les actes. La grâce de Dieu est en quelque sorte la référence que la monarchie fournit chaque fois que l'on s'informe de son crédit. Mais pour que cette affirmation de la puissance royale puisse suffire, il faut que l'on croie en Dieu, et voilà pourquoi la royauté n'a certainement pas d'intérêt plus pressant et plus grand que de maintenir dans le peuple la croyance en Dieu par tous les moyens habiles ou violents. Les monarchistes convaincus, qui combattent avec passion l'instruction du peuple ou qui pour le moins ne veulent pas que l'Etat y contribue, ont mille fois raison. Ils sont conséquents lorsqu'ils prêchent : « Le peuple doit avoir une croyance » ; lorsqu'ils s'opposent à la création d'écoles purement laïques, lorsqu'ils déclarent la séparation de l'église et de l'Etat équivalente à la destruction des maîtres-piliers de l'édifice de l'Etat lui-même. Leur demande que l'État soit chrétien est une suite nécessaire de leur manière de voir. Sans doute, ils ne sont pas sincères quand ils ajoutent : « Car sans religion le peuple n'a pas de morale, et l'Etat qui cesse d'être chrétien laisse le champ libre à toutes les mauvaises passions, à tous les vices et à tous les crimes. » Le vrai sens de cette assertion est celui-ci : « Car la religion est l'unique fondement de la royauté héréditaire, car l'émancipation du peuple conduit irrésistiblement à la domination du plus fort ou du plus capable, c'est-à-dire à la dictature ou à la république. » C'est une preuve de plus des habitudes mensongères de notre temps, que même les monarchistes les plus intrépides n'ont pas le courage d'avouer le vrai motif pour lequel ils veulent ramener le peuple dans le giron de l'église. Ils devraient s'écrier hardiment : « Nous avons besoin de la religion comme d'un bouclier pour la monarchie ! » Cela serait courageux ; mais qu'ils prétendent maintenir la religion au nom de l'ordre, de la morale et du bien du peuple, c'est une lâcheté.

L'invention la plus absurde de notre siècle est la monarchie libérale ou constitutionnelle. On a essayé de fondre ensemble deux formes politiques, deux conceptions du monde qui s'excluent absolument. Il est heureux que les affaires humaines ne soient pas régies par la logique, mais par l'indolence, par la force d'inertie ; ou plutôt, pour rester dans la vérité, il est heureux que la logique ne fasse valoir ses droits qu'à de longs intervalles, autrement cette chose irrationnelle qu'on nomme monarchie constitutionnelle ne pourrait pas subsister seulement une heure. Comment! la monarchie repose sur l'hypothèse de l'existence de Dieu, elle est établie par Dieu lui-même, et elle partage sa puissance sacrée avec des mortels! Le monarque laisse limiter son pouvoir par les représentants du peuple, c'est-à-dire par des hommes, et ce pouvoir est la traduction directe de la volonté de Dieu! Le monarque admet donc qu'on limite la volonté de Dieu? Est-ce possible? N'est-ce pas une révolte contre Dieu, un sacrilége? Et un monarque croyant décide par une loi organique qu'un tel sacrilége est permis? Telle est la situation examinée au point de vue de la royauté par la grâce de Dieu. D'autre part, au point de vue de la souveraineté du peuple, la monarchie constitutionnelle n'est pas moins irrationnelle. Elle repose sur la supposition que le peuple a le droit de régler lui-même ses destinées. D'où tient-il ce droit? De sa nature même; c'est une conséquence de sa force vitale. Le peuple a le droit de se gouverner, parce qu'il en a la force, comme l'individu a le droit de vivre, parce qu'il en a la force et cela aussi longtemps qu'il l'a. Mais si ce point de départ est exact, comment arrive-t-on ensuite à souffrir un roi héréditaire dont la volonté seule a autant de poids que la volonté du peuple tout entier, qui a le droit de s'opposer à la volonté du peuple, comme le peuple a le droit de s'opposer à la volonté du roi? Si le peuple, en vertu de sa souveraineté, voulait déposer le roi ou abolir la royauté elle-même, le roi se soumettrait-il? Si le roi, en vertu de sa souveraineté, voulait supprimer le parlement, le peuple y consentirait-il? Si non, que devient la souveraineté de l'un ou de l'autre? Deux souverainetés dans un État sont aussi impossibles que deux dieux dans la nature, je veux dire deux dieux avec les attributs que les croyants prêtent à leur Dieu unique. Aux yeux du roi par la grâce de Dieu, le droit du peuple doit être une négation de la toute-puissance de Dieu ; aux yeux du peuple éclairé, la royauté par la grâce de Dieu est une négation de la puissance nationale, puissance facile à prouver.

Pour comprendre la royauté constitutionnelle, il faut renoncer à la faculté de penser. Il en est de cette royauté à l'égard de la royauté absolue, comme du protestantisme orthodoxe à l'égard du catholicisme. Le catholicisme est conséquent, le protestantisme agit arbitrairement. Celui-là donne à son chef suprême le droit de proclamer les articles de foi, et défend toute critique à ce sujet; celui-ci permet la critique de la foi à l'aide de la Bible, mais interdit la critique de la Bible même; la raison humaine a le droit du libre mouvement, jusqu'à ce qu'elle touche à la révélation; alors elle doit s'arrêter. Pourquoi? On n'en sait rien: il en est ainsi et pas autrement. C'est la raison à circulation limitée, la critique à vis de rappel, qui ne lui permet d'avancer que jusqu'à un certain point. C'est absolument de la même façon que la monarchie constitutionnelle accorde des prémisses positives, mais ne permet pas qu'on en tire les conséquences. Elle reconnaît le principe fondamental du droit de la nation à décider d'elle-même, mais elle nie en même temps ce droit, en proclamant son propre droit comme supérieur et primordial. Elle admet dans son cortége la logique, mais les dents brisées et les jambes amputées.

La royauté absolue, entourée d'institutions politiques du moyen âge, satisfait du moins la logique et flatte l'esprit qui cherche la proportion et l'harmonie. On n'a besoin que de faire un seul sacrifice, celui de sa raison, on n'a qu'à accepter sans critique une seule prémisse, à savoir que le monarque doit ses priviléges à une grâce particulière de Dieu : toutes les autres conditions de la monarchie absolue en découlent naturellement. Alors il n'y a plus à contester le principe de droit suprême que le roi ne peut faillir, même s'il tue, viole, dérobe ou se parjure ; alors il va de soi que le roi peut faire de son peuple, de son pays, de chacun de ses sujets, ce qu'il lui plaît, sans qu'aucun mortel ait le droit de s'y opposer ; alors il est clair comme le jour que sa personne est sacrée, qu'il est une incarnation de la divine Providence.

Un mandataire direct de Dieu a un droit indubitable à cette situation, à cette puissance surhumaine. L'édifice de la monarchie par la grâce de Dieu, dans sa perfection théorique, alors qu'il n'est pas dégradé par des lézardes, défiguré par des bâtisses démocratiques, est une belle œuvre de l'imagination humaine, dont les lignes symétriques peuvent plaire à l'œil. Le sujet, né pour l'obéissance, travaille en paix avec la régularité d'une machine. S'il se trouve bien, il engraisse commodément ; s'il souffre la faim, il se console en pensant que cela doit être et que c'était prévu dans l'arrangement du monde. Il n'a pas besoin de prendre du souci, car le roi pense pour lui et organise son présent et son avenir pour le mieux. Qu'un jour il vienne à se demander, avec un doute poignant, si tout est pour le mieux dans le meilleur des mondes, l'église est là pour le tranquilliser, en lui assurant que même ce qui ne lui semble pas satisfaisant émane en ligne directe des justes décrets de Dieu, et qu'il doit s'en prendre à sa propre intelligence bornée s'il ne parvient pas à voir l'excellence de tout ce qui existe. La monarchie et la religion se soutiennent naturellement comme des conjurés et combattent fidèlement pour leur bien commun. Le roi envoie le peuple à l'église, et le prêtre lui prêche de s'agenouiller devant le palais. Le roi psalmodie : « Il y a un un Dieu, et pour celui qui n'y croit pas j'ai des geôliers et des bourreaux. » Le prêtre répond par l'anti-strophe : « Le roi est établi par Dieu même, et celui qui en doute encourt la perte de son salut éternel, sans compter les châtiments terrestres. » Le roi assure que le prêtre ne ment pas, et le prêtre affirme que le roi ne pratique que la justice. Or, dit-on, deux témoins suffisent à faire connaître la vérité, et l'esprit simple du peuple doit être impressionné d'autant plus profondément quand l'un de ces deux témoins porte un manteau de pourpre et une couronne sur la tête, et l'autre des vêtements brodés d'or et une croix garnie de brillants. Devant un tribunal civil, sans doute, le témoignage de deux alliés intéressés ne vaudrait pas ; mais devant les peuples il vaut depuis des milliers et des milliers d'années.

II

Si je fais le procès à la monarchie, ce n'est pas pour la condamner au profit de la république. Je suis même fort éloigné de professer pour la république l'enthousiasme naïf de ce libéralisme si répandu qui se laisse prendre au son d'un mot sans en chercher le sens. Pour beaucoup de libéraux la république est le premier but à atteindre ; pour moi elle est le dernier. La république, si elle doit être un progrès et une vérité, implique nécessairement toute une série d'institutions sociales, économiques et politiques, absolument différentes des institutions qui sont en vigueur. Aussi longtemps que la vieille Europe gardera ses formes actuelles de civilisation, la république sera un non-sens et un vain mot. Une révolution purement politique qui transforme en république une des monarchies européennes fait absolument ce que faisaient aux premiers temps du moyen âge les apôtres du christianisme, quand ils laissaient aux peuples païens leurs dieux, leurs fêtes et leurs usages, en se contentant de donner à ceux-ci des noms chrétiens. L'unique effet de pareilles révolutions est de coller de nouvelles étiquettes sur de vieilles marchandises et de les présenter au peuple crédule comme un produit meilleur. La république est l'anneau final d'une longue chaîne de développements ; elle est la forme politique dans laquelle s'incarne l'idée du droit illimité de la nation à disposer d'elle-même. Cette forme, quand elle a une base organique et n'est pas simplement l'étiquette d'un badigeonnage, rend impossibles les privilèges et les distinctions héréditaires, l'influence prépondérante du gros capital, la puissance de la bureaucratie, en un mot toute tutelle exercée sur le peuple. Mais laisser subsister l'État tel quel et se contenter de remplacer le nom de monarchie par celui de république, c'est faire en politique ce que font les libraires, quand ils introduisent par contrebande des livres défendus dans les pays où règne la censure, après avoir eu la précaution de couper le titre soumis à la police pour y substituer celui d'une innocente histoire à l'usage de la jeunesse ou d'un livre de prières.

Qu'ont été les Républiques italiennes de 1848, celle de l'Espagne de 1868, qu'est-ce enfin que la République française de 1870, sinon des monarchies dont le trône est vacant et qui se donnent le passe-temps d'une mascarade républicaine? Supposons, en temps de carnaval, une troupe de gentilshommes représentant une noce de paysans ou un campement de bohémiens. Leur costume, leurs manières et leurs paroles sont ceux du bas peuple, dont ils imitent les dehors; mais ils n'en restent pas moins Madame la princesse et Monsieur le comte; le véritable peuple qui viendrait les contempler des galeries de la salle de bal ne verrait certainement pas dans cette mascarade une disparition des différences de classes. Mais le même peuple croit que quelque chose de réel se déroule devant ses yeux, quand, dans une mascarade politique, une monarchie se déguise en république et exécute avec une allure distinguée des danses démocratiques.

Une seule révolution a compris qu'il ne suffit pas d'expulser le roi de l'édifice de l'État et de changer le nom de cet édifice pour en faire une république : ce fut la grande Révolution française. En même temps que la royauté, elle détruisit toutes les institutions de la vieille monarchie. De même qu'après la mort d'un pestiféré, elle ne se contenta pas de se débarrasser du cadavre, elle livra aussi aux flammes les vêtements et les meubles du défunt. La Révolution française arracha la monarchie avec toutes ses racines et retourna les mottes du champ historique dans lequel celle-ci avait grandi. Elle abolit la noblesse, anéantit, autant que cela fut possible, les chartes d'où celle-ci tirait ses priviléges; elle rasa ses châteaux, poursuivit même les derniers vestiges que les différences féodales de classes avaient laissés dans la langue, en supprimant le terme de « monsieur », employé dans la conversation, et qui rappelait des habitudes de domination et d'obéissance. Elle fit plus encore :

elle chercha à renouveler la manière de voir tout entière du peuple. Pas une seule ligne, pas un seul contour de son horizon intellectuel ne devait rester intact. Elle voulut même empêcher que les vieilles idées, expulsées par la grande porte de la loi politique, rentrassent par la porte dérobée de l'habitude indolente. Elle créa donc une nouvelle religion, inventa un nouveau calendrier dans lequel tout — le commencement de l'année, le système chronologique, les noms des mois et des jours — s'écartait de l'ancienne division; elle organisa de nouvelles fêtes, prescrivit de nouveaux costumes — bref, elle construisit un monde nouveau dans lequel il n'y eut même pas un souvenir pour le développement historique antérieur. Et pourtant, à quoi servit tout cela? On pouvait changer les vêtements et le langage, mais non refaire le cerveau humain. La race née en Égypte était incapable de coloniser Chanaan. L'habitude plusieurs fois séculaire était plus forte sur les Français que la loi même, qui avait la guillotine pour clause. La Du Barry, en montant sur l'échafaud, dit au citoyen Sanson : « Pardon, *monsieur* le bourreau! » Immédiatement après la Terreur, les bandits gorgés de millions acquis grâce à des fournitures frauduleuses à l'État ou au trafic des biens des émigrés, prirent la prééminence qui dans l'ancienne société avait appartenu à la noblesse de naissance, et Napoléon plus tard n'eut plus qu'à donner à ces parvenus des titres pour en faire une aristocratie toute semblable à celle qu'on avait détruite. L'orage révolutionnaire avait à peine cessé, que déjà la construction sociale du moyen âge était de nouveau debout; les matériaux étaient autres en partie, mais le plan et les formes étaient les mêmes.

Il est inutile de détruire une partie de la vieille organisation sociale et de laisser subsister le reste. Couper la tête au niais Louis XVI était un acte criminel sans but, du moment où le peuple français devait persister dans son ancienne manière de voir, continuer à croire à un être suprême, à une providence surnaturelle, à vénérer la Bible, à pratiquer le culte des morts, etc. Une révolution exclusivement politique, qui ne change que la forme gouvernementale et ne touche pas aux hypothèses sociales, économiques et philosophiques d'où sort logiquement la monarchie, n'a aucune justification. C'est une perturbation brutale, purement extérieure, comme le seraient à peu près les décisions d'un tyran en démence tel qu'Ivan le Terrible, si à notre époque on pouvait admettre sur le trône un pareil monstre. La logique des faits proteste contre une telle perturbation et ne lui laisse qu'une courte durée. Dans l'organisme populaire se reproduit le phénomène que l'on observe si souvent chez les mutilés. De même qu'un individu auquel on a coupé une jambe éprouve de la douleur dans le membre qui lui manque, de même une société dans son état actuel, si on lui ampute la royauté pour lui donner des béquilles républicaines, continue à éprouver des tressaillements et des démangeaisons monarchiques. Disons plus : sur ce point, la société ne ressemble pas même à un homme, mais à ces êtres inférieurs dont les parties coupées repoussent; elle est animée d'un désir irrésistible de reproduire l'organe sans lequel elle ne se sent pas complète, et qui est indispensable à son ensemble régulier.

Je ne m'associe donc nullement aux pratiques religieuses naïves ou hypocrites de ces étranges libéraux qui, au seul mot de « république », fléchissent les genoux et entonnent un hosanna. Cette religion dont le Dieu n'est qu'un nom n'est pas la mienne. Pour que la république soit la forme nécessaire des institutions organiques de l'État, il faut que le peuple s'appuie sur le terrain des vues scientifiques et rejette tous les décombres du moyen âge, les fausses idées religieuses, les différences héréditaires de classes, l'abus du capital. Une république avec des religions reconnues par l'État, avec des formules de serment religieux, avec des lois qui punissent le sacrilége, avec une noblesse héréditaire et des priviléges de naissance, avec l'influence prépondérante de la fortune héréditaire, n'est pas un progrès pour l'Humanité et n'a nul avantage essentiel sur la monarchie ; elle lui est même inférieure, en ce sens qu'elle ne satisfait pas la logique et l'esthétique, comme peut le faire l'édifice historique de la monarchie absolue, qui est un et complet en soi.

Oui, et tout ce que je viens de dire l'indique, oui, je comprends et j'admets la raison d'être historique et logique de la monarchie. Oui, un peuple qui croit que le monde est régi par un Dieu personnel, que la Bible est l'expression authentique de sa parole, ce peuple, dis-je, a raison de s'attacher à la royauté. Le roi est au-dessus des lois, il gouverne sans être responsable, d'après ses propres décisions et avec une puissance qui n'admet aucune résistance ; il est une fidèle image de Dieu et de son action dans l'univers.

La Bible déclare le roi établi par Dieu, et les prêtres affirment la légitimité de son pouvoir surhumain et de l'obéissance aveugle que ses sujets lui doivent. Quand un peuple trouve naturel que des hommes naissent possesseurs de millions et de titres de noblesse, qu'ils jouissent largement d'honneurs, de pouvoirs et de plaisirs, absolument comme ils naissent avec leur peau et leurs cheveux, ce peuple est conséquent s'il est monarchiste. Il est en effet tout aussi raisonnable d'admettre qu'un seul enfant des hommes naît avec le droit de régner sur tout un pays — quel que soit le siége anatomique de ce droit étonnant, l'estomac ou la tête — que de concéder à quelques centaines d'individus un droit primordial à la richesse et à la prééminence sur des millions d'autres hommes. Comme conception abstraite, la monarchie peut, au point de vue théologique, être défendue facilement avec certitude de succès. La monarchie devient un mensonge pour ceux qui conçoivent le monde scientifiquement ; elle le devient aussi sinon en principe, du moins dans sa manifestation et son mécanisme pratique, pour les croyants qui sont convaincus de son origine divine.

C'est une conséquence fatale de notre civilisation contemporaine, que les vieilles institutions n'aient plus le courage de se présenter carrément dans leur seule forme logique, la forme historique, et de répéter le mot des jésuites : « Être comme nous sommes, ou n'être pas ! » Elles aspirent à un compromis impossible avec les convictions du temps nouveau, elles font à celui-ci des concessions, elles se laissent pénétrer par des éléments intellectuels étrangers et funestes à leur nature ; les innovations auxquelles elles se prêtent sont une négation directe de ses anciennes parties constitutives ; elles en arrivent à ressembler à un livre qui réunirait sur la même page une vieille fable, et, en marge ou au bas de la page, la critique et le persiflage de cette même fable.

Le développement historique de la royauté a diverses origines. Il est très vraisemblable que, dès leur première apparition sur la terre, les hommes étaient déjà des êtres sociaux et vivaient par troupes comme aujourd'hui encore les singes et bien d'autres animaux. Chaque bande avait évidemment un chef qui la conduisait et la défendait, et qui était sans doute l'homme le plus fort. A l'aurore de la civilisation, dont les reflets éclairent les plus anciens écrits de la Bible, les Védas et les livres sacrés des Chinois, la famille est le fondement de la société; le père est le maître, le juge et le conseiller naturel de la famille. Les hommes se multiplient, les familles s'accroissent considérablement et se constituent en tribus. Le père de famille devient chef de tribu. L'autorité de ce chef repose bien encore en partie sur la fiction que tous les membres de la tribu sont sortis de son sang, — fiction qui jusque dans les temps récents est restée la base du clan écossais; mais elle s'appuie d'autre part sur les raisons plus saisissables et plus sûres qui forment la base de l'autorité du chef d'un troupeau : sur sa force supérieure, qui peut résulter d'une plus grande vigueur physique, d'une plus grande intelligence ou d'un plus grand nombre de bêtes de somme, de pâturages, d'instruments et de valets. Dans cette période, la distance entre le dominateur et son sujet est faible encore et les sources de la puissance du premier apparaissent d'une façon compréhensible. Le fils obéit au père par amour et par respect, le faible obéit au fort par crainte, le pauvre obéit au riche par intérêt. C'est à peine si l'on reconnaît au pouvoir un droit héréditaire. Le fait de posséder la force suffit à la justification théorique et morale des prétentions à la force. Nul élément surnaturel ne complique encore cette situation si simple, dans laquelle le chef ordonne parce qu'il le peut, et la tribu obéit parce qu'elle le veut ou parce qu'elle le doit. Mais à mesure que la civilisation marche, le chef sent le besoin d'adjoindre à son prestige naturel les terreurs du surnaturel. Son intelligence supérieure, sa richesse, sa vigueur physique ne lui semblent plus suffisantes pour lui assurer la possession du pouvoir et pour le protéger contre la jalousie et l'ambition de rivaux ; alors il prend les dieux pour alliés mystérieux et par là doublement terribles. Il s'érige en grand-prêtre de la religion de la tribu, met à son service d'invisibles et effrayants fantômes, et cherche dans la superstition le principal appui de sa puissance.

Tel est l'état des choses chez tous les peuples lors de leur apparition au grand jour de l'histoire. La race royale se vante de descendre en ligne directe des dieux. Les Pharaons, les Incas sont les fils du soleil ; les rois guerriers de la Germanie sortent des hanches de Thor ; les Maharadjas de l'Inde sont le fruit d'un avatar de Wichnou. Le peuple voit dans le souverain un être sacré et lui attribue des propriétés surnaturelles. En Orient, on ne peut le regarder en face, si l'on ne veut aussitôt être frappé de cécité ; les rois d'Angleterre et de France possèdent le don de guérir, par l'imposition des mains, l'épilepsie, la chorée et les écrouelles. Attaquer la personne du roi, c'est attirer sur soi, sur sa famille, sur son peuple, la colère éternelle des dieux. A côté de ses serviteurs payés, le roi a pour gardiens de son trône tous les dieux et tous les saints du ciel, « six mille à droite, six mille à gauche », comme dit Henri Heine. La distance entre le roi et le peuple est devenue énorme. Le roi n'est plus simplement le premier parmi ses égaux, le père de sa tribu, mais un être d'une autre essence que ses sujets, surnaturel, et à qui ne s'appliquent pas les lois générales de la vie. Entre le roi et le peuple il n'y a plus aucun rapport humain ; le roi est inaccessible ; il chemine bien parmi les mortels, mais comme un dieu déguisé, et n'a rien de commun avec la foule des hommes qui l'entoure. Le ciel peut permettre, dans ses décrets impénétrables, qu'il perde son trône ; le ciel peut faire qu'un homme de basse naissance s'empare de la couronne. Mais, même précipité du trône, le roi légitime ne tombe pas dans la vulgaire humanité, et l'usurpateur, quoique portant la couronne, n'a pas la consécration divine. Celui-là reste la majesté ravie à la terre, celui-ci le plébéien en chair et en os, qui tôt ou tard se fondra de nouveau dans la masse comme un morceau de glace se fond dans l'eau, tandis que le diamant reste pur dans n'importe quel liquide.

Étrange paradoxe de la civilisation humaine! La royauté qui, depuis la barbarie primitive, s'est maintenue jusqu'à notre temps, a abandonné comme superflus, parmi ses différents titres, ceux qui peuvent subsister devant la raison, et a conservé seulement ceux qui s'évanouissent sans laisser de traces au premier rayon de la critique rationnelle. La monarchie actuelle ne tire plus sa justification de sa puissance de fait, mais de son origine divine. Elle ne commande plus au nom de son armée, mais de par la grâce de Dieu. Une armée prête à exécuter les ordres du roi est, même de nos jours, un argument irrésistible. Cet argument, la monarchie le dédaigne. Affirmer que Dieu a délivré au roi sa patente est un conte risible que la monarchie débite avec un sérieux auquel les gendarmes donnent du poids.

Dans l'antiquité et au moyen âge, à une époque où il n'y avait pas de science historique et où l'on ignorait la critique des traditions et des sources, l'auréole divine sur la tête d'un roi avait, dans le crépuscule intellectuel régnant, une force lumineuse facile à comprendre, du moins aux yeux du peuple. Les souvenirs nationaux dépassaient à peine une génération. Les ténèbres du passé étaient impénétrables et engloutissaient rapidement les origines de toutes choses. Qui se rappelait les commencements d'une dynastie? Personne n'éprouvait de difficulté à croire les rhapsodes faisant descendre les maîtres d'une divinité d'autant plus haute, que ceux-ci récompensaient plus libéralement la pièce de vers généalogique. Mais à notre époque de critique historique appuyée sur les sciences, les ballades et les fables n'ont aucune autorité. Nous connaissons très exactement les destinées premières et ultérieures des maisons souveraines de l'Europe qui sont aujourd'hui les représentants classiques de la légitimité par la grâce de Dieu. Chez les Bourbons, la race royale la plus ancienne et la plus sacrée de l'Europe, nous sommes libres de prendre pour leur premier ancêtre, avec l'histoire douteuse, un grand propriétaire foncier rebelle du nom de Hugues Capet, ou, avec la tradition populaire très admissible, le garçon boucher parisien Robert Le Fort. Les Habsbourg, dont pas une goutte de sang, d'ailleurs, ne coule dans les veines de la famille qui gouverne actuellement l'Autriche, sont les descendants d'un pauvre gentilhomme franconien qui était quelque chose comme un spadassin stipendié ou un lieutenant de police au service de différents seigneurs, tantôt d'un évêque, tantôt d'une ville. Quant aux Romanoff, le mieux est de n'en pas parler. Il y a des textes illisibles que l'historien peut parfois déchiffrer; mais dire qui a été le père d'un fils de l'impératrice Catherine II, c'est un problème dont l'historien même le plus perspicace renoncera à donner la solution. Les Hohenzollern ont du moins un acte de naissance qui peut se laisser voir; ils descendent de parents pauvres, mais honnêtes. Les burgraves de Nuremberg étaient sans aucun doute d'excellents petits employés du Saint-Empire romain, et leur promotion comme grands-maîtres de l'ordre teutonique, comme margraves de Brandebourg, électeurs, rois et empereurs, a été tout à fait normale. On connaît la date de chaque pas qu'ils ont fait en avant et l'on sait qu'ils ont procédé humainement et sans aucune intervention surnaturelle. La dynastie anglaise offre un exemple surprenant des pérégrinations aventureuses que le sang, support de la légitimité, peut accomplir à travers plus d'une douzaine de familles différentes, sans rien perdre de son droit à la souveraineté. Le zigzag capricieux que, du duc de Normandie au duc de Saxe-Cobourg-Gotha, décrit la branche légitime et qui est si pénible à suivre, semble prouver tout au plus qu'un bon principe, absolument comme un honnête homme, sait toujours, dans une voie obscure, garder le droit chemin, ainsi que l'a dit Gœthe.

Où reste maintenant, dans l'histoire de toutes ces familles, la place pour l'intervention de Dieu, par la grâce duquel elles tiennent leurs droits à la souveraineté? A quel moment ont-elles obtenu cette grâce? Est-ce quand Guillaume le Conquérant vainquit près d'Hastings le roi saxon Harold? Ou quand Hugues Capet se souleva contre son maître légitime de race carlovingienne, comme Pépin l'avait fait jadis contre son seigneur mérovingien? Ou quand Rodolphe de Habsbourg battit son compétiteur Ottocar de Bohême? Et si les trois fondateurs de dynasties légitimes n'avaient pas réussi dans leurs entreprises? Si Guillaume avait été repoussé par delà la Manche, Hugues pendu comme rebelle, et Rodolphe tué dans le Marchfeld? Quelle figure aurait alors faite la grâce de Dieu? Ces téméraires aventuriers, au lieu d'être les ancêtres de maisons souveraines sacrées, n'auraient-ils pas été des brigands, des révoltés vulgaires?

Ou bien est-ce le succès qui décide la question? Reconnaît-on la grâce de Dieu justement à ce qu'un homme réussit à s'emparer du pouvoir? La domination devient-elle légitime au moment où il prend possession de la puissance suprême? Peut-être: le peuple naïf croit que celui qui reçoit de Dieu une charge reçoit en même temps la sagesse. Il n'est pas illogique que Dieu donne aussi la légitimité à celui à qui il a donné un trône. Mais alors tout révolutionnaire aussi est légitime, quand il réussit; Cromwell est un chef d'Etat aussi légitime que Charles Ier, à qui il fit couper la tête; Barras, Bonaparte étaient aussi légitimes que Louis XVI, à qui pareil accident fâcheux arriva ; Louis-Philippe est aussi légitime que Charles X, et Napoléon III aussi légitime que Louis-Philippe. Des monarchistes n'ont plus le droit de s'opposer à l'autorité d'un chef d'Etat ou de la contester, dès que celui-ci est chef de fait : ils doivent, à leur point de vue, reconnaître que Rienzi, Masaniello, Mazzini, Kossuth, Hecker auraient été des chefs d'Etat par la grâce de Dieu, si leurs entreprises avaient eu pour elles le succès. Il y a plus : le bûcheron Lincoln, le tailleur Johnson, l'avocat Grévy doivent être pour eux des hommes tout aussi sacrés qu'un Guillaume de Normandie, un Hugues Capet, un Rodolphe de Habsbourg, car ces hommes ont pour eux le succès et la possession de la puissance tout comme l'ont eu ces derniers. Le point de vue des monarchistes est alors absolument celui des grenouilles de la fable, qui doivent obéir avec la même soumission au roi que Jupiter leur impose, que ce soit un soliveau ou une grue ! Si la réussite doit être la preuve de la grâce de Dieu, elle est aussi l'unique source de la légitimité, et les monarchistes devraient raisonnablement reconnaître la légitimité à tout chef d'Etat : au conquérant étranger, au président de la République, à l'auteur d'un coup d'Etat, bref, à tout homme qui a pour lui le succès.

Ou bien, cette source de la légitimité n'a-t-elle coulé qu'aux époques anciennes et est-elle maintenant tarie ? La violence, la révolte, le parjure d'un vassal et l'intrigue électorale étaient-ils seulement dans les temps passés la forme sous laquelle la grâce de Dieu descendait sur une tête humaine, et les relations entre le ciel et les palais des souverains ont-elles ensuite changé ? En ce cas il serait de la plus grande importance de savoir à quel moment ce changement s'est produit. Les monarchistes nous doivent la date exacte de l'année, du mois et du jour d'un événement aussi significatif. Tout récemment encore, des dynasties se sont fondées en Suède et en Norvège, en Belgique, en Serbie, en Roumanie, en Grèce et en Bulgarie. Ces dynasties s'appuient également sur la grâce de Dieu ; leurs peuples leur reconnaissent des droits souverains ; les dynasties vieilles de plusieurs siècles les traitent comme leurs égales. Il n'est donc pas indifférent de nous éclairer à ce sujet : ces nouveaux rois sont-ils arrivés aussi par la grâce de Dieu, ou ne font-ils que se targuer indûment de cette grâce ? Se vantent-ils, *snobs* assis sur le trône, d'une haute relation qu'ils n'ont pas ? Si les Bernadottes, les Cobourg, les Obrénowitch sont rois par la grâce de Dieu, il est prouvé que la grâce de Dieu, aujourd'hui comme au temps des usurpations du moyen âge, s'empresse d'ajouter le droit à la puissance ; les monarchistes doivent accorder alors qu'un démocrate socialiste quelconque, s'il réussissait à se placer par une révolution à la tête de l'empire allemand, serait chef d'État par la grâce de Dieu, et qu'il aurait autant de droits et serait personnellement aussi sacré que l'empereur d'Allemagne actuel. Ou faut-il admettre que, depuis le moyen âge, la grâce de Dieu, qui fait les monarques, est épuisée comme un champ trop exploité ? Alors les rois des jeunes maisons souveraines ne sont que des charlatans qui, par de fausses promesses, s'assurent des avantages, — façon d'agir sur laquelle un article du Code pénal donne de plus amples explications; c'est une audace incompréhensible de leur part de réclamer la soumission de leurs peuples, et les monarques des vieilles dynasties commettent une imprudence difficile à expliquer quand ils admettent la validité du titre de ces nouveaux venus et leur reconnaissent des droits égaux à leurs propres droits sacrés.

Les monarchistes pourront nous faire une dernière objection. Ce n'est pas celle qu'attendrait sans doute un esprit logique, à savoir que les nouvelles dynasties tirent leurs droits de la volonté du peuple, qui les leur a librement conférés. Cette volonté ne peut aucunement être regardée comme la source des droits dynastiques ; car si elle peut faire un roi, elle peut aussi le renverser et proclamer la République ; voilà ce qu'un monarchiste ne saurait accepter. Non, l'objection dont je veux parler est autre. Les hommes qui, de notre temps, ont fondé de nouvelles dynasties, sont des rejetons de vieilles maisons souveraines auxquelles le gouvernement appartient depuis des siècles ; ils sont nés avec une légitimité héréditaire latente qui n'attendait qu'une occasion favorable pour se manifester sous forme d'une couronne visible. Cette prétention, il est vrai, ne peut être soutenue à bon droit quant aux Bernadottes ou aux Obrénowitch ; mais elle trouve fort bien son application aux Cobourg de Belgique, aux Hohenzollern de Roumanie, aux Glücksbourg de Grèce et aux Hesse de Bulgarie. Je ne traiterai donc pas cette prétention de mensonge ; elle me plaît même infiniment. La chose est donc bien entendue : la légitimité est une propriété héréditaire naturelle de familles déterminées ; un prince naît avec le droit de régner ; non pas avec le droit de régner sur tel peuple et non sur tel autre, mais avec le droit de régner en général, *in partibus*, en attendant un placement réel. Un Cobourg, un Hohenzollern apporte avec lui au monde la grâce de Dieu ; si les Belges, les Roumains le choisissent pour roi, ils ne font que donner à sa légitimité une valeur pratique. La grâce de Dieu se confère à peu près comme le diplôme d'une faculté. Avec son diplôme en poche, un jeune docteur a le droit de se faire une clientèle, mais la faculté ne la lui assure pas. La grâce de Dieu aussi donne au prince d'une maison souveraine légitime le droit de gouverner n'importe où, mais elle ne lui garantit aucun pays où il puisse exercer ce droit.

Cet argument mérite attention. Il explique mainte chose qui autrement serait inexplicable. Avec son aide on peut comprendre comment un roi légitime par la grâce de Dieu enlève à un autre roi légitime également par la grâce de Dieu son trône et son pays. L'annexion du Hanovre, de la Hesse électorale, du Nassau par la Prusse, et celle de Naples, de la Toscane, de Modène, de Parme par la Sardaigne, ne sont plus une négation du principe sur lequel repose aussi le trône des Hohenzollern et de la maison de Savoie. Le conquérant n'enlève pas à celui qu'il dépouille sa légitimité, j'allais dire son diplôme de souverain, il ne lui prend que son pays. L'homme détrôné reste, après comme avant, roi par la grâce de Dieu, et il lui est toujours permis de chercher un autre royaume sur lequel il pourra régner avec une légitimité nullement affaiblie et avec la grâce tout particulièrement visible de Dieu. La distinction entre le droit souverain des dynasties légitimes et l'application de ce droit à un pays ou un peuple déterminé est un élément indispensable de la théorie monarchique. Sans cette distinction, les rois conquérants ou annexionnistes seraient les pires révolutionnaires, ils prouveraient de la façon la plus claire l'inanité de la grâce de Dieu, et ils montreraient avec évidence aux peuples ce que valent les droits d'un monarque légitime et comment on doit s'y prendre pour le chasser. A l'aide de cette distinction entre la légitimité théorique et la souveraineté de fait, on peut enfin comprendre, sans révolter la raison, que la maison de Hanovre a pu légitimement gouverner l'Angleterre pendant tout un siècle par la grâce de Dieu, tandis que les héritiers de la maison de Stuart mouraient légitimement à Saint-Germain ou à Rome par la grâce de Dieu ; on comprend de même qu'après Victor-Emmanuel le roi Humbert gouverne en Italie par la grâce de Dieu, tandis que le roi François II de Naples, depuis près d'un quart de siècle, passe agréablement son temps à Paris par la grâce de Dieu.

Nous ne nous arrêterons pas davantage à une absurdité trop manifeste. Ce n'est même pas la peine d'appliquer une critique sérieuse à l'unique titre de la monarchie, à son origine divine. Cette critique est si facile que l'on se demande parfois, avec étonnement, si ce ne serait pas faire des efforts d'Hercule pour enfoncer une porte ouverte. Nous connaissons les commencements historiques de toutes les dynasties, dont quelques-unes sont nées d'hier sous les yeux de prosaïques reporters ; nous voyons le spectacle de plus en plus fréquent de souverains légitimes chassés par les peuples dont, à ce qu'on prétend, la garde leur avait été confiée par le ciel même ; nous savons le peu d'estime que les rois dont le front a été oint par l'huile sainte professent pour les droits de leurs égaux ; — tout cela permet moins encore au croyant qu'à l'athée d'admettre que c'est la grâce de Dieu qui a posé la couronne sur la tête des rois. La grâce de Dieu ne peut pas être intermittente ; elle ne peut pas dépendre d'un traité de paix, d'une bataille perdue ! Ce sont là des idées irrespectueuses contre lesquelles doivent se révolter toutes les convictions d'un croyant. L'homme éclairé peut en tout cas considérer cette grâce comme une de ces vieilles plaisanteries que débite un charlatan en faisant à son compère des signes d'intelligence, et en conservant un sérieux imperturbable. Au croyant, la grâce de Dieu doit sembler un blasphème. Celui-là a le droit de sourire, celui-ci ne peut que s'indigner.

Mais laissons les origines et les titres des dynasties. Faisons comme si nous croyions tout ce que la monarchie nous raconte. Prenons un moment l'air d'un pontife. Tout est donc vrai et démontré : le roi est né avec le droit de commander; moi, son sujet, je viens au monde avec le devoir d'obéir; Dieu a arrangé ainsi la chose, et si je m'insurge, je commets le crime d'attaquer l'organisation du monde établie par Dieu. Faisons un pas de plus dans cette voie, et nous entrons dans l'empire du mensonge. En Europe, la Russie et la Turquie seules sont encore gouvernées par des souverains absolus; c'est la seule forme logique de la monarchie. Tous les autres pays, quand ils ne sont pas en république, ont, par des constitutions, mis plus ou moins la forme gouvernementale monarchique en flagrante contradiction avec elle-même. Le système constitutionnel condamne à un éternel mensonge et à une éternelle hypocrisie ceux qui y jouent un rôle.

Là où le parlementarisme est une vérité et la royauté un simple décor, en Angleterre, en Belgique, en Italie, les lois mentent en prenant la forme de manifestations de la volonté du roi, car elles sont des émanations de la volonté du parlement et seront promulguées, que le roi le veuille ou non. Les ministres mentent en se servant de la formule usitée : « Par ordre de Sa Majesté nous faisons ceci » — « Sur l'ordre de Sa Majesté nous nous abstenons de cela » — « Nous aurons l'honneur de recommander à Sa Majesté telle et telle chose », car ils savent et tout le monde sait comme eux que le roi n'ordonne pas, et qu'ils n'ont rien à lui recommander, mais que ce sont eux qui décident, qu'ils se présentent devant le roi avec des faits accomplis indépendamment de sa volonté, et que le roi doit obéir sans résistance aux vues et aux résolutions du parlement et des ministres. Le roi enfin ment lorsque, s'adressant aux représentants de la nation, il emploie la première personne, car son discours du trône n'est pas l'expression de ses propres idées, mais un écrit qu'on lui met tout fait dans la main et qu'il débite comme le phonographe répète les mots prononcés dans son entonnoir. Il ment quand il affirme que le ministre président est l'homme de son choix; car il n'est aucunement libre de le choisir à son gré, il doit accepter l'homme que lui désigne la majorité, lors même qu'il le détesterait cordialement et en voudrait un autre ; il ment enfin à chaque nomination, à chaque décret, à chaque acte gouvernemental auquel il prend part, quand il donne cet acte comme sa propre résolution, car tous ses actes lui sont prescrits par les ministres, et il faut qu'il les signe, fût-ce avec la plus grande répugnance.

D'autre part, dans les pays où la constitution a respecté le caractère de la royauté par la grâce de Dieu et où le parlementarisme n'est qu'un simple ornement du vieil absolutisme, comme par exemple en Allemagne et en Autriche, la forme gouvernementale monarchique ment, non pas au roi, mais au peuple. La monarchie exige qu'on la reconnaisse comme fondée de pouvoirs et représentante visible de la volonté divine ; conséquemment, elle revendique pour elle l'infaillibilité qui est un des attributs de Dieu ; elle accorde toutefois en théorie au peuple une influence sur ses résolutions ; elle consent donc à ce que le peuple juge, approuve, condamne ou modifie les mesures d'une puissance établie et inspirée par Dieu ; elle soumet en quelque sorte Dieu à та critique humaine et commet ainsi un sacrilège que chez ses sujets elle punirait de la plus dure prison. Mais nous l'avons dit, cela ne se passe ainsi qu'en théorie. Dans la pratique, c'est la volonté du roi qui décide, et tous les procédés constitutionnels sont de simples mensonges de l'absolutisme. On ment au peuple en l'invitant à choisir ses représentants ; on ment au parlement en lui présentant des projets de gouvernement et en les lui faisant voter, car le suffrage populaire est impuissant à donner aux représentants la force de volonté que la fiction constitutionnelle attribue au peuple, et les votes du parlement ne peuvent rien changer aux résolutions du gouvernement.

Dans les pays vraiment constitutionnels, la situation du monarque est humiliante ; mais la fiction de sa puissance est de tous côtés si soigneusement ménagée, on évite si adroitement de laisser paraître son absolue insignifiance dans l'État, les honneurs extérieurs, les avantages personnels et les agréments attachés à ses fonctions continuent à être si grands, qu'on ne peut comprendre comment des hommes qui se respectent et qui ont même de la délicatesse de sentiments consentent à jouer le rôle de marionnettes, dont la langue et les membres sont mis en mouvement par des fils que tiennent les ministres. Dans les pays faussement dits constitutionnels, au contraire, le sot rôle est pour les représentants du peuple, et l'on a beaucoup plus de peine à comprendre que des hommes dignes de ce nom acceptent un tel rôle ; les satisfactions de la vanité qu'ils peuvent en tirer ne sauraient les dédommager des humiliations de tous les instants. Dans son palais somptueux, revêtu de son brillant uniforme, lorsqu'il reçoit sa grosse liste civile, qu'il ne voit autour de lui que des dos courbés et qu'il entend retentir à ses oreilles, drues comme flocons de neige, les formules de politesse les plus recherchées : « Majesté », « Très gracieux souverain », et « Daignez », le roi constitutionnel peut oublier qu'il joue un rôle de carnaval, qui aurait immédiatement un dénouement terrible s'il voulait le prendre au sérieux. Mais qu'est-ce qui détermine le parlementaire, dans un pays faussement constitutionnel, à se rendre ridicule par des discours sans résultat, par des gestes sans but et des votes sans effet ? Ce n'est sans doute pas le mépris des ministres, les railleries et les calomnies de la presse soldée par le gouvernement ! Serait-ce donc l'espoir de changer l'apparence du parlementarisme en une réalité ? Cet espoir ne peut ni ne doit être nourri par le représentant du peuple qui accepte la fiction de l'origine des droits royaux.

Pour l'ennemi des mensonges conventionnels il n'y a rien de plus réjouissant que le dilemme dans lequel cet impitoyable logicien, le prince de Bismarck, enferme les soi-disant libéraux du Reichstag allemand. Il leur fait répéter par ses orateurs autorisés et par ses journalistes bien dressés : « Ou vous êtes républicains, et vous mentez quand vous affirmez à l'envi vos sentiments monarchiques ; ou votre fidélité au roi est sincère, et alors vous avez à la prouver par votre obéissance à la volonté royale. » Cette alternative est l'enclume et le marteau entre lesquels le libéralisme monarchique est pulvérisé. C'est un plaisir indicible de voir comment les timides et impuissants partis de l'opposition se débattent sous la griffe de fer de cette logique impitoyable. Ils voudraient se dégager et s'échapper. « Nous sommes dévoués à la dynastie jusqu'à la mort, le roi n'a pas de serviteurs plus fidèles que nous, la république est pour nous l'abomination de la désolation ; mais pourtant la constitution existe bien aussi en quelque sorte, et le roi lui-même a daigné y prêter serment ; avec sa très haute autorisation nous nous permettrons très humblement et avec la plus profonde soumission de faire usage des droits et des libertés qui ont été très gracieusement accordés aux représentants du peuple. » Et ainsi de suite. Mais tout cela ne leur sert à rien. La main qui les étreint les colle contre le mur de façon à leur faire perdre haleine, et le maître impitoyable les foudroie sans ambages : « Admettez-vous que le roi est établi par Dieu pour vous gouverner ? Oui ? Comment alors osez-vous lui résister, comment osez-vous en appeler à une constitution qui est un cadeau de sa main ? En vertu de son autorité divine il peut vous la retirer, comme en vertu de son autorité divine il vous l'a donnée. Ou n'admettez-vous pas que le roi tient ses droits de Dieu même ? Alors vous êtes républicains. Il n'y a pas de milieu. »

Non, il n'y a pas de milieu. Républicains ou absolutistes : tout le reste est mensonge ou hypocrisie ; un gouvernement qui pose ce dilemme mérite la vive reconnaissance de tous les gens éclairés. Sans doute, il commet par là une témérité extraordinaire, car il risque qu'un politicien hardi et habile lui renvoie l'argument par ces mots : « Si la logique est une arme, vous êtes les plus grands hypocrites et menteurs. Si, en effet, la volonté du roi est la volonté de Dieu, comment pouvez-vous commettre envers Dieu et envers le roi le crime de laisser subsister une constitution fondée sur la possibilité de limiter la volonté du roi par la volonté du peuple ? Votre premier devoir en ce cas serait d'abolir la constitution. Ou vous prenez au sérieux la constitution, admettant ainsi que dans l'État la voix du peuple vaut autant que celle du roi par la grâce de Dieu, et alors vous êtes républicains ; ou la constitution n'est pour vous qu'un vain mot ; vous ne convoquez un Reichstag que pour la forme, vous êtes résolus d'avance à en agir à votre tête, sans souci du parlement ; alors vos actes constitutionnels tels que les réunions électorales, la convocation du Reichstag, la présentation de projets du gouvernement, etc., tout cela est un mensonge voulu. Donc vous êtes menteurs ou républicains. Il n'y a pas de milieu. »

6.

Le grand mensonge de la théorie constitutionnelle moderne consiste précisément à partir d'une négation de l'autorité divine du roi; cette autorité, ainsi dépourvue de base et suspendue en l'air, continue néanmoins à subsister. Le moyen âge connaissait la constitution des « États », qui limitait aussi la puissance du roi; le moyen âge connaissait les soulèvements de la noblesse contre le roi et la lutte acharnée des classes privilégiées contre la couronne pour conserver le pouvoir. Mais les restrictions de la puissance royale, les révoltes de la noblesse contre elle n'avaient pas lieu au nom d'un principe excluant sa raison première d'être, c'est-à-dire au nom de la souveraineté du peuple. Les hauts barons qui assiégeaient le roi dans son château reconnaissaient bien que le roi était établi par Dieu; mais ils soutenaient que la grâce de Dieu n'avait pas souri à lui seul, et qu'ils en avaient eu leur part. Ce n'était pas une négation, mais une ingénieuse extension de la doctrine de l'autorité surnaturelle des gouvernants. De même que le monarque était roi par la grâce de Dieu, ils déclaraient être barons par la grâce de Dieu. C'est l'histoire de cet aliéné qui avait l'idée fixe d'être Dieu; un autre malade en proie à la même folie fut amené un jour dans l'établissement où le premier était enfermé; celui-ci se mit à rire plus que personne de l'erreur de son confrère. « Comment cet homme peut-il être Dieu? », s'écriait-il à plusieurs reprises. « Pourquoi donc pas? », lui demanda le gardien, qui croyait déjà son premier malade guéri. « Parce qu'il n'y a pas deux Dieu; et comme je suis Dieu, lui ne peut pas l'être. » A l'exemple de ce fou, la noblesse du moyen âge était convaincue de sa propre divinité et elle combattait la royauté absolue non pas au nom de la raison, mais au nom de sa propre folie. De cette manière on pouvait, au moyen âge, rester attaché en tout honneur à la fois à la monarchie et aux priviléges de la noblesse, tandis que la souveraineté du peuple et la souveraineté royale issue de Dieu s'excluent absolument l'une l'autre.

A côté de son rôle constitutionnel, le mensonge monarchique a aussi un rôle purement humain, contre lequel la raison et l'honnêteté ne se révoltent pas moins. Tous ceux qui entrent en contact personnel avec le roi s'abaissent et s'avilissent devant la fiction de la sublimité, du caractère surhumain de la royauté, dont ils se moquent dans leur for intérieur. Le spectacle de la royauté a été de tout temps et partout une comédie pour ceux qui avaient à y jouer un rôle. Mais chacun jouait d'un air sérieux et convaincu, tant qu'il était en scène; il s'efforçait de produire et de maintenir l'illusion poétique chez les spectateurs, dont il était séparé par la ligne de feu de la rampe. Seuls, les amis à qui l'on permettait l'entrée par la petite porte des artistes pouvaient voir que les somptueux palais du décor n'étaient que de la toile peinte et usée, que la pompe dorée et pourprée des vêtements officiels n'était que clinquant, et qu'entre deux mouvements héroïques le héros s'empressait d'aller dans les coulisses demander un bock. Les comédiens actuels de la royauté, au contraire, sortent constamment de leur rôle et se moquent ostensiblement de celui-ci, d'eux-mêmes, et du respectable public. Ils ressemblent aux honnêtes artistes amateurs du *Songe d'une nuit d'été*, à qui Bottom, le tisserand, fait cette sage recommandation : « Il faut que vous disiez le nom de celui qui représente le lion et qu'on voie la moitié de son visage au travers du mufle de la bête; lui-même peut parler au travers et dire du ton qui convient quelque chose comme ceci : Gracieuses dames, ou belles dames, je vous conseille, ou je vous supplie, ou je vous conjure de n'avoir pas peur, de ne pas trembler; ma vie répond de la vôtre. Si vous veniez à croire que je suis vraiment un lion, ce serait grand dommage pour ma jeune existence. Non, je ne suis rien de pareil, je suis un enfant des hommes comme les autres enfants des hommes. — Et là-dessus faites-lui déclarer son nom et qu'il leur dise nettement qu'il est Snug, le menuisier. »

Au temps classique de la monarchie, le palais du roi était un sanctuaire qu'un mortel ordinaire ne franchissait qu'avec des frissons de respect; aujourd'hui le palais est ouvert aux reporters. Tous les scandales, tous les crimes, tous les ridicules qu'on y trouve sont colportés au dehors. Le dernier des sujets connaît les vices secrets du roi, ses vilaines maladies, le nom de ses maîtresses, les amours de quelque princesse; on sait que l'empereur ou le roi joue à la Bourse, qu'il est un idiot; on connaît son ignorance, on se passe de main en main ses lettres sans orthographe, on cite ses paroles inoptes, et cependant on se prosterne devant lui dans la poussière à la face de tout le peuple, on ne parle de lui publiquement qu'avec les termes les plus exubérants de soumission, et l'on se fait un titre de gloire de lui lécher avant tout autre la saleté de ses augustes pieds. Quel spectacle pour l'homme d'un esprit libre et éclairé! Quelle source constante de dégoût contre la servilité héréditaire des hommes civilisés! Un noble artiste qui vient de produire un immortel chef-d'œuvre ne désire pas de récompense plus haute de son effort que de recevoir la visite du roi; au sortir de l'excitation sublime, de l'inspiration et du travail, il passe sans transition à la vanité vulgaire et enfantine de voir le roi jeter les yeux sur son œuvre. Il est peut-être un Beethoven, un Rembrandt, un Michel-Ange; il restera connu et admiré quand rien ne subsistera du roi, rien qu'une ligne dans le dictionnaire des cent mille noms de souverains qui forme l'inutile appendice de l'histoire universelle. L'artiste a la pleine conscience de sa propre valeur ; il sait que le roi ne comprend rien à sa musique, ou à son tableau, ou à sa statue ; que son oreille est bouchée, son œil inintelligent, son âme fermée à toutes les beautés, que ses jugements sont grotesques, qu'il est pour l'éducation esthétique à la hauteur du plus vulgaire marchand ; néanmoins, le cœur de l'artiste bat plus fort quand le roi laisse reposer son regard lourd et distrait sur le chef-d'œuvre de l'artiste ou écoute en sommeillant sa musique. Le savant qui, par un pénible travail intellectuel, conquiert à l'Humanité de nouvelles vérités et élargit son horizon, ambitionne de paraître devant le roi sous un habit ridicule, mais de coupe officielle, et de lui dire quelques mots de ses inventions et de ses découvertes, qui passionnent l'univers entier, et qui sont peut-être l'unité des forces, ou l'analyse spectrale, ou le téléphone ; il sait que le roi est incapable de suivre les explications, de s'intéresser à un objet absolument incompréhensible pour lui ; bien plus, que ce roi, un vrai barbare, le méprise, lui et toute la science, et préfère un superbe chef de file de son régiment de la garde à tous les savants du monde ; il sait aussi qu'on ne lui accorde que quelques minutes au cours desquelles il peut dire précipitamment et en bégayant ce qu'il veut dire, tandis que le roi songe à mille autres choses et montre clairement dans ses traits l'ennui qu'il éprouve à remplir les devoirs de sa charge ; cependant, le savant se courbe sous le joug de toutes ces exigences avilissantes et prend avec satisfaction sa place entre un chambellan qui fait sa rentrée à la cour et un petit lieutenant récemment décoré. Combien de poètes et d'écrivains mendient la permission d'offrir au roi leurs œuvres, uniquement pour qu'elles soient placées, sans avoir été lues, aux derniers rangs d'une bibliothèque dans laquelle des almanachs généalogiques et des annuaires militaires occupent la place d'honneur !

L'aristocratie héréditaire professe naturellement à l'égard du roi, autant que cela est possible, des sentiments plus bas et plus serviles encore que le fait l'aristocratie de l'intelligence. Elle entoure directement et constamment le roi ; sous la couronne elle voit le bonnet de nuit, et sous le manteau de pourpre le gilet de flanelle ; c'est d'elle que partent toutes les caricatures, toutes les railleries et les calomnies à l'adresse du roi ; elle se moque de ses faiblesses et divulgue ses crimes : pourtant cette aristocratie héréditaire n'a pas d'ambition plus haute que d'obtenir, par des bassesses et des flatteries, la faveur du roi, lors même que celui-ci s'appelle Louis XV ou Philippe IV. Elle commet toutes les indignités pour avoir un regard du roi ; elle lui vend ses femmes et ses filles ; elle invente ce mot honteux : « le sang du roi ne souille pas ». Un aristocrate trop fier pour accorder un regard ou parler directement à son propre serviteur, aspire avec ardeur à être lui-même le serviteur du roi et, dans les circonstances solennelles, à lui laver les mains, lui apporter les plats, remplir son verre, accomplir des messages ; bref, à jouer le rôle d'un garçon de restaurant, d'un domestique et d'un commissionnaire.

Une anecdote connue, qui n'a pas besoin, pour cela, d'être vraie, raconte que, lors d'une visite à Copenhague, Pierre le Grand voulut montrer au roi de Danemark tout le dévouement de ses sujets. Il ordonna à un Cosaque de se jeter du haut d'une tour : aussitôt le malheureux fit le signe de la croix et s'élança sans hésitation dans le vide. Sans nul doute, aujourd'hui encore la plupart des courtisans accepteraient une semblable épreuve. Serait-ce par héroïsme ? Ces mêmes héros ne s'exposeraient pas à un refroidissement pour sauver une personne qui se noie. Serait-ce donc l'espoir d'une récompense dans l'autre monde ? Cet espoir peut avoir facilité au Cosaque de

Pierre le Grand le sacrifice de sa vie, mais nos aristocrates contemporains sont fréquemment les fils de Voltaire et tiennent infiniment moins aux joies du paradis qu'aux satisfactions que leur offre cette vallée terrestre de misères. Je ne puis comprendre l'étrange phénomène du respect allant jusqu'au suicide pour un individu qui ne se distingue peut-être par aucun avantage intellectuel, moral ou physique, et qui peut même très bien être antipatique et haïssable.

L'excellent Münchhausen conte une merveilleuse aventure de chasse. Il poursuivait un jour avec une chienne pleine une hase pleine; un moment il perdit de vue les deux bêtes. Quand il les aperçut de nouveau, il vit, à son étonnement, sept petits chiens qui couraient derrière autant de levrauts; dans la course les deux mères avaient mis bas et les petits avaient aussitôt commencé à se donner la chasse.

Il peut se passer quelque chose d'analogue entre les rois et leurs sujets. Le sujet est par naissance absolument dévoué au roi, comme dans le conte de Münchhausen le chien fait par naissance la chasse au lièvre. Je parle très sérieusement sous forme d'une plaisanterie. L'atavisme peut seul expliquer une fidélité qui l'emporte sur la dignité humaine, sur le sentiment qu'on a de sa propre valeur et parfois même sur l'instinct de la conservation personnelle. C'est évidemment par un retour aux idées primitives de l'homme, par un vague contrecoup d'habitudes transmises sans interruption à travers des milliers de générations, que nous voyons des hommes éprouver ou feindre pour un individu qu'ils ne connaissent pas, que peut-être ils n'ont jamais vu et qui, en tout cas, ne répond pas à leurs sentiments, une tendresse qu'ils n'éprouvent certainement pas pour leurs proches, peut-être pas pour eux-mêmes.

Sans doute, c'est un sentiment profondément ancré dans la nature humaine de se prosterner humblement devant toute personne que la foule regarde comme supérieure. Je dis : que la foule regarde comme supérieure, et non qui est supérieure. L'homme est un animal vivant en troupeau et qui en a tous les instincts. Parmi ces instincts se place en première ligne la soumission à un chef; mais celui-là seul est chef que le troupeau accepte comme tel. Un petit nombre d'esprits d'élite juge un homme d'après ses qualités ; la foule considère uniquement son action sur les autres. L'élite examine l'individu en soi, indépendamment de ses rapports avec les autres hommes; la masse s'informe seulement du rang qu'il occupe. Ainsi s'explique-t-on que tout homme célèbre ou seulement connu, souvent même mal famé, trouve des attachements et des dévouements qu'on refuse au mérite solitaire dédaignant le monde et la popularité. On n'a pas besoin d'être un roi pour être entouré de courtisans ; il suffit pour cela d'une simple notoriété. Les comédiens, les prestidigitateurs, les clowns, ont leurs flatteurs. Il y a des gens qui cherchent à se mettre en relation avec des criminels connus, et s'en vantent. Qu'est-ce qui pousse les hommes à cette sotte importunité? Qu'est-ce qui procure à Brummel et à Cartouche une cour tout comme à un grand artiste ou à un grand savant? On dit souvent que c'est la vanité, mais cette réponse n'est que superficielle. Pourquoi donc met-on de la vanité à faire partie de la suite de personnes célèbres? Pourquoi éprouve-t-on de la satisfaction à se pavaner dans l'entourage d'un homme connu? Parce qu'on obéit ainsi à l'instinct qui porte l'animal vivant en troupeau à se soumettre à un chef. Le *snobisme* a un fondement anthropologique; voilà ce qu'a oublié Thackeray quand il l'a combattu avec une haine implacable. L'attachement à une dynastie, dans le sens où les monarchistes entendent ce mot, n'est que la plus haute et la plus complète expression du *snobisme*.

On voit que je m'efforce de trouver au byzantinisme des circonstances atténuantes. Je ne demanderais pas mieux que d'être convaincu de la sincérité des sentiments que beaucoup de gens montrent pour les princes et les rois. Je suis prêt à reconnaître que le paysan russe ne feint rien quand il baise la lisière du vêtement de son souverain, et que le soldat allemand ne ment pas quand il déclare que son plus grand bonheur est de sacrifier sa vie pour son empereur. Mais anthropologie, atavisme, hérédité, tous les grands mots que j'invoque pour expliquer l'attachement du peuple ignorant à une dynastie, me font défaut quand je vois le byzantinisme chez des gens distingués et cultivés. Ce byzantinisme est et reste un mensonge voulu, il ne part pas du cœur; c'est une comédie à laquelle chaque individu prend part pour en bénéficier : l'un pour avoir des emplois et des dignités, l'autre pour avoir des titres et des distinctions honorifiques, le troisième pour des raisons politiques, parce que la royauté lui paraît encore nécessaire, soit au bien du peuple, soit à ses propres intérêts. Tous n'agissent qu'en vue d'un avantage direct ou indirect. C'est pour cette raison que le mensonge monarchique est beaucoup plus répugnant que le mensonge religieux. L'homme éclairé qui, à l'église, plie le genou et marmotte des prières, agit par paresse d'esprit, ou par indifférence, ou par lâche condescendance pour l'usage; lors même qu'il est de ceux qui, par une feinte piété, cherchent à gagner la faveur des prêtres et de leurs puissants alliés, il ne s'humilie que devant un symbole et ne baise pas directement la main dont il attend une récompense. Mais l'homme de cour qui rampe, le bourgeois qui illumine sa maison et garnit la façade d'épaisses guirlandes de fleurs, le poëte qui compose des hymnes pour le mariage du roi et la naissance des princes, ne se livrent à toutes ces démonstrations que pour une récompense qu'ils veulent recevoir comptant; ils ne se distinguent en rien de la prostituée qui débite des paroles d'amour et en pratique les actes, tandis qu'elle ne songe pendant tout ce temps qu'à une pièce d'argent.

Beaucoup de gens, regardant un roi comme un homme pareil à tous les autres, souvent même plus insignifiant ou moins bien doué que les autres, sourient de la prétendue mission divine des dynasties, et, cependant, quand ils parlent dans des termes obséquieux, empreints de respect et d'amour, du monarque et de sa famille, ils cherchent à justifier devant les autres et souvent devant eux-mêmes leur manque de sincérité par cette raison que, somme toute, le mensonge monarchique est un mensonge inoffensif. La royauté, disent-ils, est, du moins dans les pays franchement constitutionnels, un simple décor; le monarque y a moins de pouvoir que le président des États-Unis de l'Amérique. L'Angleterre, la Belgique et l'Italie sont en réalité des Républiques avec des rois à leur tête, et les formes traditionnelles de soumission dont on entoure la couronne n'empêchent, en aucune façon, la libre manifestation de la volonté populaire, et de cette volonté seule.

C'est là une grosse erreur qui plus d'une fois encore aura des conséquences fatales aux peuples. Le pouvoir des rois continue à être énorme, et leur influence, même dans des pays comme la Belgique, la Roumanie, l'Angleterre et la Norvège, est toute-puissante, quoiqu'elle soit exercée non par la constitution, mais à côté d'elle ou sans elle. Nous en avons les témoignages les plus irrécusables. L'honorable Gladstone, si compétent dans la question, s'est expliqué d'une façon très significative sur l'influence des rois dans le *Nineteenth Century*. Certaines publications de notre temps répandent sur ce point une lumière suffisante, particulièrement la *Biographie du Prince Albert*, par Martin, qui renferme la correspondance entre le prince Albert et le prince Guillaume de Prusse, le futur roi et empereur, et le récit des rapports de Napoléon III avec la cour d'Angleterre; les Mémoires du baron Stockmar, les parties les plus véridiques de ceux du conseiller aulique Schneider, ceux de Meding, etc. Nous voyons comment, dans les cabinets des rois, par-dessus les peuples, les parlements et les ministères, on tisse les fils de relations intimes; comment les monarques confèrent directement les uns avec les autres; comment ils jugent chaque événement politique avant tout au point de vue de leurs intérêts dynastiques; comment ils se sentent solidaires en face du mouvement qui amène les peuples à reconnaître leurs forces et leurs droits; comment dans les plus graves résolutions, qui exercent une action fatale sur des millions d'individus, ils se laissent déterminer par des caprices, par des amitiés et des antipathies personnelles. Les orateurs populaires débitent de grandes phrases dans les meetings; les députés déclament dans le parlement, les ministres font d'un air important des révélations; tous ensemble sont convaincus qu'eux seuls déterminent les destinées de leur pays; mais pendant ce temps le roi sourit avec mépris et écrit des lettres confidentielles à ses amis couronnés de l'autre côté de la frontière et arrête avec eux toutes sortes de choses : des alliances et des exclusions, la guerre et la paix, des conquêtes et des cessions, des restrictions et des concessions; quand le plan est arrêté, on l'exécute, sans souci des bavardages des parlements.

Les rois trouvent même en abondance des instruments

pour accomplir leur volonté dans une forme correctement constitutionnelle; d'ailleurs, au besoin, il n'est pas difficile de créer des courants de l'opinion publique, et il arrive finalement que les rois, qui sont censés ne jouer qu'un rôle décoratif dans l'État, donnent néanmoins le mot décisif dans la vie des peuples; aujourd'hui tout comme au moyen âge, aujourd'hui même davantage, parce qu'autrefois l'alliance des rois entre eux était plus faible, le sentiment de leur solidarité n'existait pas encore, et leur entourage naturel, l'aristocratie et le haut clergé, était beaucoup moins à leur dévotion qu'aujourd'hui. La lâcheté des hommes qui, contrairement à leur raison et à leur conviction, pratiquent le mensonge monarchique, se venge sur eux-mêmes, ou plutôt sur le progrès humain; les rusés pseudo-libéraux, qui croient tromper les rois en leur accordant des priviléges et des honneurs illusoires, selon eux, sont en réalité trompés eux-mêmes par les rois; ceux-ci savent ajouter très adroitement au semblant de pouvoir qu'on leur a laissé la réalité de ce pouvoir. Ce n'est pas la forme monarchique qui est vaine, comme cherchent à se le faire accroire ceux qui commettent le mensonge dynastique — c'est la souveraineté nationale.

III

Le rapport entre la monarchie et l'aristocratie est le même que celui entre la religion et la monarchie. La religion peut exister sans la monarchie, mais non pas la monarchie sans la religion; de la même manière une aristocratie peut avoir une existence durable sans monarchie, mais non pas une monarchie sans aristocratie.

Il y a des royaumes — La Grèce, la Roumanie, la Serbie — qui n'ont pas de noblesse héréditaire; d'autres, tels que la Norvège, le Brésil, l'ont abolie. Mais ce sont là des artifices sans résultat sérieux. Ou bien ces États monarchiques rejetteront bientôt la royauté comme ils ont rejeté la noblesse et se transformeront en républiques, ou bien ils verront dans la génération prochaine, au plus tard dans la suivante, surgir une noblesse héréditaire qui n'aura peut-être ni existence légale ni titres, mais dont les priviléges n'en seront que plus réels. Une monarchie héréditaire est naturellement portée à s'entourer d'attachements héréditaires. On sait que beaucoup d'insectes poussent le souci de leur progéniture jusqu'à déposer leurs œufs dans le voisinage ou au milieu de la nourriture nécessaire composée en partie d'animaux vivants, afin que les chenilles, au moment même de leur éclosion, trouvent la table mise. De la même façon chaque roi veut que son héritier trouve dès le berceau une fidélité et un dévouement qu'il n'a pu acquérir lui-même, et le roi attend ces sentiments de la reconnaissance d'un certain nombre de familles que lui ou ses ancêtres ont comblées de biens et d'honneurs. Cette sollicitude est fort souvent déçue dans son attente; la génération aristocratique vivante oublie, dès qu'un danger la menace, la dette de reconnaissance que lui ont léguée ses aïeux en même temps que leurs priviléges; elle abandonne très délibérément à sa destinée l'infortuné prince qui comptait sur elle. L'histoire abonde en exemples de ce genre. Rappelons simplement la conduite de la noblesse anglaise envers le roi Guillaume d'Orange et Georges Ier; celle de la noblesse légitimiste française envers Napoléon Ier, Napoléon III et Louis-Philippe, et, en sens opposé, celle de la noblesse napoléonienne envers la Restauration des Bourbons. Mais les rois ne s'en fient pas moins à cet appui fragile et voient dans le maintien d'une aristocratie une protection trompeuse, comme souvent le soldat en campagne se sent tranquillisé par un abri qu'il sait pourtant n'offrir pas la moindre résistance à la balle de l'ennemi.

C'est un étrange spectacle, digne à la fois d'étonnement et de colère, que cette comédie moyen âge au milieu de notre civilisation moderne ! Une classe d'hommes imite aujourd'hui dans notre monde une caste de la vieille Egypte ou de l'Inde ; elle s'adjuge des titres qui autrefois indiquaient des fonctions, mais qui aujourd'hui n'ont plus aucun sens ; elle peint, sculpte et grave sur ses voitures, ses maisons, ses cachets, de vilaines figures représentant des boucliers hors d'usage depuis des siècles ; cela produit sur nous à peu près l'effet que produirait un homme qui se tatouerait le visage comme les Celtes préhistoriques ou porterait sur lui un silex en guise de couteau de poche et irait à la chasse avec une flèche en arête de poisson. Comment ne rit-on pas d'un homme qui s'intitule duc, désignation qui s'applique à un général commandant une armée, alors que ce prétendu duc n'est dans le fait qu'un freluquet qui n'a jamais conduit qu'un cotillon ? Un autre vante la noblesse de sa naissance et se regarde comme un homme d'élite, tandis qu'il est bossu, scrofuleux et moins intelligent qu'un balayeur de rues. Notre civilisation ne conserve guère de traces plus absurdes du passé qu'une noblesse qui ne se distingue que par des titres et des armoiries.

Je ne veux nullement dire par là que l'égalité donnerait une organisation plus raisonnable de la société. L'égalité est une chimère de savants de cabinet ou de rêveurs, qui n'ont jamais observé avec leurs propres yeux la nature et l'Humanité. La Révolution française croyait résumer les idées des encyclopédistes, quand elle condensait ses revendications dans ces trois mots: « Liberté, Egalité, Fraternité. » Liberté? Très bien. Si ce mot a une signification, ce ne peut-être que celle-ci : la suppression des obstacles par lesquels les lois nées de l'arbitraire et de l'ignorance empêchent ou suppriment le jeu fécond des forces naturelles de l'individu et des groupes sociaux. Fraternité? Voilà un mot magnifique : c'est le but idéal du développement de l'Humanité, un pressentiment de sa perfection la plus haute, qui est fort éloignée encore. Mais l'Egalité? C'est une fable qui n'a plus de place dans une exégèse rationnelle. Les précurseurs de la grande Révolution n'ont d'ailleurs jamais parlé — il faut leur rendre cette justice — de l'égalité sociale, mais seulement de l'égalité devant la loi. C'est ce qu'ont négligé de dire les orateurs et les publicistes de la grande Révolution ; il s'agissait pour eux de parler en style lapidaire, et ils sacrifièrent la clarté à la concision. C'est ainsi que le mot « égalité » entra sans épithète explicative dans la trinité du programme de la Révolution et fut mal interprété par la foule, qui, répétant sans réflexion les mots à effet, comprit l'égalité dans le sens où elle figure depuis lors sur la carte d'une démocratie de brasseries.

L'égalité devant la loi n'est même possible qu'en théorie. Sans doute, si l'application des lois était faite par une machine, on serait sûr que la chose se passerait toujours de la même façon et d'après des principes mécaniques. Mais comme ce sont des hommes qui appliquent les lois, l'inégalité est inévitable : le juge le plus consciencieux, le plus impartial, est à son insu influencé par les dehors physiques, la voix, l'esprit, l'éducation et la position des parties ; la loi est dirigée dans sa main par la faveur et la défaveur, comme l'aiguille magnétique est dirigée par les courants électriques. Il y a là pour l'action de la loi une source de fautes qui peut être réduite à un minimum, sans jamais être complètement fermée.

Si l'égalité devant la loi est difficile, l'égalité sociale est purement imaginaire ; elle est contraire à toutes les lois vitales du monde organique. Nous qui nous tenons sur le terrain de la conception scientifique du monde, nous reconnaissons précisément dans l'inégalité des êtres vivants l'origine de tout développement et de toute perfection. Qu'est-ce que la lutte pour l'existence, cette source de la belle variété et de la richesse des formes de la nature, sinon une constante affirmation de l'inégalité ? Un être mieux outillé fait sentir à ceux de son espèce sa supériorité, il diminue la part que la nature leur accorde et met obstacle au plein développement de leur individualité, afin de faire valoir plus largement la sienne propre. Les opprimés résistent, l'oppresseur les violente. Dans cette lutte les forces du plus faible s'accroissent et celles du plus fort se déploient à leur plus haute puissance. Chaque apparition d'un individu favorisé est ainsi une excitation pour l'espèce entière et fait monter celle-ci d'un degré. Dans la lutte pour la première place les individus les plus imparfaits sont anéantis et disparaissent ; le type moyen ne cesse de devenir meilleur et plus noble. La génération d'aujourd'hui s'élève dans son ensemble aussi haut que les êtres exceptionnels de la génération d'hier, et celle de demain a le désir d'égaler les chefs d'aujourd'hui. C'est une course rivale sans fin, mais toujours en avant. La foule cherche à égaler les favorisés, les favorisés cherchent à maintenir et même à augmenter entre eux et la foule l'inégalité qui les distingue. C'est une tension continuelle des facultés, ce sont des efforts infatigables chez les uns comme chez les autres ; le résultat est l'ascension constante vers l'idéal. Les meilleurs donnent le nom d'envie à l'effort des moindres pour arriver en même ligne qu'eux ; les moindres donnent le nom d'orgueil au souci que prennent les meilleurs de conserver leur distance. Mais ce ne sont là que des formes du phénomène de l'inertie naturelle de la matière ; chaque effort, même nécessaire et bienfaisant, affecte momentanément celle-ci d'une façon désagréable, et l'apparent mécontentement causé par la contrainte résultant de l'effort ne peut jamais servir de preuve contre l'utilité de cet effort.

L'inégalité est donc une loi de la nature et c'est en elle que l'aristocratie puise sa justification. Que cette aristocratie forme une classe héréditaire, cela n'a rien qui puisse offenser la raison. Une observation dont la justesse est prouvée, c'est que les qualités de l'individu se transmettent à sa postérité. Si le père était beau, fort, courageux, bien portant, il est très vraisemblable que ses fils jouiront des mêmes avantages, et si grâce à ceux-ci le père s'est fait une place distinguée dans la société, il n'y a aucune raison pour que les héritiers de son sang ne conservent pas cette place. Il vaudrait à coup sûr mieux pour eux et pour la collectivité qu'ils fussent obligés à conquérir de nouveau le premier rang par leurs propres forces ; cela les mettrait à l'abri du relâchement et de la décadence. Mais il n'en est pas moins probable que, dans une lutte ouverte, les fils des meilleurs formeraient de beaucoup la majorité des vainqueurs.

Une aristocratie héréditaire n'est pas seulement naturelle, elle a aussi son utilité pour l'État. Dans une démocratie, dont l'idéal est l'« égalité » mal entendue de la grande Révolution, ce ne sont généralement que des hommes vieux ou tout à fait mûrs qui arrivent à des positions influentes. C'est un cas très exceptionnel qu'un homme jeune parvienne à battre ses concurrents et à devenir député, chef de parti, ministre, chef d'Etat ; les exemples des généraux de la première république française, de Bonaparte, de Washington, de Gambetta, ne prouvent rien contre cette thèse. Ces hommes furent placés à la tête de leur nation par de soudaines révolutions. Ce qui les amena là, ce n'étaient pas leurs capacités ; c'était le hasard, qui leur donna les places vacantes, grâce à l'abstention de nombreux compétiteurs aussi autorisés qu'eux, qui dédaignèrent de profiter d'un moment de trouble pour s'emparer du pouvoir par un coup de main.

Les révolutions peuvent en effet porter de tout jeunes gens aux premières places. Mais les révolutions sont des exceptions et des transitions qui ne se renouvelleront pas éternellement ; elles ne sont pas l'état normal de la démocratie. Que celle-ci parvienne à une période de calme et vive d'une vie régulière, elle n'offrira plus de champ aux carrières phénoménales d'un Washington, d'un Bonaparte ou d'un Gambetta. Il importe pourtant énormément au progrès humain que de temps en temps des jeunes gens aient une influence décisive dans l'État. Les vieillards ne sont pas accessibles aux idées nouvelles et n'ont ni la force ni l'habileté d'agir d'après de nouveaux principes. D'après une loi physiologique, le courant nerveux parcourt avec le plus de facilité les voies accoutumées et ne se fraie que très péniblement des routes nouvelles ; cette loi a des conséquences funestes, en faisant de l'homme âgé un automate dont toutes les fonctions organiques sont soumises à l'habitude et dont la pensée et le sens le sont également. Exposez cet organisme vieilli à de nouvelles impulsions, contraignez-le à quitter les chemins battus et commodes pour être cahoté sur un terrain fraîchement ouvert, et voici ce qui arrivera : là où l'esprit jeune n'a besoin que de saisir une pensée nouvelle, l'esprit âgé doit d'abord la saisir aussi, puis il doit résister à sa tendance de formuler ladite pensée à la vieille façon cent fois pratiquée. Il a par conséquent un double effort à faire, et sa force, bien loin de l'emporter sur celle de l'esprit jeune, est au contraire beaucoup moindre. C'est l'explication physiologique de ce qu'on appelle l'ossification des vieillards. Ils trouvent trop pénible de s'arracher à leurs habitudes ; leur système nerveux est souvent dans l'incapacité absolue de produire des impulsions suffisamment fortes pour vaincre les résistances. Voilà pourquoi un État mené par de vieilles gens est condamné à la routine et porté à devenir un musée de traditions. Là au contraire où la jeunesse gouverne, fait les lois et les applique, toutes les innovations trouvent un accueil empressé, et la tradition, qui n'a pas l'habitude pour garde du corps, doit, si elle veut qu'on la conserve, faire continuellement la preuve de son excellence.

L'inexpérience et la promptitude de la jeunesse, qui forment le revers de la médaille, ne peuvent causer de bien grands dommages. Dans le mécanisme compliqué de l'État, en effet, il y a loin de l'initiative de l'esprit à l'exécution ; les nombreux rouages qu'il faut mettre en mouvement épuisent de telle sorte la principale impulsion, qu'il ne reste qu'une toute petite force au service de l'effet final utile. L'existence d'une aristocratie héréditaire permet, dans une situation normale, à un assez grand nombre de personnes privilégiées, d'arriver dans la fleur de l'âge à de hautes positions. L'aristocrate a sur l'obscure masse du peuple l'avantage de la notoriété, qu'il trouve dès son berceau, tandis que l'enfant du peuple doit en règle générale employer ses meilleures années à acquérir cette notoriété au prix d'une désolante déperdition de forces et d'une altération de son caractère. Dans le cours naturel des choses, la place où il peut travailler au bien commun est, pour le plébéien, la fin, pour l'aristocrate, le commencement de sa carrière ; celui-ci conserve au service de la nation toute l'énergie que celui-là dépense dans son effort pénible pour arriver.

L'existence d'une aristocratie héréditaire a encore une autre utilité pour l'État. La possession d'un nom illustre garantit d'une façon tout exceptionnelle que celui qui le porte aura une conception plus sûre du devoir et un plus haut idéal de l'Humanité qu'un individu de basse extraction. Il va de soi que cette règle générale souffre plus d'une exception. Un prince ou un duc de la plus antique noblesse peut être un drôle, et le fils d'un journalier ou l'enfant abandonné qu'on a ramassé dans le ruisseau d'une grande ville peut être le plus brillant modèle de noblesse de caractère et d'héroïque abnégation. Mais le premier de ces deux cas est l'exception, et je ne tiens pas compte du second tant qu'il ne m'est pas prouvé.

Voilà un poste qui réclame, de la part de celui qui le remplit, courage, honnêteté et fidélité ; je suis appelé avec mes concitoyens à en choisir le titulaire. J'ai devant moi plusieurs compétiteurs, mais je n'en connais aucun personnellement : l'un sort d'une famille ancienne et distinguée, l'autre porte un nom que j'entends pour la première fois. Eh bien ! si je suis les suggestions de la démocratie superficielle, je voterai pour le plébéien inconnu, uniquement pour faire une démonstration en faveur du chimérique principe de l'égalité ; mais si j'ai à cœur l'intérêt de l'État, si je m'efforce consciencieusement d'augmenter au moins la probabilité que le service public soit confié à des mains pures et fortes, je donnerai ma voix à l'aristocrate. Il est vrai que je ne connais pas non plus celui-ci; mais parmi les deux candidats, c'est lui qui offre la plus forte présomption de solidité morale. Pourquoi? Ce n'est pas pour la raison banale qu'il a reçu une meilleure éducation et que de bonne heure les idées chevaleresques lui ont été inoculé , cet argument est trop souvent trompeur. Une naissance aristocratique n'est nullement une garantie de bonne éducation morale, et tout le monde connaît des exemples de princes qui, ayant grandi dans le milieu le plus déplorable, sont devenus des menteurs, des lâches, des débauchés, voire même de vulgaires voleurs — ou de nobles voleurs, en supposant qu'il soit plus noble de voler une parure en brillants que des mouchoirs en coton.

Non, ce n'est pas dans l'éducation que réside le gage de la moralité chez l'aristocrate, mais dans son orgueil de famille, ou, si vous aimez mieux, dans la fierté qu'il éprouve de ses ancêtres. Chez lui le sentiment de la solidarité avec toute sa race est extraordinairement vivant; l'individualité s'efface chez lui derrière la haute unité de la maison. Le plébéien est lui-même et rien d'autre, par conséquent une unité; l'aristocrate est le représentant d'une collectivité. Il sait que ses actes réagissent sur tous les hommes qui portent son nom, comme les honneurs acquis par les autres membres de sa famille lui profitent à lui. Un aristocrate est par conséquent une individualité collective composée des ancêtres, des contemporains et des descendants de sa race; les garanties qu'il offre sont en théorie et jusqu'à preuve du contraire, par rapport aux garanties qu'offre l'homme qui n'a pas de nom, comme les garanties d'une société sont à celles d'un individu. Même si personnellement on était lâche et vulgaire, on se sentirait, comme représentant d'un nom historique, aiguillonné à faire un effort héroïque, parce que l'on se dirait : « Même si personnellement je péris, mon action n'aura pas été inutile — elle sera comptée à ma race, aux hommes de mon sang ; j'accrois par là l'éclat de mon nom, et par conséquent la fortune de mes héritiers. »

L'homme ordinaire n'a pas ce stimulant pour l'héroïsme ; le sacrifice qu'il fait de lui-même ne profite à aucune personne déterminée, et le bien de la collectivité est une idée qui, dans les moments de danger surtout, a quelque chose de bien vague pour un cerveau ordinaire. Sans doute, la masse, elle aussi, obéit à « l'impératif catégorique » ; l'histoire est là pour le prouver. Sur les champs de bataille Pierre et Paul font leur devoir aussi bien que les Dalberg et les Montmorency ; mais, dans l'état actuel de l'Humanité, l'impératif catégorique de Kant m'inspire moins de confiance que l'intérêt palpable d'une famille. Précisément, dans les cas où il s'agit pour un homme de sacrifier sa vie à l'État, cet intérêt entre fort en considération. Le puissant désir de la durée individuelle, sur lequel je me suis longuement étendu dans le chapitre précédent, facilite à l'aristocrate bien plus qu'au plébéien le sacrifice de soi-même. Celui-là est sûr de l'immortalité ; celui-ci ne se dissimule pas, en règle générale, que personne ne fera attention à sa mort, à son nom, à son action héroïque. Le héros obscur a tout au plus une seconde de satifaction personnelle, puis il est jeté à la fosse commune ; le héros du grand monde s'enthousiasme à la certitude de recevoir une concession à perpétuité et un monument bien apparent dans le *campo santo* de l'histoire.

J'ai le ferme espoir que le sentiment intime de la solidarité humaine se fortifiera peu à peu. Des hommes d'élite l'ont eu en tout temps extrêmement prononcé et ils ont sacrifié sans hésitation leur sang pour le bien de la race humaine. Mais, en général, nous sommes plongés aujourd'hui encore dans l'individualisme et l'égoïsme. Ce n'est que très lentement que l'étroit sentiment de l'intérêt personnel immédiat s'élargit jusqu'à la compréhension de l'unité d'intérêt de la communauté, du peuple, de l'espèce ; l'Humanité devra cheminer longtemps encore avant que l'homme vulgaire accomplisse un haut fait, exigeant le sacrifice de soi-même, uniquement parce que l'utilité qui en résultera pour l'ensemble lui apparaîtra comme un avantage personnel ; l'aristocrate, au contraire, sent qu'il agit dans son intérêt personnel en léguant à sa race le souvenir d'un acte héroïque. Il est important pour l'État de posséder une classe dont on sait positivement qu'elle a des raisons pour mettre l'accomplissement du devoir au-dessus de l'amour de la vie. On n'a pas besoin alors, aux moments de danger, de commencer par chercher les volontaires du premier rang ; on a toujours sous la main les Winkelried qui, les yeux ouverts, se sacrifient volontairement pour le bien de la nation.

Sans doute, ces avantages d'une aristocratie héréditaire ont pour contrepoids des désavantages ; il n'en saurait être autrement dans l'Humanité. D'abord, ce n'est que sur le caractère et non sur l'esprit d'un peuple qu'une aristocratie exerce une influence avantageuse ; il ne faut pas lui demander de faire élever le niveau intellectuel. La classe privilégiée peut avoir une vigueur physique supérieure à celle de la foule, parce qu'elle se nourrit mieux, vit dans des conditions hygiéniques plus favorables et élève les avantages corporels jusqu'à la valeur d'attributs de race qui se transmettent aux descendants. Mais elle ne dominera jamais sous le rapport de l'esprit, pour la bonne raison que les mérites intellectuels ne se transmettent pas par héritage et que, en matière de talent, chacun doit être à la lettre son propre ancêtre, le premier fondateur de sa maison. C'est un fait curieux que l'on n'a pas assez mis en relief. Le génie, et même le talent peu ordinaire, échappent complètement à la généalogie ; ils n'ont pas d'aïeux, ils sont et restent strictement individuels ; ils viennent et disparaissent soudainement dans une famille ; je ne connais pas le moindre exemple qu'ils soient, comme les avantages corporels, transmis à des descendants avec augmentation, ni même avec une force égale.

Il y a plus : les hommes de grand talent n'ont en général pas de postérité, ou, s'ils ont des enfants, ceux-ci sont faibles, chétifs et moins viables que la moyenne des hommes. On sent l'action d'une loi mystérieuse qui semble vouloir empêcher qu'il se produise, dans une seule race, de trop grandes différences de niveau, quant aux dons de l'esprit. Songez à ce qui arriverait si le génie se transmettait par héritage, comme une taille élevée, la force musculaire et la beauté physique ! Il y aurait alors chez un peuple une petite classe de Shakespeares, de Goethes, de Schillers, de Heines, de Humboldts ; entre cette classe et la grande masse, la distance serait énorme ; la première deviendrait toujours plus étrangère à la seconde ; elle ne pourrait supporter les conditions générales d'existence, elle essaierait ou de créer à son profit des lois particulières, par conséquent de former dans l'État un État incompréhensible à la masse, ou d'accommoder à ses propres besoins la législation générale, ce qui, naturellement, serait aussi dangereux pour la foule que si on la condamnait à respirer constamment l'oxygène pur. Une intelligence supérieure triomphe toujours d'une intelligence plus faible, celle-ci eût-elle à son service une force corporelle bien plus grande. Quand des races développées intellectuellement se heurtent à des races qui le sont moins, celles-ci succombent irrémédiablement. Peut-être une aristocratie, même peu nombreuse, de génies, agirait-elle sur son propre peuple comme les blancs agissent sur les Peaux-Rouges ou sur les nègres de l'Australie. Seulement, on n'arrivera jamais à former une telle aristocratie. Le génie dépense une telle somme de force organique pour se manifester, qu'il ne lui en reste plus pour la reproduction. Étrange division du travail dans la race humaine ! Les hommes vulgaires ont à s'occuper de la conservation matérielle de leur espèce, les grands esprits à veiller simplement aux progrès du développement intellectuel. On ne produit pas à la fois des idées et des enfants. Le génie est une rose aux cent feuilles, magnifique, mais stérile, c'est le type le plus parfait de l'espèce arrivé à un développement exagéré, mais impropre à la reproduction directe. On peut donner des titres de noblesse à Gœthe, à Walter Scott, à Macaulay ; leurs descendants, s'ils en ont, ne représenteront certes jamais, dans l'aristocratie héréditaire, la plus haute élite intellectuelle de leur peuple. Lors même que, par exception, un aristocrate de naissance, comme Byron, par exemple, a du génie, cela ne rend pas sa classe fertile en talents. Les plus belles intelligences d'une nation ne se trouveront donc pas dans l'aristocratie héréditaire ; ce n'est que par ses qualités physiques et par celles du caractère que, dans son ensemble, celle-ci s'élèvera au-dessus du reste de la nation. Elle sera par conséquent portée à estimer plus haut les qualités qu'elle possède que celles qui lui manquent; elle tracera de l'homme et du citoyen un idéal qui ne brillera pas par les dons de l'esprit, et là où son influence est prépondérante, l'intelligence ne pourra obtenir le rang auquel elle se sent des droits.

Un autre désavantage de l'aristocratie héréditaire, c'est qu'elle conduit inévitablement à des injustices contre les particuliers. Elle en prive beaucoup de leur part naturelle d'air et de soleil ; elle a sur les plébéiens une avance qui leur rend plus difficile, sinon impossible, la victoire dans la lutte pour la vie. Toutes les lois qui affirment l'égalité de droits des citoyens sans égard à leur naissance ne servent ici de rien : à intelligence égale, dans toute compétition de deux rivaux, c'est le noble qui triomphera, quoique très souvent il ne soit pas doué également bien ou qu'il le soit moins. On n'y peut toutefois rien changer. La justice absolue est une conception purement théorique. La justice à laquelle nous pouvons atteindre est en quelque sorte la diagonale d'un parallélogramme de force dont les côtés sont la puissance et la justice idéale. La constitution de la société impose à chaque individu certains sacrifices ; le poste le plus avantageux de l'aristocrate sur le champ de bataille de la lutte pour l'existence est la conséquence d'un de ces sacrifices. Il faut le supporter avec les autres ; chacun peut, du reste, tenter d'arriver au premier rang. S'il a des épaules et des coudes assez forts, il réussira ; s'il n'a pas ces armes naturelles, il est en droit de se plaindre des priviléges des aristocrates à peu près comme l'antilope peut accuser d'impudence le lion qui la dévore.

Si donc on se place au point de vue scientifique et si l'on reconnaît que les lois générales de la vie du monde organique déterminent aussi la constitution et l'action de la société humaine, on ne peut se refuser à trouver naturelle et, à certains égards, même utile, l'existence d'une aristocratie héréditaire. Quelque objection que la spéculation philosophique, qui ne compte pas avec les faits, puisse élever contre l'existence d'une caste privilégiée, cette caste se formera infailliblement du moment où plus de deux hommes entreront dans des rapports d'intérêt durables. Nous en avons pour preuve tous les États qui, à l'origine, se sont placés sur le pied de l'égalité absolue. La grande République de l'Amérique du Nord est en théorie une complète démocratie, mais en pratique, dans les États du Sud, les propriétaires d'esclaves formaient une aristocratie héréditaire avec tous ses instincts et ses attributs ; dans les États de l'Est, les descendants des premiers immigrants puritains et des colons hollandais cherchent à s'isoler de la masse envahissante des nouveaux venus et à exercer au moins des priviléges sociaux. Les pirates de la Bourse, enrichis par l'emploi le plus éhonté de la ruse et de la violence, fondent de véritables dynasties dont les membres ne sont pas seulement les types proposés à l'imitation de la foule, mais jouent un rôle très important dans les destinées de la commune et de l'État.

On prétend que chez les Français l'instinct de l'égalité est tout particulièrement puissant. Cela ne les a cependant pas empêchés d'élever sur les ruines de leur ancienne noblesse une noblesse nouvelle qui, à la vérité, n'a ni titres, ni armoiries, mais possède tous les attributs essentiels d'une aristocratie et dont les aïeux, par une ironie de l'histoire, sont précisément les plus impitoyables fanatiques égalitaires de la grande Révolution. Je ne veux pas parler, qu'on le remarque bien, des régicides de la Convention dont Napoléon forma, sur le modèle de la noblesse historique, son aristocratie impériale, — mais de familles dans lesquelles sont héréditaires l'influence politique et la richesse depuis la grande Révolution, uniquement parce que leur aïeul a joué alors un rôle plus ou moins marquant. Cherchez les noms de ceux qui, depuis quatre générations, ont gouverné la France comme ministres, sénateurs, députés ou grands administrateurs, vous serez étonné d'y trouver beaucoup de noms qui datent de 1789. C'est ainsi que les Carnot, les Cambon, les Andrieux, les Brisson, les Besson, les Périer, les Arago, etc., ont fondé des dynasties politiques d'une grande importance ; mais ceux qui connaissent les propriétaires actuels de ces noms savent que c'est à ces noms seuls qu'ils doivent les situations qu'ils occupent dans l'État.

L'empire ottoman aussi a une constitution strictement démocratique et ne connaît aucune noblesse héréditaire, en dehors de la dynastie des Osmans et des descendants du prophète, auxquels on n'accorde pas d'ailleurs la moindre attention. Chaque jour on voit des portefaix ou des barbiers devenir pachas, et le caprice du padischah, qui seul distribue rang et honneurs, ne s'informe jamais de l'origine d'un favori. Pourtant le pays est gouverné en réalité par des fils de parvenus, les effendis, et si le pacha ne peut laisser à ses rejetons son titre, il leur lègue cependant, en général, une partie de son influence. Le népotisme est, dans une classe privilégiée, la dernière racine qui reste encore vivace, quand la nielle démocratique a rongé toutes les autres. C'est chose si naturelle à l'homme de pousser son propre fils et le fils de son ami de préférence à des étrangers et à des inconnus, quelque grands que puissent être les mérites de ceux-ci ! Voilà pourquoi le gendre du professeur aura toujours des titres scientifiques plus solides que ceux de son compétiteur moins favorablement marié ; voilà pourquoi la carrière diplomatique sera toujours facile au fils d'un ministre ; voilà pourquoi chaque génération qui, dans son enfance, a joué ensemble dans les salons des pères haut placés formera une phalange fermée, se prêtant un mutuel appui, que parviendra difficilement à entamer celui qui n'en fait pas partie ; voilà comment, enfin, celui qui est le plus rapproché du plat est toujours le premier à se servir.

IV

J'ai reconnu que l'aristocratie est une institution naturelle de l'Humanité, par cela même inévitable et probablement éternelle, et je ne me suis pas élevé contre les honneurs et les priviléges héréditaires qu'on lui accorde, mais à la seule condition que l'aristocratie forme réellement la meilleure et la plus digne partie du peuple. Pour qu'une caste nobiliaire existe en droit, il faut qu'elle puisse prouver le fondement anthropologique de ses prétentions. Il faut qu'elle soit sortie d'un groupe d'élite et que par la sélection elle ait maintenu et accru ses qualités. Historiquement, toutes les aristocraties sont nées ainsi. Chez les peuples de composition uniforme, les hommes les plus forts et les plus beaux, les plus vaillants et les plus habiles, sont arrivés de bonne heure à la puissance et à la considération, et leurs descendants ont mis l'orgueil de leur famille dans ces dons naturels des ancêtres. Ils ont eu le sentiment qu'ils devaient leur élévation, non pas à la faveur capricieuse des hommes, mais à notre éternelle mère, la Nature ; conformément à la manière de penser des hommes primitifs, ils se sont vantés de descendre des dieux de leur peuple, c'est-à-dire de ses types idéaux. Cette noblesse d'origine divine existait chez les Germains, elle existe aujourd'hui encore chez les Hindous et chez certaines tribus primitives, comme les Peaux-Rouges de l'Amérique du Nord.

Quand, au contraire, une nation est sortie d'un mélange de différents éléments, ou qu'une race puissante en a soumis une plus faible, l'aristocratie est formée par les descendants des conquérants, par conséquent, de la race forte et supérieure, au moins au point de vue physique.

Telle est l'origine de la noblesse dans tous les pays européens qui, à l'époque de la grande migration des peuples ou plus tard, ont dû subir l'invasion de races étrangères, pour la plupart germaniques. La noblesse française primitive est franque, bourguignonne et saxo-normande; la noblesse espagnole est visigothe; la noblesse italienne est vandale, gothe et lombarde, en partie aussi souabe, française et espagnole; la noblesse russe est varange, c'est-à-dire scandinave; la noblesse anglaise est normande, la hongroise est magyare, la chinoise est mandchoue. Tout ce que j'ai dit de la raison d'être de l'inégalité sociale s'applique pleinement à une aristocratie sortie des individus les plus parfaits de la race ou d'une race supérieure de conquérants. Une telle aristocratie occupera à bon droit les premiers postes dans l'Etat, car elle aura la force nécessaire pour s'en emparer et les conserver. Mieux organisée et animée de sentiments plus hauts que la masse plébéienne, elle devra exercer et développer constamment sa force et son courage, faute de quoi elle ne pourrait résister à l'attaque des classes inférieures. Elle conserve toujours ainsi son avance sur le reste du peuple. L'action des lois naturelles ne lui laisse d'autre alternative que de garder intacts ses avantages, ou de disparaître. Elle doit être héroïque, car si dans un moment de danger elle estime plus haut sa vie que ses priviléges, d'autres qui ne craignent pas la mort les lui arracheront. Elle doit remplir en tout lieu le rôle de champions et de porte-bannières, car si elle ne se met pas résolument à la première place, elle sera débordée et repoussée aux derniers rangs. Elle ne peut enfin former de caste fermée, sinon elle tombe dans le dépérissement, et le jour où ses envieux remarqueront qu'elle n'est plus la meilleure race, elle sera chassée de son piédestal. Elle ne peut se refuser au libre jeu de la loi naturelle dont elle tire sa justification. Chaque fois que dans le peuple surgit une individualité qui montre une supériorité particulière et force la masse à reconnaître sa supériorité, l'aristocratie doit se hâter de lui ouvrir ses rangs. Les dégénérescences inévitables doivent avoir pour contre-poids une constante amélioration du sang, et il ne faut jamais mettre obstacle à l'essor des mieux doués, essor auquel l'aristocratie doit sa naissance.

Telle est en théorie une aristocratie dont on devrait reconnaître la raison d'être et subir la supériorité. Mais, dans la pratique, les choses se passent autrement. La noblesse qui, dans presque tous les pays de l'Europe, occupe le premier rang, est-elle l'aristocratie telle que je l'ai définie? Nul homme en possession de sa raison ne répondra par l'affirmative. Ce qu'on nomme la noblesse, c'est-à-dire la classe qui cherche à se distinguer du reste de la nation par des titres héréditaires, ne remplit aucune des conditions d'une aristocratie naturelle. Nous avons trouvé la noblesse primitive, nationale ou divine, chez les peuples auxquels ne s'est imposée aucune tribu dominatrice étrangère; chez les autres peuples qui ont été autrefois assujettis, nous avons vu la noblesse conquérante; ces deux sortes de noblesse sont partout éteintes ou dégénérées.

Elles le sont par leur propre faute, parce qu'elles se sont insurgées contre leur loi vitale naturelle; elles sont tombées dans l'exclusivisme et n'ont pas su se rajeunir. Dans beaucoup de familles, la fécondité s'est ainsi épuisée, et, un beau jour, elles n'ont plus pu produire d'héritier;

dans d'autres, les descendants de grands aïeux sont devenus peu à peu sots, faibles et lâches, ils n'ont su défendre ni leur fortune ni leur rang contre l'avidité d'ennemis plus robustes, et ils sont tombés dans la pauvreté et l'obscurité. Leur sang coule peut-être aujourd'hui dans les veines de journaliers ou de paysans. Leur place, vacante par décès ou par dégénération, est prise par toutes sortes de gens qui ont dû leur grandeur non à une organisation supérieure, non à la nature, mais à la faveur de monarques ou d'autres grands personnages.

Toute la noblesse actuelle — je ne crois pas qu'il y ait d'exception sérieuse à cette règle — est une noblesse créée par diplômes, et, dans l'énorme majorité des cas, même une noblesse très jeune. C'est un acte d'une volonté individuelle et non une loi anthropologique qui a créé les titres des maisons nouvelles.

Mais comment acquiert-on depuis le moyen âge, au delà duquel ne s'étend en Europe aucun arbre généalogique, la faveur des princes qui se traduit par l'anoblissement? Est-ce par des qualités exceptionnelles, par des mérites qui rendent un homme propre à la sélection pour le perfectionnement de la race? L'histoire nobiliaire de tous les pays fournit la réponse à cette question. Il existe à peine un exemple qu'une haute et noble nature représentant le type idéal de l'Humanité ait été élevée à la noblesse. Si une fois par hasard le mérite réel a trouvé sur son chemin un titre de noblesse, c'est qu'à ses qualités excellentes il en a certainement joint de basses et de méprisables : ces dernières seules expliquent l'attention princière dont il a été l'objet. Les causes de l'élévation de beaucoup de familles sont si viles, que devant des gens convenables on ne peut même pas les mentionner. Ces familles doivent leurs honneurs à la honte de leurs ancêtres féminins, et leur orgueilleux blason rappelle d'une façon ouverte qu'elles ont compté parmi leurs membres des pères et des époux complaisants et des jeunes dames sans préjugés. Dans d'autres cas, la lettre de noblesse a été la récompense d'une coquinerie ou d'un crime par lequel l'ancêtre de la maison a prouvé son dévouement à son prince.

J'accorde que la prostitution et l'assassinat, quoique points de départ très fréquents de brillantes destinées, n'ont servi de marchepied qu'à la minorité de la noblesse.

La majorité a acquis son rang d'une façon moins éclatante. Un motif ordinaire d'anoblissement, c'est la richesse ou de longs services dans le gouvernement ou dans l'armée. Comment arrive-t-on à une richesse telle qu'on attire sur soi les yeux du prince? Par le manque de scrupule ou par la chance, bien plus souvent par celui-là que par celle-ci. A l'époque de la Réforme, on pillait l'église; un peu plus tard, on armait des croiseurs, c'est-à-dire on était pirate; puis peut-être marchand d'esclaves ou propriétaire et exploiteur d'esclaves. Dans les temps modernes, on est fournisseur d'armée et l'on vole l'Etat, ou l'on est spéculateur et l'on arrache à des centaines de milliers de gens, par d'audacieux coups de Bourse, les sous qu'ils ont péniblement économisés; ou bien, dans le cas le plus honnête, on est industriel et l'on tire ses millions de quelques centaines d'ouvriers payés misérablement.

Et quels sont les gens qui, par des services en temps de guerre ou en temps de paix, ont attiré sur eux l'attention de leurs princes? Ce sont toujours — je dis « toujours » sans aucune restriction — des âmes visqueuses comme la chair d'un mollusque, faisant la chasse aux places en glissant et en rampant, passant leur vie à étouffer en eux tout mouvement d'indépendance virile, à extirper en eux-mêmes le dernier vestige de fierté et de dignité, à se courber devant tous ceux qui sont plus haut placés, à leur être agréables en les imitant servilement, à feindre un dévouement exubérant, et enfin, comme digne couronnement d'une vie passée à plat ventre, à mendier l'anoblissement. Des hommes faits de la bonne et solide matière humaine, ayant une colonne vertébrale résistante, et ne trouvant ni tranquillité ni bonheur s'ils n'ont pas un caractère personnel, de tels homme ne se résigneront jamais à renier leur marque distinctive, à être toujours de l'avis de leurs supérieurs, à flatter, à intriguer, à quémander et à gagner par ces moyens la faveur des princes. On songe à ces hommes sérieux et indépendants quand il s'agit d'occuper des postes dangereux, mais non pas quand il y a des faveurs à distribuer. Ces hommes se mettent en avant quand il faut servir le pays au prix de leur vie, mais ils ne jouent pas des coudes pour attirer sur eux, lors des entrées triomphales et dans les salles de fêtes, les regards du monarque.

Ainsi la noblesse par diplôme est dans le fait une institution servant à élever des hommes comme les courses servent pour la race chevaline. Les vainqueurs, destinés à former une nouvelle race, possèdent des qualités qu'un père peut bien souhaiter à son fils afin qu'il fasse son chemin dans le monde, tandis que nul poète n'osera en orner son héros. La poésie maintient l'idéal humain plus pur que ne le font la loi et les mœurs; la conscience esthétique se révolte encore, là où la conscience morale n'a plus rien à dire; on serre bien la main aux hommes arrivés de la façon que l'entend la société, mais on ne souffre pas qu'un poème les glorifie et les donne comme modèles à l'Humanité. Les individus de chaque génération qui se distinguent de la masse du peuple par des décorations et des titres nobiliaires ne sont certainement pas les plus mal partagés au point de vue intellectuel; en règle générale, ils ne sont pas sots, mais plutôt habiles et rusés; ils l'emportent aussi en persévérance, en ténacité et en force de volonté. Mais ce qui leur manquera sûrement, c'est le caractère et l'indépendance, c'est-à-dire justement les qualités qu'une aristocratie naturelle — une aristocratie par le sang — pourrait avoir et qui créeraient, sans l'intervention de lois écrites, une inégalité sociale en sa faveur et au désavantage des plébéiens.

J'ai tracé le portrait de l'individu qui acquiert la noblesse pour sa famille. Ses descendants auront généralement plus d'élévation morale que lui. Pour conserver un rang on n'a pas besoin d'être aussi méprisable que pour le conquérir; il ne faut plus être un égoïste sans scrupule, un flagorneur ou un intrigant. Le caractère s'améliore par l'action graduelle des idées, continuant à découler de la théorie primitive qui voit dans les aristocrates les hommes les meilleurs et les plus nobles. Si la noblesse par diplôme n'a rien de commun avec la noblesse par le sang, elle s'attache néanmoins aux fictions théoriques dont procède celle-ci. Mais quelles destinées attendent la noblesse moderne? Ou bien, sacrifiant aux préjugés du moyen âge, elle se mariera seulement dans son propre cercle et redoutera les mésalliances, ou bien dans certains cas elle en contractera. Le premier cas conduit au dépérissement rapide et complet des familles nobles. Celles-ci, en effet, n'étant pas, comme la noblesse par le sang, issues d'individus mieux organisés, ne sont pourvues dès le début d'aucun excédant de force, et les unions faites toujours dans le même cercle doivent avoir nécessairement pour conséquence l'épuisement rapide de la puissance vitale. Cette puissance n'est pas plus grande en soi que chez les hommes du peuple; elle doit cependant fournir à des dépenses plus fortes, que réclame une vie plus intense associée à une plus haute situation; elle ne peut se renouveler par des affluents qu'apporterait la source inépuisable de la force populaire.

Mais quand un aristocrate se marie en dehors de son cercle et amène du sang nouveau à sa famille, de quelle espèce est ce sang, quels sont les motifs qui ont déterminé l'homme dans sa sélection? Qu'un homme de grande maison épouse par amour une fille du peuple pour ses qualités physiques et morales, c'est un cas excessivement rare; mais, au point de vue de l'amélioration du sang de la famille, ces mariages seuls seraient avantageux, car il faut à une femme, pour fonder une bonne race, non seulement la conformation normale du corps, dont l'expression est une beauté harmonieuse, mais aussi la santé et l'équilibre de l'âme, qualités qui se manifestent sous la forme d'une moralité calme, voire même un peu bourgeoise.

D'ordinaire, la mésalliance est accomplie dans un intérêt pécuniaire ou par un caprice de la passion. Analysons les conditions de ces deux genres de mésalliances.

Un homme de grande maison épouse une riche bourgeoise pour redorer, comme on dit, son blason. C'est ou un débauché qui s'est ruiné par des excès et qui entre dans le mariage comme dans une maison de refuge, ou bien c'est un homme chétif et sans force vitale. Celui qui se sent plein d'énergie vitale est fier et entreprenant, il a le désir d'épouser une femme de son choix et la certitude de faire bonne figure dans le monde, même sans la dot d'une femme qu'il n'aime pas. L'homme de grande maison dont nous venons de parler est un homme vulgaire et à vues étroites, car il doit être prêt à feindre et à mentir, les riches héritières exigeant en général, au moins tant qu'elles sont fiancées, que l'on dissimule sous une apparence d'inclination les visées grossières à leur fortune. Elle, la riche héritière, représente également un type très bas de l'Humanité; elle est issue d'un père à l'intelligence bornée et dépourvu de dignité ; autrement il ne voudrait pas sacrifier le bonheur de son enfant à une vaine ambition, ni briller, ni entrer en relations de famille avec une société où on le traitera toujours, ainsi que les siens, avec la raillerie et le mépris réservés aux intrus. Ou bien la jeune fille elle-même est contente de son sort et consent à devenir l'épouse d'un homme à qui elle est indifférente, et, en ce cas, elle est une créature sans cœur et sans âme, une sotte et vaniteuse poupée ; ou bien elle désire aimer et être aimée, mais accepte néanmoins la destinée que sa famille lui prépare, et en ce cas elle est une nature sans volonté et sans caractère.

Il en est de même dans les mésalliances qui ne sont pas contractées en vue de la dot. Je ne parle pas des cas où c'est un amour véritable et moral qui amène l'alliance. Nous pouvons d'autant plus négliger ce cas, qu'il se présente peut-être une fois dans un siècle et ne peut, par suite de sa rareté, exercer aucune influence appréciable sur l'amélioration de la race de l'aristocratie. La règle est qu'un aristocrate, dans les mésalliances par amour, épouse une actrice, une écuyère de cirque, ou simplement une beauté équivoque des stations balnéaires et des salons internationaux des grandes capitales. Dans un couple ainsi formé, la partie féminine est un être anormal qui s'est révélé comme un type en dehors de la forme ordinaire, par cela seul qu'il a choisi une carrière exceptionnelle, souvent même excentrique ou condamnable, vise à des destinées extraordinaires et s'insurge contre les devoirs que la société actuelle impose au sexe féminin; quant à la partie masculine, c'est ce que la psychiatrie nomme « un dégénéré », c'est-à-dire un individu chez lequel la volonté et la raison sont rabougries, le sens moral rudimentaire, et dont la passion génésique gouverne seule la vie psychique, parfois avec une étrange dépravation. De tels individus ne peuvent résister au désir de posséder une femme qui sait les exciter ; pour satisfaire ce désir, ils commettent des folies, des indignités et, s'il le faut même, des crimes. Qu'on examine la question de près : dans les romans qui finissent par un mariage entre un prince et une comédienne, on trouvera presque toujours que l'homme est un « dégénéré » au sens scientifique, une nature faible et sensuelle. La mésalliance, telle qu'on a coutume de la commettre, est bien loin de procurer à l'aristocratie des avantages anthropologiques ; elle semble au contraire avoir été imaginée fort ingénieusement pour réunir la plus mauvaise matière humaine de la noblesse et de la bourgeoisie en un mariage d'où ne peuvent sortir que des avortons, moralement du moins.

Telle est l'origine de la noblesse conférée par lettres et telles sont nécessairement ses destinées futures. L'aïeul est un égoïste, un intrigant, ou un courtisan, souvent même le tout à la fois ; le descendant est condamné fatalement au dépérissement, soit qu'il épuise son sang dans un cercle étroit de familles offrant les mêmes vices que lui, soit qu'il se mésallie avec des types exceptionnels de femmes ou non développées, ou déréglées. Ce sont là des faits sociologiques connus de tous. Et pourtant, voici un nouveau trait de la lâcheté, de la sottise et de l'hypocrisie humaine : la noblesse jouit d'une considération sociale devant laquelle l'immense majorité des hommes s'incline volontairement et même avec une secrète satisfaction. Le *snobisme*, qui se sent chatouillé d'une façon particulièrement agréable quand il peut se frotter à des aristocrates, règne dans tous les pays, même les plus démocratiques. Le Français, qui se vante d'avoir inventé l'égalité, est fier de faire la connaissance d'un duc ou d'un marquis et s'intéresse à la vie et aux agissements de sa noblesse nationale, en dépit d'un *flunkey* anglais. L'Américain, qui n'honore en apparence que le tout-puissant dollar et affecte de se moquer des différences de classes du vieux continent, est charmé au fond du cœur de pouvoir exhiber dans son salon un gentilhomme. Chacun peut savoir comment aujourd'hui on obtient un titre de noblesse, peut-être dans certains pays seulement. On connaît le prix exact d'une couronne de prince, de comte ou de baron. On sait que cette parure est l'équivalent d'une somme déterminée, et l'on accorde néanmoins à la parure un respect que l'on refuse à la somme qui l'a payée.

Citons un petit trait qui montre les habitudes mensongères des hommes civilisés mieux que ne pourrait le faire une argumentation en plusieurs volumes. Un député français (1) a présenté à la Chambre un projet de loi en vertu duquel chacun aurait le droit, en versant une certaine somme au Trésor, de s'adjoindre un titre de noblesse et de s'en servir dans tous les actes; pour 60,000 francs on pourrait être duc, pour 50,000 francs marquis, etc., pour 15,000 francs simplement « Monsieur de ». Si ce projet acquérait force de loi, on trouverait à peine une personne qui voulût conclure cette belle affaire et acheter à la face de l'univers un titre de noblesse comme on achète un habit ou une chaîne de montre. Annoncez, au contraire, dans un journal, que vous êtes en mesure de procurer discrètement l'anoblissement aux personnes qui ont de la fortune, et chaque courrier vous apportera cent demandes; lors même que vous ne promettriez que des titres de noblesse de la république de Saint-Marin ou de

---

(1) Feu M. Gatineau, député d'Eure-et-Loir. (*Le trad.*)

la principauté Reuss-Schleiz-Greiz au même prix ou à un prix plus élevé que les prix proposés par le député français, vous trouveriez preneurs pour votre marchandise. Et pourtant il s'agit là d'une opération correcte, ici d'une opération équivoque; là d'un titre qui est valable dans un État de 37 millions d'habitants, ici d'un titre qui n'a de valeur légale que dans quelques villages. Oui, mais dans le premier cas on fait savoir publiquement que le titre de noblesse est à vendre à qui en veut, tandis que dans le second cas on maintient la fiction en vertu de laquelle la noblesse est la récompense du mérite et l'homme anobli un être d'ordre supérieur; aussi préfère-t-on attraper une lettre de noblesse par l'intervention d'un courtier suspect, que l'acheter honnêtement dans un bureau du timbre ou des contributions. C'est une preuve qu'on veut maintenir, extérieurement au moins, le mensonge nobiliaire.

Au reste, les priviléges concédés à l'aristocratie ne sont pas seulement de nature sociale et ne consistent pas uniquement dans des titres et des compliments. La noblesse a dans les pays monarchiques, sans préjudice de l'égalité des droits et des devoirs garantie par la loi à tous les citoyens, une très réelle et très grande influence qui lui assure notamment la possession de toutes les sinécures publiques. J'entends ici le mot sinécure dans son sens le plus large. Dans l'organisation actuelle du capital et du travail, on doit considérer comme des présents de l'État des places qui, en même temps qu'un rang honorable, assurent un revenu certain et donnent peu de fatigue. A la noblesse sont réservées toutes les places pour lesquelles il n'est besoin d'aucune capacité spéciale, que tout homme ordinaire peut occuper pourvu qu'on veuille lui en confier une, pour lesquelles, en un mot, a été inventé le proverbe que Dieu donne en même temps l'intelligence à celui à qui il a donné un emploi : les places d'officiers, d'employés supérieurs, les prébendes, les dignités de cour. L'État en fait cadeau à un petit groupe d'individus qui, en bonne justice, n'y ont pas le moindre droit ; il dresse le couvert de ces individus et leur offre un abondant et succulent repas, uniquement parce que, suivant le mot de Beaumarchais, ils se sont donné la peine de naître.

Le mensonge de la noblesse par diplôme, qui s'est introduite en fraude, à la façon des parasites, dans les formes historiques et les priviléges de la noblesse du sang, qui avait, elle, nous l'avons vu, son fondement anthropologique, ce mensonge, quoique démasqué à toute heure par l'histoire et la raison, est supporté et même cajolé ; c'est une pierre angulaire de l'État monarchique. On a l'air de croire qu'un sot qui se nomme monsieur le comte ou monsieur le baron est composé d'une matière meilleure et plus rare que celle du reste du peuple ; on a l'air d'admettre qu'en griffonnant sur du papier ou sur un morceau de parchemin, un prince peut faire d'un homme vulgaire un être noble et distingué. Après tout, pourquoi ne le pourrait-il pas ? La grâce de Dieu n'est-elle pas à son service ? On peut bien attendre d'elle cette merveilleuse métamorphose, qui, en définitive, n'est pas plus incompréhensible que les miracles de la Bible et des saints.

LE MENSONGE POLITIQUE

I

Prenons, au milieu de la civilisation moderne, un homme du peuple, sans liens de famille, sans relations qui lui procurent la faveur des puissants et, par elle, toutes sortes de priviléges, et voyons quelle sera sa situation dans l'Etat. J'avertis mes lecteurs que je parle d'un citoyen d'un état idéal de l'Europe. Quelques traits du tableau que je vais tracer peuvent ne pas s'appliquer à tel pays déterminé. La mesure de liberté accordée à l'individu diffère suivant les contrées, ainsi que les limites de cette liberté. Mais notre description donnera fidèlement, dans ses contours généraux, la situation faite au citoyen en Europe.

L'homme que je prends comme exemple est à l'âge où ses parents reconnaissent la nécessité de former son esprit. On l'envoie à l'école primaire. Avant de l'y admettre, on lui demande son acte de naissance. Il semble que, pour participer aux bienfaits de l'instruction publique, il devrait suffire à un homme d'exister et d'avoir atteint un certain degré de développement physique et moral. Mais non, il lui faut aussi un certificat de naissance. Cette pièce respectable est la clef indispensable des secrets de la lecture et de l'écriture. Si on ne l'a pas, il faut, par une opération officielle très compliquée, dont le détail nous conduirait trop loin, fournir la preuve numérotée, timbrée et signée, que l'on est né. L'enfant entre donc à l'école, et il la quitte après quelques années pour commencer à gagner sa vie. Il se sent apte à aider ses concitoyens de ses conseils et de son intervention dans les affaires de droit ; mais cela lui est défendu s'il ne possède pas une permission spéciale de l'État sous forme de diplôme. Par contre, il est libre de se rendre utile en faisant des souliers, quoique un soulier mal fait occasionne plus sûrement des douleurs qu'un conseil inintelligent dans une affaire juridique. Voilà notre homme âgé de vingt ans, et il voudrait entreprendre un voyage pour compléter son éducation : cela ne lui est pas permis. Il doit remplir son devoir militaire, abdiquer, pour quelques années, son individualité, ce qui est bien autrement douloureux que de perdre son ombre comme Pierre Schlémihl ; bref, il lui faut renoncer à sa volonté et devenir un automate. C'est fort bien. On doit ce sacrifice à l'Etat, dont la sécurité pourrait être menacée un jour ou l'autre par un puissant ennemi. Pendant son temps de service, mon Jean, — je le nommerai Jean pour plus de commodité, — trouve l'occasion de s'amouracher d'une Marie ; mais c'est une nature correcte ; il dédaigne d'être heureux dans la cuisine avec celle qu'il aime, conformément à la méthode commode usitée dans les garnisons. Il veut se marier ; mais il ne le peut pas. Aussi longtemps qu'il est soldat il doit rester célibataire. Cependant un soldat marié ne léserait aucun droit, n'amoindrirait pas la faculté défensive de l'Etat, n'intéresserait en un mot personne, ni de près, ni de loin ; n'importe, Jean doit attendre jusqu'au moment où il mettra bas son habit bariolé. Ce moment est venu : Jean va-t-il pouvoir épouser sa Marie? Certainement, s'ils possèdent tous les deux les papiers nécessaires, et il en faut un bon nombre; s'il en manque un seul, adieu la noce! Mais Jean a doublé cet écueil heureusement et il voudrait maintenant ouvrir un cabaret. Il ne le peut si la police ne l'y autorise pas, et la police ne l'y autorise que si cela lui plaît. Il en serait de même pour beaucoup d'autres métiers dont l'exercice cependant ne nuit aux droits de personne, n'est ni bruyant, ni immoral, ni dangereux. Jean désire reconstruire sa maison : il ne peut y toucher avant d'avoir la permission écrite de la police! Cela se conçoit : la rue appartient à tout le monde, la maison de Jean donne sur la rue, il doit donc se soumettre aux prescriptions générales. Il a aussi un vaste jardin, situé loin des voies publiques, à un endroit que jamais un œil étranger n'a besoin de voir, ni un pied étranger de fouler ; Jean veut y élever une construction. Cela ne lui est pas permis non plus sans un certificat de la police, cet inévitable dérangeur public. Jean a une boutique et n'a nul besoin d'un jour de repos dans la semaine; il voudrait vendre le dimanche comme les autres jours. Il ne le peut, s'il ne veut être saisi à la gorge par la police et mis en prison. Si sa boutique est un restaurant, il souffre d'insomnie et ne se plaindrait pas de laisser sa boutique ouverte toute la nuit; mais la police lui prescrit une heure de fermeture sous peine de punition. Sa Marie lui donne un enfant; nouveaux tourments. Il faut qu'il le fasse inscrire à l'état civil, ou un jour le petit n'aura pas à s'en féliciter. Il doit même le faire vacciner, quoiqu'il ait vu des gens non vaccinés échapper à la petite vérole et des gens vaccinés attraper la maladie et en mourir.

J'omets cent expériences douloureuses faites par Jean dans le cours de l'année. Il voulait faire passer un omnibus à travers les rues de sa ville, il ne l'a pu sans une permission de la police. Il aimait une partie charmante du jardin public entretenu aux frais de la ville, il n'a pu obtenir le droit d'y pénétrer. Il voulut un jour entreprendre une assez longue excursion à pied, à travers sa province ; après quelques heures de marche il rencontra un gendarme qui lui adressa toutes sortes de questions indiscrètes sur son nom et son état, son origine et son but, et comme Jean se refusa à renseigner un homme qui lui était complètement inconnu et ne s'était même pas présenté en se nommant et en saluant suivant l'usage, le gendarme lui attira toutes sortes de désagréments qui le rebutèrent de son excursion. Un voisin lui enleva un jour par la force un lopin de son jardin pour l'enclaver dans son propre domaine : le cas était très simple, le tort était évident. Jean porta plainte ; l'affaire traîna pendant des mois ; Jean gagna le procès, mais son adversaire était insolvable ; il recouvra, sans doute, son coin de jardin, seulement il avait perdu en temps et en argent vingt fois autant que valait ce bout de terrain, sans parler des ennuis qu'il ne comptait pas, car il y était habitué dès l'enfance. Il avait vu au Musée un beau tableau du temps de la Renaissance, et l'habillement des personnages lui plut tellement qu'il s'en fit faire un tout semblable avec lequel il parut un dimanche dans la rue ; aussitôt la police l'obligea, sous menace d'emprisonnement, à renoncer à ce qu'elle appelait une mascarade. Il trouva quelques amis qui pensaient comme lui et résolut avec eux de former une société dans laquelle chacun exprimerait son mécontentement sur les lois existantes. Aussitôt la police lui réclama la liste des membres et ne tarda pas à interdire la société à cause de son caractère politique. Obstiné comme il l'était, Jean fonda une seconde société qui ne s'occupait que de questions économiques ; c'était une société d'épargne et de consommation. La police la fit dissoudre parce que Jean avait négligé de lui en demander préalablement la permission. Au milieu de maintes vicissitudes, Jean devint vieux. Quand il était de bonne humeur, il se consolait en se disant que les Russes, après tout, sont encore moins à l'aise dans leur pays qu'il ne l'était dans le sien ; était-il, au contraire, porté à l'aigreur, il s'irritait en pensant combien les Anglais et les Américains sont plus libres qu'il ne l'était ; il le croyait, du moins, pour l'avoir lu dans les journaux, car il ne l'avait pas expérimenté en personne. Un jour, sa Marie mourut. Même dans la mort, il ne voulut pas se séparer d'elle, et, prenant son parti, il l'enterra dans son jardin, sous l'arbre qu'elle préférait. Cette fois-ci ce fut une vraie tempête policière qui se déchaîna sur sa tête. Il ne lui était pas même permis d'enterrer sa femme dans son propre sol. Jean fut sévèrement puni. Marie fut exhumée sans cérémonie et portée par l'autorité au cimetière.

Voilà Jean seul au monde. Il devint triste, perdit courage, négligea ses affaires, et tomba bientôt dans une pauvreté complète. Un jour, dans son désespoir, il se mit au coin d'une rue et mendia. Aussitôt un sergent de ville vint l'arrêter. On le conduisit au bureau de police, où il eut avec le commissaire un entretien instructif. « Vous savez que la mendicité est interdite, » lui dit celui-ci d'un ton sévère. « Je le sais, mais je ne me l'explique pas, dit Jean doucement, puisque je n'importunais personne et ne faisais que tendre la main en silence. » « C'est perdre notre temps en bavardage inutile. Vous ferez huit jours de prison. » « Et que dois-je faire quand je serai sorti ? » « Cela ne me regarde pas. C'est votre affaire. » « Je suis vieux et je ne puis plus travailler. Je n'ai rien, je suis un peu malade. » « Si vous êtes malade, allez à l'hôpital ! » s'écria le fonctionnaire impatienté ; mais il ajouta immédiatement : « Non, vous ne pouvez aller à l'hôpital, si vous n'êtes qu'un peu malade ; il faut l'être tout à fait. » « Je comprends, dit Jean, il faut avoir une maladie dont on meurt bientôt si l'on n'en guérit vite. » « Justement ! » affirma le fonctionnaire, qui passa à une autre affaire. Jean fit sa prison, après quoi il eut la chance d'être admis dans un établissement de charité. Il était nourri, mais mal, et logé comme un malfaiteur ou un prisonnier. Il était contraint de porter une espèce d'uniforme qui dans la rue lui attirait des regards de mépris. Un jour il rencontra un homme qu'il avait connu dans des temps meilleurs ; il le salua, mais celui-ci ne lui rendit même pas son salut. Jean alla droit à lui et lui dit : « Pourquoi ce dédain ? » « Parce que vous n'avez pas suivi l'exemple des gens estimables qui sont devenus riches, » répondit l'homme d'un air de répulsion et en poursuivant son chemin.

Jean devint mélancolique. Toutes sortes d'idées noires s'emparèrent de son esprit. Dans une promenade qu'il fit par une matinée de soleil, il repassa en pensée toute sa vie et se parla d'abord à voix basse, puis d'une voix de plus en plus irritée : « Me voilà âgé de soixante-dix ans, et quel a été de tout temps mon sort ? Je n'ai jamais été moi-même ; je n'ai jamais eu la permission de vouloir.. A peine voulais-je exécuter un projet, que l'autorité s'empressait d'y mettre obstacle. Dans mes affaires les plus personnelles, des étrangers ont toujours mis leur nez bureaucratique. J'ai dû avoir pour tout le monde des égards que personne ne réclamait en particulier, et personne n'a eu d'égards pour moi. Sous prétexte de protéger les droits des autres, on m'a ravi les miens, et, si j'y réfléchis bien, on a également ravi aux autres les leurs. Il m'a été loisible de me comporter à mon aise tout au plus avec mon chien — et pas même avec lui, car si je le battais, la société protectrice des animaux, aidée de la police, envahissait ma boutique. Que j'aie dû subir les vexations du métier de soldat, je le comprends encore, — quoique si l'ennemi venait sans résistance envahir le pays, il me causerait difficilement, à moi, plus de misères que ne m'en a causé mon cher gouvernement ; je comprends aussi que j'aie dû payer de lourds impôts, car il faut bien rétribuer la police qui m'a toujours surveillé si paternellement, quoiqu'il n'eût pas été fort nécessaire de me faire payer une industrie qui ne me nourrissait pas et de saisir mes biens si je ne pouvais payer. Mais pourquoi les autres vexations ? Quels avantages m'a offerts la police en échange de tous les sacrifices qu'elle a réclamés de moi ? Elle a protégé ma propriété, sans doute, et c'était facile, car je n'en ai aucune ; et quand on m'enleva le peu que j'avais, un morceau de mon jardin, j'eus encore à me tourmenter pour cela. S'il n'y avait pas de police, chacun agirait à sa guise. Et après ? En ce cas j'aurais assommé mon voisin, ou mon voisin m'aurait assommé, et cela eût terminé le différend. La police veille à ce que l'on ait des rues bien pavées. Mordieu ! je ne sais pas si je n'aime pas mieux aller en grandes bottes dans la boue que de subir ces éternelles tracasseries. Que le diable les emporte tous ! »

Arrivé à ce point de son monologue, Jean se précipita dans le fleuve, dont il longeait depuis un moment la rive. Mais la police était encore là, elle le repêcha et l'amena devant le juge, qui le condamna pour tentative de suicide à un long emprisonnement. Par bonheur ou par malheur — je ne sais lequel des deux — Jean s'était refroidi en se jetant à l'eau ; il eut une fluxion de poitrine et mourut en prison. La police en dressa procès-verbal ; ce fut le dernier.

II

Mon pauvre Jean a raisonné comme un homme aigri et dépourvu d'instruction. Il n'a jamais parlé que de la police, parce qu'il ne voyait qu'elle et qu'elle représentait pour lui l'Etat et les lois ; aussi a-t-il incontestablement exagéré les défauts de la civilisation et il en a méconnu les bienfaits. Mais, en somme, il a raison : les contraintes que l'Etat impose à l'individu sont tout à fait hors de proportion avec les allégements qu'il lui offre en échange. Le citoyen ne renonce évidemment à son indépendance que dans un but déterminé et dans l'attente de certains avantages. Il suppose que l'Etat, auquel il sacrifie une partie de son droit de souveraineté, lui promet en revanche de veiller sur sa vie et sa propriété ; il pense que l'Etat se servira des forces réunies de tous les citoyens pour accomplir des choses avantageuses à l'individu et que celui-ci ne pourrait ni entreprendre ni réaliser à lui seul. Eh bien ! il faut avouer que l'Etat ne répond à ces suppositions que très imparfaitement ; il ne le fait guère mieux que les groupes barbares primitifs, et ceux-ci accordent à leurs membres une liberté individuelle incomparablement plus grande que ne le fait l'Etat civilisé.

L'Etat doit assurer notre vie et notre propriété. Il ne le fait pas, car il ne peut empêcher les guerres, qui amènent la mort violente d'un nombre effroyable de citoyens. Les guerres entre peuples civilisés ne sont pas beaucoup plus rares ni moins sanglantes que celles entre les tribus sauvages ; avec toutes les lois et les restrictions de la liberté, le fils de la civilisation n'est guère plus protégé contre l'arme meurtrière d'un ennemi que ne l'est le barbare, qui ne connaît pas les bienfaits de la tutelle policière. A moins qu'on ne soit d'avis que mourir en uniforme par la main d'un meurtrier également en uniforme et agissant au commandement, soit chose plus consolante que d'être assommé par un guerrier peint en rouge, qui frappe avec une hache de pierre, sans se préoccuper des prescriptions théoriques. Certains esprits rêvent la suppression de la guerre et son remplacement par l'arbitrage. Ce qui doit être sera. Je ne parle pas d'un avenir éloigné, mais du présent. Aujourd'hui, l'atteinte à toutes les libertés en temps de paix ne dispense pas l'individu de défendre lui-même sa peau dans les moments critiques tout autant que doit le faire le sauvage qui erre à travers les forêts primitives. Indépendamment même de la guerre, les règlements ne protègent pas plus la vie de l'individu que ne le fait l'état de barbarie. Au sein des tribus sauvages, le meurtre entre membres d'une tribu n'est pas plus fréquent que dans les États civilisés. Les actes de violence sont presque toujours un effet de la passion, et celle-ci échappe complètement à l'action de nos lois prohibitives. La passion est une rechute dans l'état primitif de l'homme. Elle est la même chez l'homme bien élevé de nos salons que chez le nègre de l'Australie. On tue ou l'on blesse dans la passion sans aucun égard à la loi et à l'autorité. Pour l'assassiné, à qui, peut-être, un rival amoureux a percé le cœur d'un coup de couteau, il importe peu que la police arrête le meurtrier et même le punisse: et encore la punition n'est-elle pas certaine, car on voit fréquemment un jury attendri acquitter les auteurs d'actes commis sous l'empire de la passion. Le sauvage lui-même a la faible consolation que le meurtre sera puni dans son auteur, et beaucoup plus sûrement que chez les hommes civilisés, car le criminel échappe bien plus difficilement à la vengeance ou à la proscription dans l'état de barbarie qu'aux piéges de la police.

A côté du crime par passion, il y a le crime commis de sang-froid et avec préméditation. Ce dernier est infiniment plus fréquent dans la civilisation que dans la barbarie. Il est, avant tout, l'œuvre d'une certaine classe d'hommes qui n'existe que par la civilisation. Il est scientifiquement prouvé que les criminels par habitude sont des organisations dégradées, des rejetons d'ivrognes ou de débauchés, et qu'ils sont eux-mêmes atteints d'épilepsie ou d'autres maladies causées par la dégénérescence des centres nerveux. La misère notamment infligée aux pauvres par les grandes villes les affaiblit physiquement et moralement, au point que l'on voit éclater chez eux l'état pathologique de la criminalité. Toutes les lois du monde sont impuissantes à empêcher les crimes qui sont la conséquence de la civilisation, et les assassins, les bandits apparaissent au milieu de notre société réglementée d'une façon plus menaçante que dans la smalah du Bédouin qui n'a ni bureau d'état civil, ni fisc, ni cadastre.

La propriété n'est pas beaucoup plus en sécurité que la vie. En dépit de toutes les lois et de tous les règlements, on vole et l'on pille, soit directement comme un pick-pocket, soit indirectement, en exploitant suivant les occasions les individus et les masses. Quelle protection trouvera-t-on contre le tripoteur qui enlève des millions au peuple économe, ou contre le boursier jouant à la baisse et diminuant ou détruisant par un coup de main de nombreuses fortunes? Et l'homme civilisé qui perd son argent placé en papiers a-t-il moins perdu sa fortune que le barbare à qui on ravit son troupeau ? On me fera peut-être la réponse qui se présente facilement : chacun peut se tenir en garde contre le tripoteur et l'agioteur ; personne ne vous force à porter votre argent au premier et à posséder les papiers que l'autre fait déprécier par un jeu de bourse. Je répondrai : Oui, sans doute, on peut se tenir en garde ! L'homme intelligent, l'homme raisonnable le peut ; la foule ne le peut pas. Et s'il s'agit de se protéger soi-même, à quoi sert alors la loi ? A quoi bon le sacrifice de liberté et les impôts ? Le barbare aussi, pourvu qu'il ait de bons chiens, de bonnes armes et de bons serviteurs, pourvu qu'il soit assez fort et vigilant, défend suffisamment ce qu'il possède, sans le secours d'aucune police. Mais, dans la société civilisée, celui qui ne possède pas l'habileté et avec elle la vigilance, celui-là est volé de tous les côtés, en dépit des innombrables plumes qui, toute la journée, dans les bureaux, griffonnent sur du papier timbré.

Voici une autre considération. Non seulement l'homme civilisé doit, en définitive, se protéger lui-même tout comme le barbare ; il doit en outre, pour la protection que l'Etat est censé lui accorder et qui n'est suffisante que théoriquement, faire continuellement des sacrifices d'argent souvent plus considérables que la somme même qu'il s'agit de protéger. Le riche, naturellement, donne à l'Etat beaucoup moins qu'il ne conserve ; mais les millionnaires sont partout une exception. La règle est que la grande majorité, dans tous les pays, même dans les plus opulents, est indigente ou possède simplement le nécessaire. Cependant, chacun, même le pauvre, paie tant d'impôts, qu'à la fin de sa vie il serait à son aise s'il avait gardé pour lui les fruits de son travail, au lieu de les livrer à l'Etat. Que le barbare soit privé de son bien, c'est chose possible ; que l'homme civilisé en soit privé par l'Etat sous la forme d'impôts directs et indirects, c'est chose certaine. Et si, après avoir acquitté toutes les charges, l'homme civilisé possède encore quelque chose, il peut le perdre par le vol ou par escroquerie tout comme le barbare, qui du moins n'a pas à payer pour cela.

La situation de l'homme civilisé est donc celle du voyageur qui demande au batelier le prix du voyage de Strasbourg à Bâle : « Quatre florins dans le bateau, répond le batelier, mais seulement deux florins si tu aides à tirer la corde sur le chemin de halage. » La situation de l'homme cultivé est encore pire, car on ne lui laisse pas même l'alternative ; il doit, bon gré mal gré, aider à tirer le bateau et payer au surplus les deux florins.

Il nous reste à examiner le dernier but de l'Etat : la réunion des forces de tous en vue d'efforts utiles qui profitent à l'individu et qui ne pourraient être obtenus par lui tout seul. C'est la tâche que l'Etat remplit, on ne peut le méconnaître ; mais cette tâche aussi, il la remplit mal ou imparfaitement. Dans son organisation actuelle, l'Etat civilisé est une machine qui travaille avec un gaspillage de forces énormes. Pour l'effet utile il ne subsiste qu'une toute petite partie de la force produite aux plus grands frais possibles ; le reste est employé à vaincre les obstacles intérieurs ; il se perd dans la fumée et le bruit du sifflet. La forme dans laquelle tous les Etats européens sont gouvernés aujourd'hui permet de dissiper en entreprises folles, hasardeuses ou criminelles, les sacrifices exigés du citoyen. Le caprice de quelques hommes ou l'égoïsme de très petites minorités déterminent trop fréquemment à eux seuls le but vers lequel sont dirigés les efforts de l'ensemble. Le citoyen travaille et souffre pour qu'on fasse des guerres qui détruisent sa vie ou son bien-être, pour que l'on construise des forteresses, des palais, des chemins de fer, des ports ou des canaux dont ni lui ni les neuf dixièmes de la nation ne tireront jamais le moindre profit ; pour que naissent de nouvelles administrations qui rendront la machine de l'Etat encore plus lourde, le frottement de ses roues encore plus dur, et lui prendront une autre part de son temps, un nouveau lambeau de sa liberté ; pour que l'on paie grassement des employés qui n'ont pas d'autre but que de mener à ses frais une existence magnifique et de lui rendre la vie pénible ; en un mot, le citoyen travaille et souffre pour rendre lui-même son joug plus pesant et ses chaînes plus solides et pour permettre qu'on tire de lui plus de travail encore et plus de sang.

Seuls, de très petits Etats, ou des Etats qui ont une large décentralisation et une large autonomie, ne gaspillent pas aussi honteusement le travail du citoyen ; par leur nature et leurs conditions d'existence, ces Etats, se rapprochent des sociétés coopératives, dans lesquelles chaque membre peut se rendre facilement compte de l'emploi de ses cotisations, empêcher les dépenses inutiles, combattre dès le début les entreprises sans avenir ou y renoncer à temps ; là on sent immédiatement chaque profit et chaque perte ; l'un vous dédommage de vos sacrifices, l'autre vous empêche de continuer dans une fausse voie. Sans doute, dans de tels Etats il est difficile de viser à des tâches idéales ou à un but éloigné qui ne donnent pas à chaque individu un avantage immédiat ; mais il est plus difficile encore de satisfaire des fantaisies individuelles à l'aide de la collectivité, ou d'obtenir de celle-ci l'argent pour acheter le bâton qui servira à le maltraiter.

Résumons. L'excès moderne de gouvernement, les écritures, les protocoles, le fonctionnarisme, les défenses et les permissions sans fin, ne protègent pas plus la vie et la propriété de l'individu que ne le fait l'absence de tout cet appareil compliqué. En échange de tous les sacrifices de sang, d'argent et de liberté que le citoyen fait à l'Etat, il ne reçoit guère de celui-ci d'autres allégements que la justice partout démesurément lente et coûteuse, et l'instruction, qui est loin d'être accessible à tous au même degré. Pour obtenir ces mêmes avantages, il serait besoin à peine d'une seule des nombreuses restrictions que l'on met à l'indépendance du citoyen. Dire que la liberté de l'individu n'est atténuée que par égard aux droits d'autrui, c'est une mauvaise plaisanterie; ce prétendu égard n'empêche pas l'oppression des individus et prive tout le monde de la plus grande partie de sa liberté naturelle; la loi exerce d'emblée et sûrement sur chacun la contrainte que, sans elle, quelques natures violentes exerceraient seules peut-être, dans des cas exceptionnels, sur quelques-uns. Il est vrai que, dans notre civilisation actuelle, la durée moyenne de la vie de l'individu est plus longue, sa santé est mieux protégée, le niveau de la moralité générale est plus élevé, la vie sociale est plus paisible, la violence est plus rare que dans l'état de barbarie, en tant qu'elle ne provient pas de criminels incorrigibles; seulement, ce ne sont pas la bureaucratie et les règlements qui en ont le mérite, c'est la conséquence naturelle d'une culture plus haute et de la sagesse plus grande des hommes. Le citoyen, dans les chaînes que les institutions de l'Etat lui ont imposées, doit se protéger lui-même aussi bien que doit le faire le libre sauvage ; mais il y est plus malhabile que celui-ci ; car il a désappris à prendre soin de lui-même, il ne possède plus la compréhension juste de ses intérêts, il est habitué dès l'enfance à subir l'oppression et la contrainte, contre lesquelles le sauvage se révolterait au péril de sa vie ; l'Etat lui a inculqué l'idée que les administrations et les autorités ont à s'occuper de lui dans toutes les situations ; la loi a brisé l'élasticité de son caractère, a écrasé sous sa pression continuelle toute sa force de résistance et l'a amené à ne plus même voir dans l'oppression une injustice. Il n'est pas vrai qu'il soit besoin de toutes nos prescriptions de police pour protéger notre vie et nos biens ; dans les campements de chercheurs d'or de l'ouest américain et de l'Australie, les individus se chargèrent eux-mêmes de leur défense en formant des « comités de vigilance » ; sans nul appareil bureaucratique, l'ordre le plus exemplaire ne tarda pas à régner. Il n'est pas vrai que nous devions nous soumettre à toutes les tracasseries légales pour que la justice règne parmi nous ; dans ces mêmes sociétés primitives dont je viens de parler naquit sans bureaux, sans instances et sans protocoles, par le seul sentiment de l'équité, un droit public et privé assurant au premier occupant sa propriété et tous les fruits de son travail.

C'est ainsi que se passèrent les choses dans un groupe formé des individus les plus rudes, les plus passionnés et les plus brutaux de toutes les nations. Et la grande majorité des êtres doux, pacifiques, amis du repos, aurait besoin de lisières indispensables ? Si aujourd'hui on abolissait les neuf dixièmes des lois et des règlements existants, des emplois et des autorités, des documents et des procès-verbaux, la sécurité de chaque personne et de chaque fortune serait la même qu'actuellement ; chacun continuerait à jouir de ses droits sans restriction, personne ne perdrait rien des avantages réels de la civilisation ; chaque individu obtiendrait ainsi la liberté de mouvement, il se sentirait lui-même avec une vive satisfaction dont il ne peut se faire aucune idée dans son état héréditaire actuel d'assujettissement universel. Peut-être, au premier moment, pareille liberté serait-elle pour lui une cause d'inquiétude et de crainte, comme à un oiseau élevé en cage auquel on ouvre la porte ; en attendant le complet développement de ses ailes, il devra apprendre à n'avoir plus peur de l'espace. D'autre part, il est certain qu'un barbare habitué à disposer de lui-même et à se conduire seul, ne pourrait, sans une souffrance vive et continue, se trouver dans un milieu où il sentirait constamment une main qui pèse sur lui et un œil qui le surveille, où il entendrait sans cesse résonner des ordres à son oreille, où il serait toujours mené par des volontés étrangères. Probablement même les règlements et le papier timbré le tueraient en peu de temps.

Cet état que j'ai représenté comme désirable, est-il l'anarchie ? Un lecteur superficiel ou distrait pourrait seul tirer cette conclusion de ce qui précède. L'anarchie, l'absence de gouvernement, est une invention d'esprits brouillons et aveugles. Dès que deux hommes entrent dans un rapport durable de vie commune, il s'établit entre eux un gouvernement, c'est-à-dire des formes de relations, des règles de conduite, des égards et des subordinations nettement établis. L'état naturel de l'Humanité n'est pas celui d'un amas sans forme, mais pour ainsi dire celui d'une cristallisation, par conséquent d'un arrangement déterminé et régulier de molécules. Dans chaque chaos social se forme immédiatement de soi-même une organisation politique, comme dans la mère des matières cristallines se forment immédiatement des cristaux. La critique raisonnable ne réclame donc pas l'anarchie, qui est absolument inimaginable, mais l'autarchie et l'oligarchie, état où l'on se gouverne soi-même et où l'on se gouverne peu. C'est une large simplification de la machine gouvernementale, l'affranchissement de tous les rouages inutiles, l'affranchissement d'une contrainte sans but, la réduction des exigences de l'Etat vis-à-vis les citoyens à ce qui est nettement indispensable pour l'accomplissement de ses fonctions.

Dans cet état idéal, l'individu travaillerait pour la communauté, en d'autres termes, il devrait payer des impôts, mais les charges publiques n'auraient plus le caractère d'exaction qui aujourd'hui les rend haïssables. Chacun achète sans difficulté du pain, paie son entrée au théâtre, acquitte ses cotisations aux associations et aux clubs, et regrette tout au plus de ne pas trouver facilement les sommes nécessaires. Pourquoi ? Parce que pour son argent il reçoit immédiatement une valeur en échange, parce qu'il ne peut avoir l'idée qu'on le vole. Là où le gouvernement est tellement simple que chaque citoyen peut en reconnaître le but, surveiller le travail, et y aider, il voit dans les impôts une dépense pour laquelle il reçoit un équivalent ; il sait pour ainsi dire ce qu'il obtient pour chaque sou d'impôt, et l'équité évidente d'une telle transaction empêche toute mauvaise humeur. Dans l'Etat actuel, au contraire, l'impôt devient nécessairement odieux ; non seulement, vu les grandes dépenses nécessitées par la mauvaise construction de l'appareil gouvernemental, l'impôt est partout beaucoup trop élevé, sa répartition est injuste, résultat de l'organisation historique de la société et de lois absurdes ; mais l'impôt est surtout odieux parce qu'il est déterminé par la fiscalité et non d'après un but politique raisonnable. La fiscalité est l'exploitation du peuple érigée en système pour trouver les sommes les plus grosses possibles, sans égard au but rationnel de l'Etat et aux conséquences économiques pour l'individu. La fiscalité ne demande pas : « Quels sacrifices sont nécessaires pour l'accomplissement des devoirs réels et légitimes de l'Etat? » mais : « Comment faut-il s'y prendre pour tirer du peuple les plus fortes contributions possibles? » Elle ne demande pas : « Quel est le meilleur moyen de ménager les intérêts de l'individu sans faire souffrir pour cela ceux de l'Etat? » mais : « Par quels moyens, nous autres collecteurs d'impôts, nous emparerons-nous de l'argent des peuples le plus facilement, avec la plus faible dépense de travail intellectuel et de peines? » D'après les idées modernes l'Etat est une institution destinée à favoriser le bien individuel; d'après l'idée féodale, au contraire, l'individu était un forçat chargé de contribuer à l'éclat et à la puissance de l'Etat; la fiscalité repose sur la même idée. Pour elle, l'Etat préexiste naturellement et domine; le citoyen est venu plus tard et il est naturellement l'élément dominé; l'impôt n'est pas une dépense que l'on s'impose à soi-même, que l'on se paie à soi-même et pour laquelle on se procure des avantages; c'est un tribut que l'on paie à un tiers, et pour lequel ce tiers, l'Etat-ogre, ne doit rien qu'une quittance. Nous nous sentons membres d'une libre association en vue de buts communs; la fiscalité voit en nous des prisonniers de l'Etat qui n'ont aucun droit. Nous nous appelons citoyens, la fiscalité nous appelle des sujets. Ces deux mots disent toute la différence des deux manières de voir.

Le développement historique de l'impôt a dû nécessairement conduire à la fiscalité. Dans les Etats primitifs, il n'y avait pas de contributions. Le chef de la tribu subvenait à ses propres besoins, et ce n'est qu'au prêtre qu'on payait à la rigueur une dîme. L'Etat n'avait nuls besoins, par conséquent il n'avait rien à exiger de ses membres. Mais cela changea aussitôt que la fiction de l'origine divine de la personne et de la puissance du roi donna naissance au despotisme oriental, ou bien quand une race de conquérants étrangers domina une nation assujettie. Dans les deux cas la masse du peuple était un troupeau d'esclaves, une propriété personnelle du roi ou des envahisseurs ; elle avait à payer des contributions non pour le bien de l'Etat, mais pour le trésor de ses maîtres ; les impôts du peuple formaient leur revenu naturel, le produit de leurs biens-fonds ou de leurs troupeaux. Les peuples libres considéraient les impôts comme une preuve de servitude ; il a fallu bien des siècles de dure oppression pour amener les tribus germaniques, par exemple, à payer les impôts qu'elles étaient habituées à arracher, à la pointe de l'épée, aux nations vaincues. La fiction qui voit dans les citoyens des serfs astreints avant tout à travailler pour leur propriétaire, le roi, est devenue, après la fin du moyen âge, le fondement du droit politique et des rapports entre le sujet et le maître qui est à lui seul tout l'Etat. Cette fiction domine encore, sous la forme de fiscalité, notre Etat moderne, fondé, à ce qu'on prétend, sur la souveraineté du peuple, avec ses constitutions et ses parlements.

C'est sur une fiction absolument semblable que reposent l'organisation de la bureaucratie et la situation de l'employé de l'Etat en face du citoyen. D'après l'idée moderne de l'Etat, l'employé doit être un mandataire du peuple, de qui il tient ses appointements, ses pouvoirs, sa considération, sa place. L'employé devrait, en vertu de cette idée, se sentir toujours le serviteur de la nation et responsable envers elle ; il devrait toujours avoir présent à l'esprit qu'il est nommé pour prendre en main les intérêts des particuliers, que ceux-ci ne peuvent surveiller eux-mêmes avec autant de sûreté et de facilité ; il ne devrait jamais oublier qu'en théorie la nation a aussi peu besoin de lui qu'une maison a besoin d'un serviteur, car chaque individu qui peut cirer lui-même ses bottes et aller chercher son eau, pourrait ainsi se charger de ses affaires administratives, et que si l'on appointe des employés, c'est uniquement pour la division du travail et pour l'avantage qui en résulte. En réalité, cependant, l'employé ne se regarde pas comme le serviteur, mais comme le maître du peuple. Il croit devoir son autorité non pas au peuple, mais au chef du gouvernement, que celui-ci se nomme roi, ou président de la République. Il se croit le dépositaire d'une partie de la puissance souveraine transcendantale. Il exige donc que les citoyens aient pour lui le respect et la soumission qu'ils doivent au principe de sa souveraineté.

Historiquement, la bureaucratie est sortie du bailliage. Le scribe qui, dans un bureau, traite grossièrement le citoyen appelé devant lui, est l'héritier du prévôt ou surveillant qu'un despote, aux siècles de ténèbres, plaçait au-dessus de son peuple d'esclaves pour maintenir celui-ci dans l'obéissance, à l'aide du fouet et de la lance des cavaliers de sa garde du corps. L'employé étant une particule de la grâce de Dieu, revendique pour lui-même l'infaillibilité divine. Il est au-dessous du chef suprême de l'Etat, mais au-dessus des gouvernés. Ceux-ci étant le troupeau dont le chef de l'Etat est le pasteur, l'employé est le chien de berger. Il a le droit d'aboyer et de mordre, et les moutons doivent le subir. Et les moutons le subissent aussi!

Le citoyen ordinaire — celui de l'espèce de mon Jean — entre pleinement dans les idées de l'employé. Il lui reconnaît le droit de commander et accepte pour lui le devoir d'obéir. Il se rend auprès de l'autorité, non comme pour réclamer ce qui lui est dû, mais comme pour implorer des faveurs. Il serait, du reste, insensé de vouloir se cabrer contre cette situation paradoxale, car, dans une lutte avec l'employé, celui-ci resterait probablement vainqueur, et même, au cas le plus favorable, les intérêts du citoyen subiraient pendant la durée de la lutte des délais et de graves atteintes de tout genre. La fiscalité a pour pendant le mandarinisme; tous deux sont des déductions logiques de la conception d'un maître par la grâce de Dieu et d'un assujettissement par le courroux de Dieu. Aujourd'hui, comme il y a des siècles, la législation est complètement sous l'influence de la fiscalité et du mandarinisme. Sur cent lois faites, soit avec le concours du peuple, soit sans lui, il y en a sûrement quatre-vingt-dix-neuf qui n'ont pas pour but d'accroître la liberté d'action et les agréments de l'existence du citoyen, mais de faciliter aux baillis et aux gens du guet l'exercice des droits souverains qu'ils se sont arrogés. On nous soumet à mille désagréments, afin que l'employé puisse gouverner et percevoir les contributions plus commodément. On nous marque, comme les bêtes d'un troupeau, avec des numéros et des lettres, afin qu'on puisse plus facilement nous parquer et nous exploiter. On nous punit tous *a priori* en nous faisant subir des restrictions vexatoires, parce que l'un de nous, exceptionnellement, pourrait une fois dépasser les bornes. Dois-je le prouver par des exemples? Tous les marchands sont forcés de tenir leurs livres d'une façon déterminée, exactement prescrite par la loi. Pourquoi? Parce que l'un d'eux peut être coupable un jour de banqueroute frauduleuse et que le juge d'instruction n'est à même de se rendre compte de l'état des choses que si toutes les affaires sont portées très soigneusement à la place prescrite. S'il n'y avait pas de livres, ce magistrat aurait fort à faire pour voir clair dans le dédale des opérations commerciales. Pour lui épargner cette peine, que lui donnerait une banqueroute, la loi enlève la liberté de mouvement à cent marchands qui ne pensent nullement à léser les intérêts de leurs créanciers. Chacun de nous, dans les grandes villes notamment, doit informer respectueusement la police de ses allées et venues. Pourquoi ? Parce que l'un d'entre nous pourrait commettre un jour quelque méfait qui le ferait rechercher par la police ; on le trouvera plus facilement si tout le monde est obligé d'indiquer à celle-ci la demeure de chacun. Pour s'épargner, le cas échéant, la peine des recherches en vue desquelles, cependant, elle est payée, la police nous impose continuellement la nécessité de faire des déclarations. Je pourrais centupler ces exemples, si tous ne se ressemblaient pas.

Tout cela n'empêche pas que les limites imposées par l'État aux citoyens manquent complètement leur but. Les lois oppriment seulement ceux qui ne songent pas à les enfreindre ; en revanche, elles n'ont jamais été un obstacle pour ceux qui sont décidés à ne subir aucune contrainte. Le bigame commet son crime malgré les formalités qui rendent à l'homme honnête le mariage coûteux et plein d'entraves. Le bandit porte sur lui couteau et revolver, en dépit des prescriptions qui interdisent aux citoyens paisibles le port d'armes sans autorisation. Il en est de même en toutes choses. C'est toujours le système d'Hérode faisant tuer tous les enfants mâles, parce que l'un d'eux pourrait devenir un prétendant au trône, et laissant naturellement échapper à la boucherie celui qui, précisément, peut être dangereux.

La conception philosophique de l'État a changé aujourd'hui. La situation des citoyens, par rapport à l'État, est devenue théoriquemement celle d'un associé à une compagnie. Toutes les constitutions, depuis 1789, parlent du principe de la souveraineté du peuple ; mais, dans la pratique, la machine de l'État est restée la même : elle travaille aujourd'hui tout comme à l'époque la plus sombre du moyen âge, et si sa pression sur l'individu est devenue moins forte, il ne faut y voir qu'un résultat de l'usure de la machine. La prémisse sous-entendue dans toutes les lois et tous les règlements, c'est, après comme avant, que le citoyen est la propriété personnelle du chef de l'État, ou du moins de ce fantôme impersonnel nommé l'État, qui a hérité de tous les priviléges des anciens despotes, et qui a pour incarnation visible les « autorités ». L'employé n'est pas un chargé d'affaires du peuple, mais le représentant de la puissance de l'État placée au-dessus de lui ; c'est l'ennemi, le surveillant, le geôlier du peuple. — Les lois sont faites pour permettre à l'employé de défendre les intérêts de son maître réel ou abstrait, le monarque ou l'État, contre le peuple, qu'on suppose *a priori* vouloir se débarrasser de son maître. Cette idée explique seule la considération dont le mandarinat continue à jouir de nos jours et la large place qu'il occupe dans l'État. L'employé ne peut imposer à la foule par de riches traitements, ni par son faste; il ne peut prétendre au respect des nobles esprits par une culture supérieure et de grandes facultés ; les utilitaires ne peuvent certainement regarder son travail comme plus utile que celui des classes directement productrices : les agriculteurs, les ouvriers, les artistes, les savants. Si donc la qualité d'employé n'est synonyme ni de gros revenus ni de culture intellectuelle et de facultés spéciales, comment attache-t-on à cette situation une considération que n'obtient aucune autre ?

Pourquoi? Parce que l'employé est une partie de l'autorité souveraine que le peuple regarde inconsciemment, par habitude héréditaire, comme quelque chose de mystérieux, de surnaturel, provoquant le respect et l'effroi. La grâce de Dieu qui illumine le roi rayonne aussi sur l'employé ; une goutte du saint-chrême qui sanctifie le monarque lors de son couronnement tombe aussi sur le front du fonctionnaire. Cette idée continue à régner même dans les pays qui n'ont plus de roi, plus de couronnement, plus de grâce de Dieu. Elle est devenue une action réflexe de l'âme populaire.

III

Que fait maintenant le parlementarisme? Ne rend-il pas à l'individu la liberté de mouvement que lui ont enlevée la fiscalité, le mandarinisme et la législation qui travaille dans l'intérêt des deux? Ne fait-il pas, du sujet féodal, le citoyen moderne? Ne donne-t-il pas à chaque particulier le droit de se gouverner lui-même et de déterminer son sort dans l'État? L'électeur n'est-il pas, le jour où il nomme son député, un souverain réel qui exerce, quoique indirectement, les anciens droits royaux de renverser et de faire des ministres, de destituer et de nommer des employés, de faire des lois, d'établir des impôts, d'imprimer sa direction à la politique extérieure? Le bulletin de vote n'est-il pas, en un mot, l'arme toute-puissante à l'aide de laquelle notre pauvre Jean peut détourner de lui la pression de l'arrogance bureaucratique déjà dénoncée par Shakspeare et combattre avec succès toutes les institutions qui l'enserrent?

Sans doute. Le parlementarisme a tous ces effets — mais, malheureusement, seulement en théorie. En pratique, c'est un énorme mensonge, comme toutes les autres formes de notre vie politique et sociale. Je dois faire remarquer ici que les mensonges qui de toutes parts nous sautent aux yeux sont de deux espèces différentes. Les uns portent le masque du passé, les autres celui de l'avenir; les uns sont des formes qui n'ont plus de raison d'être; les autres des formes qui n'en ont pas encore. La religion et la royauté sont des mensonges, parce que nous laissons subsister leurs dehors, quoique nous soyons pénétrés de l'absurdité de la base sur laquelle elles reposent. Le parlementarisme, au contraire, bien que découlant logiquement de notre conception du monde, est un mensonge, parce que, jusqu'à présent, il n'existe que comme forme extérieure, et n'a pas apporté le moindre changement à l'organisation intérieure de l'État. Dans le premier cas, c'est du vin nouveau dans de vieilles outres ; dans le second cas, ce sont de vieux déchets dans des récipients neufs.

Le parlementarisme prétend être la sanction du principe fondamental de la souveraineté populaire. D'après la théorie, le peuple tout entier, dans des assemblées plénières, devrait faire ses lois et nommer ses employés, par conséquent exprimer directement sa volonté et la transformer aussitôt en actes, sans l'exposer à la déperdition de forces et aux déformations qui sont une conséquence nécessaire des transmissions réitérées. Mais comme le développement historique tend à grouper les individus en masses politiques toujours plus grandes, à fondre des communautés entières de langues, peut-être même bientôt des races entières, en nations uniques, et à étendre à l'infini les frontières des États, l'exercice direct du *self-government* par la totalité du peuple est devenu dès maintenant, dans l'immense majorité des pays, une impossibilité matérielle ; là où il n'existe pas encore, il aura sans aucun doute le même sort dans un avenir prochain. Le peuple doit donc déléguer sa souveraineté à un petit nombre d'élus, et s'en rapporter à eux pour l'exercice de ses propres droits. Les élus ne peuvent pas encore gouverner directement eux-mêmes, mais ils délèguent à leur tour leurs pouvoirs à un nombre bien plus petit encore d'hommes de confiance — les ministres — qui, enfin, préparent et appliquent les lois, établissent et lèvent les impôts, nomment les employés et décident de la guerre et de la paix. Pour qu'au milieu de tous ces arrangements le peuple continue à rester souverain, pour qu'en dépit de la double délégation ce soit toujours sa volonté et nulle autre qui règle ses destinées, il faudrait que différentes hypothèses devinssent une réalité. Les hommes de confiance du peuple devraient se dépouiller de leur personnalité. Sur les bancs du parlement, ce ne sont pas des hommes qui devraient prendre place, mais des mandats parlant et votant. La volonté du peuple, en passant par ses représentants, ne devrait subir en eux aucune coloration ni aucune réfraction, aucune influence individuelle. Les ministres, de leur côté, devraient être en quelque sorte des canaux de réception, des conducteurs également impersonnels, également mécaniques des opinions et de la volonté de la majorité du parlement. Toute inobservation du mandat que les ministres ont reçu des députés, et ceux-ci du peuple, devrait avoir comme conséquence immédiate, pour ceux-là la chute, pour ceux-ci la déchéance. Mais il faudrait avant tout que ce mandat fût clair et net. Les électeurs auraient toujours à s'entendre sur les travaux législatifs et administratifs qui leur semblent nécessaires dans l'intérêt de l'État, et à exiger de leurs représentants l'exécution de ces travaux, en s'attachant sévèrement aux prescriptions données. Il faudrait ne choisir pour représentants que des hommes dont les électeurs connaissent le caractère et le mérite intellectuel, qu'ils savent capables de comprendre et d'exécuter le programme fixé par les électeurs, des hommes qui ne s'écarteront pas de la ligne qui leur est tracée, et qui sont assez dépourvus d'égoïsme pour sacrifier au bien commun leur temps, leur travail et notamment leur propre intérêt, chaque fois que cet intérêt se trouve en opposition avec le bien commun. Ce serait là le parlementarisme idéal ; de cette façon, la législation émanerait vraiment du peuple, l'administration émanerait du parlement; le centre de gravité de l'édifice public se trouverait dans les assemblées électorales, et chaque citoyen participerait d'une façon visible et palpable à la gestion des affaires.

Passons maintenant de la théorie à la pratique. Quelle désillusion ! Le parlementarisme, tel qu'il fonctionne dans les pays classiques, l'Angleterre et la Belgique, ne répond pas à une seule de nos hypothèses. L'élection n'exprime en aucune manière la volonté des citoyens. Les députés agissent en toute circonstance suivant leur bon plaisir individuel et se sentent liés uniquement par la crainte de rivaux, et non par les égards dus à leurs électeurs. Les ministres ne gouvernent pas seulement le pays, mais aussi le parlement ; au lieu qu'on leur prescrive la direction, ils la prescrivent au parlement et à la nation. Ils arrivent au gouvernement et le quittent non parce que la nation le veut ainsi, mais parce qu'une puissante volonté individuelle les mène. Ils jouent comme bon leur semble avec les forces et les ressources de la nation, distribuent faveurs et présents, laissent de nombreux parasites s'engraisser aux frais du peuple. Ils n'ont jamais à craindre un mot de blâme, pourvu qu'ils distribuent à la majorité du parlement quelques reliefs de la table splendide que l'État leur dresse. En pratique, les ministres sont aussi irresponsables que les députés ; les nombreux abus, les injustices et les actes arbitraires qu'ils commettent journellement, restent impunis.

Si une fois en un siècle un ministre vient à être poursuivi, soit que sa conduite ait été réellement infâme, soit qu'il ait excité contre lui une haine passionnée, cela se termine toujours par une mise en scène judiciaire bruyante et pompeuse et par un châtiment d'une nullité ridicule. Le parlement est une institution destinée à satisfaire la vanité et l'ambition des députés et à servir leurs intérêts personnels. Les peuples sont accoutumés depuis des milliers d'années à être dirigés par une volonté souveraine et à avoir au-dessus d'eux une aristocratie privilégiée à laquelle ils rendent des honneurs et abandonnent toutes les richesses de l'Etat. De grands esprits ont donné aux peuples, dans le parlementarisme, une forme gouvernementale qui leur permet de substituer leur volonté à la volonté souveraine et d'enlever à l'aristocratie la disposition de la fortune de l'Etat. Qu'ont fait les peuples? Ils se sont hâtés d'accommoder le parlementarisme à leurs anciennes habitudes, de sorte qu'après comme avant une volonté individuelle les gouverne et une classe privilégiée les exploite ; seulement, cette volonté individuelle ne se nomme plus roi, mais chef de parti, et cette classe privilégiée ne se nomme plus, nécessairement, aristocratie de naissance, mais majorité dominante de la Chambre. L'ancienne situation du citoyen ordinaire vis-à-vis de l'État n'a pas été modifiée par le parlementarisme ; mon Jean, auquel je reviens toujours, a partout à payer des impôts qu'il n'établit pas et dont il ne détermine pas l'emploi, à obéir à des lois qu'il ne se donne pas et dont il ne voit pas l'utilité, à tirer son chapeau devant des employés qu'une volonté étrangère lui impose. Jean se nomme John Bull en Angleterre et Ivan en Russie.

Le parlementarisme offre un avantage : il permet aux ambitieux de monter sur les épaules de leurs concitoyens. Je vais montrer que c'est vraiment un avantage. Chaque peuple, particulièrement un peuple qui est encore dans une phase de développement ascendant et que pénètre une force vitale inépuisable, produit à chaque génération des individus en qui une force personnelle développée d'une façon particulièrement puissante aspire avec impétuosité au libre épanouissement. Ce sont des natures dominatrices qui ne supportent aucun joug et aucune contrainte. Elles veulent avoir la tête et les coudes libres. Elles ne peuvent se soumettre qu'à leur propre volonté et à leurs propres vues, jamais à celles d'autrui. Elles obéissent parce qu'elles le veulent, jamais parce qu'elles y sont forcées. Ces individualités ne peuvent pas sentir une barrière sans la renverser ou se briser contre elle. La vie ne leur semble pas digne d'être vécue si elle ne leur apporte pas la satisfaction qui consiste dans le libre déploiement de toutes les facultés et de tous les instincts. De tels individus ont besoin d'espace. Dans la solitude ils le trouvent sans lutte et sans difficulté. S'ils deviennent anachorètes des déserts cyrénaïques, stylites ou fakirs, trappeurs canadiens ou pionniers des forêts vierges de l'Amérique, ils peuvent passer leur vie sans conflits. Mais s'ils doivent rester au milieu de pays civilisés, il n'y a pour eux qu'une place : celle de chef. La situation de mon Jean ne leur conviendrait aucunement. Ils ne sont pas une molle argile, mais un cristal dur comme le diamant. Ils ne peuvent se loger commodément dans le compartiment que la construction de l'État leur a assigné et qui n'est nullement proportionné à leurs formes et à leur mesure. Il faut qu'ils aient pour eux une demeure ajustée à leur taille et à leurs besoins. Ils se révoltent contre la loi toute faite et pour laquelle on n'a pas réclamé leur assentiment; ils secouent rudement l'employé qui voulait leur commander au lieu de leur demander des ordres. Dans les États absolus il n'y a pas de place pour de telles natures. Cette forme politique est en règle générale plus puissante que la force d'expansion de ces hommes, et ils succombent dans leur effort pour la renverser. Mais, avant de succomber, ils ébranlent l'Etat, de façon que le roi tremble sur son trône et que le paysan dans sa cabane tombe sur le sol. Ils deviennent régicides ou rebelles, tout au moins brigands ou flibustiers.

Au moyen âge ils errent en Robin Hood à travers les forêts, ou bien ils se mettent comme condottieri à la tête d'une troupe de mercenaires et deviennent la terreur des princes et des peuples ; plus tard ils conquièrent et désolent, comme Cortez, comme Pizarre, le nouveau monde, ferraillent en qualité de capitaines de lansquenets à Pavie, font « fortune » comme mercenaires de tous les belligérants dans la guerre de Trente Ans, ou, moins heureux, se font rouer comme Schinderhannes ou Cartouche. Aujourd'hui ils se nomment en Russie nihilistes, comme hier, dans l'empire ottoman, ils se nommaient Méhémet-Ali. Eh bien ! le parlementarisme permet à ces hommes à l'organisation puissante de garder leur individualité sans détruire la forme politique et même sans la menacer. Il faut beaucoup moins de peine pour devenir député que pour atteindre à la situation de Wallenstein, et il est plus facile de devenir ministre-président dans un Etat parlementaire que de renverser un vieux trône. Comme député, on peut rester debout dans la plupart des circonstances où Jean doit se courber, et, comme ministre-président, on a sans doute à lutter, mais non plus à obéir à une volonté étrangère. Ainsi le parlementarisme est la soupape de sûreté qui empêche les individus expansibles de la nation de produire des explosions dévastatrices.

En étudiant la psychologie des politiques de profession dans tous les pays parlementaires, on trouve que ce qui les pousse dans la vie publique, c'est le besoin de sentir fortement leur personnalité et de la manifester dans tous les sens. On nomme ce besoin : ambition ou soif de domination. Je n'objecte rien à ces désignations, pourvu qu'on les définisse. Qu'est-ce que l'ambition ? Est-ce vraiment le désir ardent, effréné d'honneurs, c'est-à-dire des satisfactions extérieures de la vanité ? Ce mobile peut inspirer à un épicier enrichi le désir d'entrer dans la chambre de commerce ou au conseil municipal ; dans la carrière d'un Disraeli, d'un Kossuth, d'un Lassalle, d'un Gambetta, il ne joue aucun rôle. Il ne s'agit pas pour ces hommes-là d'être salué dans la rue par des imbéciles suffisants ou importuns, de porter un vêtement bariolé, d'avoir constamment à leurs trousses reporters, biographes et portraitistes, et de recevoir des élèves d'écoles de filles supérieures des demandes d'autographes. Ce n'est pas pour des satisfactions de ce genre qu'ils s'exposeraient aux cruelles misères de la vie publique, cette vie qui renouvelle au milieu de notre civilisation pacifique toutes les conditions de la vie des premiers hommes, où il n'y a ni repos ni trêve, où l'on doit continuellement combattre, épier, guetter, espionner, chercher les traces d'autrui et effacer les siennes, dormir les armes à la main et les yeux à demi ouverts, où chaque homme est un ennemi, où l'on a la main contre tous et la main de tous contre soi, où l'on est incessamment vilipendé, malmené, calomnié, froissé, et où l'on vit, en un mot, comme le Peau-Rouge sur sa piste de guerre dans ses vieilles forêts. La soi-disant ambition qui détermine les politiques de profession à choisir une vie si misérable et si dangereuse est tout simplement le besoin de sentir pleinement leur propre personnalité ; ce sentiment sublime et d'une jouissance indicible n'est pas connu du philistin rabougri, et l'on ne s'y élève que si l'on a jamais rencontré un obstacle à sa volonté, ou bien si, l'ayant rencontré, on en a triomphé.

Il en est de même de la soif de domination. Le véritable chef de parti, né tel, se soucie bien moins de dominer les autres que de ne se laisser dominer par personne. Quand il courbe sous sa volonté la volonté des autres, c'est pour acquérir le sentiment délicieux de la force et de l'étendue de sa propre volonté. Pour celui qui se trouve placé au milieu de l'ordre politique et social actuel et qui ne veut pas vivre en ermite volontaire dans la solitude, il n'y a d'autre choix que de commander ou d'être commandé. Les natures vigoureuses ne pouvant subir la dernière alternative, doivent choisir la première; non que cela leur fasse particulièrement plaisir, mais parce que c'est aujourd'hui encore la seule forme sous laquelle l'individu puisse se sentir libre et indépendant. Si la soif du pouvoir était réellement ce que le sens littéral du mot semble indiquer, elle regarderait toujours au-dessous d'elle et non pas au-dessus ; elle compterait les têtes qui sont placées plus bas qu'elle, non celles qui dépassent la sienne. Mais, en règle générale, elle fait le contraire. César préfère être le premier dans un village que le second à Rome; dans ce dernier cas il commanderait à un million d'hommes et n'aurait qu'un seul maître ; dans un village il ne commanderait qu'à quelques centaines d'hommes. La domination à Rome ne trouverait-elle pas une satisfaction mille fois plus grande que dans un village? Oui, si César voulait seulement dominer. Mais il ne veut que sentir sa personnalité, et celle-ci se heurte à une limite, si César à Rome est le second, tandis qu'elle se déploie librement dans le village, où nulle volonté plus forte n'opprime la sienne. Dans ce seul mot de César est renfermée toute la théorie de l'ambition, qui pousse les hommes politiques dans la vie publique. Les petites gens qui ne jouent leur partie dans le parlementarisme que comme choristes ou comme figurants peuvent avoir d'autres mobiles; il s'agit d'attraper des emplois pour eux et les leurs, de percer en cachette le tonneau de l'État et d'introduire une paille dans le trou afin de pouvoir s'abreuver gratis; ces « politiciens » et « sacs de nuit » (*carpet-baggers*), comme on les nomme dans l'Amérique du Nord, ces chasseurs de places, mendiants de décorations et parasites du budget, sont simplement les manœuvres payés par les chefs; ce sont des bouche-trous, nullement des parties essentielles de la machine parlementaire. Quant aux chefs, les avantages matériels de leur situation sont secondaires à leurs yeux. Le principal est le libre déploiement d'une personnalité qui éprouve des crampes douloureuses si elle doit rester recroquevillée.

Nul mot n'apparaît aussi fréquemment dans cet ordre de choses que le mot « Moi ». — Moi et rien que Moi. C'est précisément parce que le parlementarisme est le triomphe, l'apothéose de l'égoïsme. En théorie, il doit être la solidarité organisée, en fait il est l'égoïsme érigé en système. D'après la fiction, le député dépouille son individualité pour se fondre avec un être collectif impersonnel par qui les électeurs pensent et parlent, veulent et agissent; dans la réalité, les électeurs se dépouillent, par l'acte électoral, de tous leurs droits en faveur du député, et celui-ci acquiert toute la puissance que ceux-là perdent. Dans son programme, dans les discours où il brigue les suffrages des électeurs, le député entre naturellement dans cette fiction; là, il ne s'agit jamais que de l'intérêt public, là, il ne veut travailler que pour le bien général, il veut s'oublier lui-même au profit du peuple. Mais ce sont des formules que même l'électeur le plus naïf, le plus complaisant, ne prend plus guère à la lettre. Qu'est-ce, pour le député, que l'intérêt général et le bien public? Pure affaire de comédie : le député

vent parvenir, et l'électeur doit être son marche-pied.
Travailler pour le peuple? Allons donc! C'est le peuple
qui doit travailler pour lui. On a nommé les électeurs
un bétail à voter : cette métaphore est d'une rare justesse. Le parlementarisme crée des conditions tout à
fait analogues à celles du temps patriarcal. Les députés
occupent la situation des patriarches; leur puissance
repose sur leur richesse, qui consiste dans la possession
de grands troupeaux. Seulement, ces troupeaux ne se
composent plus aujourd'hui de bêtes réelles, mais de ce
bétail métaphorique qui, le jour du vote, dépose son bulletin dans l'urne. Rabagas devait être une caricature et
une satire; il me semble plutôt un type réel. Il n'y a rien
d'étonnant ni de risible à ce que Rabagas, le grand révolutionnaire, une fois arrivé au pouvoir avec le secours du
peuple, emploie contre le peuple absolument les mêmes
moyens de gouvernement et d'oppression dont, dans ses
discours incendiaires, il a fait un crime aux ministres
qui l'ont précédé. Ce changement me paraît naturel et
logique. Le politique n'a pas d'autre but, dans ses actions, que la satisfaction de son égoïsme. Pour y arriver,
il doit obtenir l'appui de la masse. Or, on n'obtient cet
appui qu'à force de promesses et de traditionnels mots à
effet que l'on débite aussi machinalement qu'un mendiant son *Pater noster*. Le politique se soumet à cet usage
sans hésiter. Quand il a été nommé par ses électeurs,
son amour-propre est satisfait, et la masse disparaît complètement à ses yeux pour ne surgir de nouveau que si
elle le menace de lui ôter sa puissance. Alors, il fera ce
qu'il faudra pour conserver celle-ci, comme il l'a fait
pour l'acquérir. Selon les exigences de la situation, il dévidera de nouveau le chapelet des promesses et des
phrases à effet, ou il menacera du poing ceux qui murmurent. C'est cet enchaînement de prémisses et de

conséquences logiques que l'on nomme : parlementarisme.

IV

On n'a besoin que de considérer le rouage politique de près et dans ses détails, pour reconnaître que, dans la pratique, le parlementarisme ment impudemment à sa théorie.

Comment devient-on député? Que les électeurs aillent trouver un citoyen sage et honnête et le prient de les représenter au parlement, cela arrive à peine une fois en dix ans et seulement sous l'influence de circonstances qui enlèvent absolument à ce fait son importance apparente. Un parti peut être intéressé à confier un mandat à un homme d'élite, peut-être parce qu'il trouve utile de se parer de son nom, peut-être aussi parce que sa circonscription électorale serait représentée, sans cela, par un dangereux adversaire. Dans ce cas, on fait sans doute, pour me servir d'une expression moderne, de la réclame à un nom, sans que celui qui porte ce nom y contribue; les électeurs témoignent, de leur propre mouvement, leur confiance à un homme de mérite qui ne l'a pas demandé, et le mandat échoit vraiment, comme la théorie le veut, au meilleur parmi les citoyens.

Mais, d'ordinaire, les choses se passent tout autrement. Un ambitieux se présente à ses concitoyens et cherche à les convaincre que, plus que tout autre, il mérite leur confiance. Quelle raison a-t-il pour faire cette démarche? Est-ce le vif désir d'être utile au bien public? Qui le croira? Il y a sans doute des hommes qui ont un si vif sentiment de leur solidarité avec le peuple et l'Humanité, qu'ils veulent le satisfaire en travaillant et en se sacrifiant pour la collectivité; mais ces hommes sont excessivement rares de notre temps; en outre, ces natures idéales sont pourvues de sens délicats et sont réfractaires aux contacts grossiers et vulgaires. Les hommes d'un caractère aussi élevé voudraient-ils s'exposer volontairement aux contrariétés multiples d'une campagne électorale? Jamais! Ils peuvent souffrir et mourir pour l'Humanité, mais non pas adresser à une sotte troupe d'électeurs de vulgaires compliments. Ils peuvent, sans vouloir ni récompense ni reconnaissance, faire ce qu'ils tiennent pour leur devoir, mais non chanter, devant une réunion populaire, leur propre louange en phrases pompeuses. D'ordinaire, avec une pudeur que la sottise nomme souvent orgueil, et qui est simplement la crainte de voir souiller leur idéal, ils restent dans leur cabinet de travail ou dans un cercle étroit d'esprits semblables au leur, et évitent le grossier tumulte de la place publique. Les réformateurs et les martyrs vont parfois à la foule, mais seulement pour la convertir, pour lui signaler ses défauts, pour l'arracher à ses habitudes, jamais pour la flatter, pour l'affermir dans ses erreurs par des paroles mielleuses qu'elle aime à entendre. Aussi sont-ils plutôt lapidés que couverts de fleurs. Wiclef et Knox, Huss et Luther, Arnaud de Brescia et Savonarole ont assurément exercé une action profonde sur de grandes masses d'hommes; ils ont excité une haine violente, en même temps qu'un amour passionné. Cependant, je ne crois pas que ni eux ni un Rousseau, un Gœthe, un Kant, un Carlyle eussent jamais obtenu par leurs propres ressources, sans l'appui d'un comité électoral, un mandat de député dans une circonscription rurale ou même dans une grande ville. Ces hommes ne s'abaissent pas à faire la cour aux électeurs pour obtenir leurs voix, ni à combattre un adversaire qui cherche à atteindre le même but par tous les moyens. La façon dont il faut s'y prendre pour obtenir un mandat populaire effraie et fait reculer les natures d'élite ; les égoïstes seuls sont résolus à acquérir de la considération et de l'influence par tous les moyens opportuns.

Voilà les hommes qui veulent suivre la carrière politique. Ils ne sont conduits que par l'égoïsme ; cependant, ils ont besoin d'une certaine popularité, et la popularité n'est acquise d'ordinaire qu'à celui qui seconde le bien de la communauté ou paraît le seconder ; nos ambitieux s'occuperont donc des intérêts publics ou feront du moins semblant de s'en occuper. Ils doivent, pour avoir du succès, posséder diverses qualités qui n'attirent pas les sympathies. Il ne faut pas qu'ils soient modestes, autrement ils ne pourraient se mettre en avant, comme ils doivent le faire s'ils veulent être remarqués. Ils doivent pouvoir feindre et mentir, car ils sont forcés de sourire à des hommes qui leur répugnent ou leur sont indifférents, sous peine de se créer des ennemis innombrables ; ils doivent faire des promesses qu'ils savent d'avance ne pouvoir tenir. Ils doivent flatter les penchants et les passions vulgaires de la foule, faire semblant de partager ses préjugés, ses idées traditionnelles, parce qu'il leur faut gagner la majorité. Tous ces traits réunis forment un personnage repoussant pour un homme de cœur. Dans un roman, un personnage pareil n'éveillerait jamais la sympathie d'un lecteur ; dans la vie, le même lecteur lui donne sa voix à toutes les élections.

La campagne électorale a, tout comme la guerre, sa stratégie et sa tactique. Le candidat ne se trouve jamais immédiatement en face de l'électeur. Entre les deux il y a un comité qui ne doit ses pouvoirs qu'à sa propre audace. Quelqu'un éprouve le besoin de se faire valoir : il convoque tout simplement, de son autorité privée, ses concitoyens à une réunion. S'il sent qu'il ne possède pas encore assez d'influence pour le faire tout seul avec des chances de succès, il s'associe quelques amis, ou il va trouver quelques imbéciles riches et vaniteux auxquels il dit qu'ils ont le droit et le devoir de se placer à la tête de leurs concitoyens, de diriger l'opinion publique, etc. Ces imbéciles sont très flattés de cette invitation ; ils se hâtent de mettre au bas d'une affiche murale ou d'une annonce de journal une signature faisant de l'effet sur les niais qui jugent un homme par ses sacs d'écus ou ses titres.

Voilà donc un comité fondé et la réunion électorale convoquée sous la direction du comité. Tout comité de ce genre se compose de deux éléments : d'ambitieux énergiques et sans scrupule, et de fats prétentieux, à la mine importante et convaincue, mais parfaitement idiots ; les autres les prennent dans leur barque comme un lest décoratif. On peut entrer dans le comité sans en avoir été l'un des fondateurs ou sans que ceux-ci vous aient demandé votre collaboration. On n'a besoin pour cela que de parler haut et souvent dans une réunion et d'attirer sur soi, par sa hardiesse, l'attention de la foule. Un homme qui possède une voix retentissante et peut bavarder couramment sur n'importe quel sujet obtiendra infailliblement et facilement dans une foule une certaine autorité ; il devient un allié désirable pour ceux qui se sont posés en chefs, ou un gênant adversaire. Aussi se hâteront-ils de l'admettre dans leur comité.

La formation du comité peut se faire par l'initiative de l'homme qui lui-même veut devenir député, ou bien elle peut se faire indépendamment de son influence. Dans le premier cas, le candidat dirige tout le mouvement ; il organise son état-major, il convoque les électeurs, il choisit les orateurs qui doivent leur parler, et prend part lui-même à la lutte. Dans le second cas, au contraire, le comité est une troupe de mercenaires recrutés par n'importe quel capitaine entreprenant et loués à un candidat pour livrer bataille à son profit. Beaucoup d'hommes politiques ont travaillé de cette façon pour d'autres avant d'être eux-mêmes députés ; ils faisaient et renversaient des représentants du peuple ; ils délivraient ou plutôt vendaient des mandats, soit pour de l'argent comptant à leur profit et à celui de leurs compagnons d'armes, soit pour des emplois et des avantages d'une autre espèce, dans un petit nombre de cas seulement par vanité, pour être regardés comme les hommes les plus influents d'une circonscription. Dans les réunions électorales domine nécessairement la phraséologie. La foule écoute seulement celui qui parle haut, fait des promesses séduisantes et se meut dans des banalités facilement compréhensibles. Le jour du vote, quelques électeurs, les plus influents, que l'on prend la peine de gagner individuellement, votent d'après les suggestions de leur vanité ou de leur intérêt ; quant à la majorité qui emporte la balance, elle donne sa voix à l'un des candidats pour lequel ont travaillé les comités. On jette dans l'urne le nom dont on a eu les oreilles rebattues pendant toute une semaine. On ne connaît pas l'homme, on ne sait rien de son caractère, de ses aptitudes, de ses inclinations ; on l'élit parce que son nom vous est familier. Si on devait lui prêter pour quelques heures une vieille théière, on s'informerait certainement davantage de lui ; on lui confie les plus hauts intérêts de l'État, les siens propres aussi par conséquent, sans rien savoir de lui, si ce n'est qu'il est recommandé par un comité dont les membres sont souvent aussi inconnus à l'électeur que l'est le candidat lui-même. Et il ne sert à rien de protester contre l'oppression — car c'en est une. Un citoyen qui prend au sérieux ses droits constitutionnels et veut examiner de près l'homme auquel il doit remettre ses pleins pouvoirs les plus importants, a beau résister à la tyrannie d'un comité qui lui impose un représentant insuffisamment connu : ses scrupules seront infailliblement noyés dans le flot de la foule routinière. Que peut-il faire? Il peut, le jour du vote, rester chez lui ou voter pour le candidat de son propre choix. Qu'il fasse l'un ou l'autre, cela ne lui sera pas de la moindre utilité. Celui-là deviendra toujours député, pour qui vote la grande masse des gens irréfléchis, indifférents ou intimidés, et cette masse proclame toujours le nom pour lequel on a travaillé avec le plus de violence, de bruit et de persévérance. Sans doute, en théorie, chaque citoyen est libre de recommander son propre candidat, de se remuer pour lui et de lui créer un parti ; mais, en pratique, celui qui se borne à dire les excellentes qualités d'un candidat trouve bien plus difficilement des alliés que celui qui promet des avantages de tout genre ; aussi le citoyen qui, en exerçant ses droits politiques, cherche consciencieusement le bien de l'État, aura-t-il toujours le désavantage sur un groupe de politiques de profession qui font de la vie publique un champ d'exploitation en règle.

Voilà la physiologie des élections pour tous les corps représentatifs. L'élu doit être l'homme de confiance de la majorité; il n'est que l'homme de confiance d'une minorité souvent très faible, mais qui est organisée, tandis que la majorité des électeurs forme un amas sans cohésion : aussi la première peut-elle imposer sa volonté à la seconde. Le mandat doit échoir au plus intelligent et au plus sage parmi les citoyens; il échoit à celui qui se met le plus hardiment en avant. Pour un candidat, l'éducation, l'expérience, le caractère, la conscience, la supériorité intellectuelle, sont des qualités peu essentielles ; elles ne lui nuisent pas, mais elles ne lui servent à rien dans la lutte politique. Ce qu'il lui faut avant tout, c'est une bonne opinion de lui-même, de l'audace, de la facilité d'élocution et de la banalité. Au meilleur cas, le candidat peut donc être un homme honorable et adroit, il ne pourra jamais être d'une nature élevée, délicate et modeste. Cela explique pourquoi, dans les corps représentatifs, les talents ne sont pas rares, tandis que les caractères sont très clair-semés.

Continuons. Grâce à des promesses mensongères, à des bassesses, à une impudente vantardise, à de banales déclamations et à l'appui de compères, le politique de profession a obtenu le mandat ambitionné. Comment l'exercera-t-il ? Il est ou une puissante individualité ou un homme ordinaire. Dans le premier cas, il formera un parti ; dans le second, il s'attachera à un parti existant.

La qualité qui fait le chef de parti est la volonté. C'est un don qui n'a rien de commun avec l'intelligence, la fantaisie, la prévoyance, la grandeur d'âme. Une volonté puissante peut très bien aller de pair avec l'étroitesse de l'esprit, la bassesse des sentiments, la déloyauté, l'égoïsme et la méchanceté ; elle est une force organique qui peut appartenir à un scélérat, comme l'homme le plus insignifiant ou le plus corrompu peut avoir une haute taille et une grande force musculaire. Quelles que puissent être d'ailleurs ses qualités, l'homme qui possède la volonté la plus puissante sera nécessairement le premier dans une assemblée, le chef et le maître. Il écrasera la volonté plus faible qui s'oppose à la sienne ; ce sera toujours la lutte du pot de fer contre le pot de terre. Une haute intelligence peut dominer une forte volonté.

Mais comment? Non pas par une lutte ouverte, mais en se plaçant en apparence sous son commandement, et en lui suggérant si adroitement ses idées, qu'elle les prend pour ses propres inspirations.

La plus puissante alliée de la volonté au parlement, c'est l'éloquence. Celle-ci aussi est une aptitude naturelle absolument distincte du développement de l'esprit et du caractère. On peut être un grand homme comme penseur, poète, général ou législateur, sans savoir pour cela faire un discours à effet; d'autre part, on peut posséder le don de la parole, et avoir une intelligence tout à fait ordinaire. L'histoire des parlements montre peu de grands orateurs qui aient élargi l'horizon intellectuel de l'Humanité. Les plus célèbres improvisations qui, dans les débats historiques, ont amené de graves résolutions et ont procuré à leur auteur gloire et puissance, font, à la lecture, une si piteuse impression, qu'on se demande comment un tel discours a pu exercer une action aussi incompréhensible. Ce n'est pas la parole raisonnable qui dans les grandes assemblées est favorablement écoutée; c'est la parole débitée avec emphase. L'argument le plus lumineux et le plus frappant, présenté sans une longue préparation et sans de fréquentes redites devant un grand nombre d'auditeurs, a très peu de chance de les entraîner. Il arrive très fréquemment, au contraire, que ces mêmes auditeurs obéissent aveuglément à des déclamations insensées et prennent, avec une précipitation presque irresponsable, des résolutions que, plus tard, ils ne peuvent s'expliquer eux-mêmes, en y réfléchissant de sang-froid.

Si le chef de parti joint à une forte volonté le talent oratoire, il joue le premier rôle sur la scène publique. L'éloquence, au contraire, lui est-elle refusée, il se tient, comme un régisseur, dans les coulisses, et dirige, invisible au public, mais plein d'autorité sur les acteurs, toute la marche de la comédie parlementaire. Il a des orateurs qui parlent pour lui, comme dans beaucoup de cas il a des intelligences élevées, mais timides et irrésolues, qui pensent pour lui.

L'instrument à l'aide duquel le chef exerce sa puissance, c'est naturellement le « parti ». Qu'est-ce qu'un parti parlementaire? En théorie, ce devrait être une association d'hommes qui unissent leurs forces pour traduire des vues communes en lois réglant la vie politique. En pratique, il n'y a pas un seul grand parti, notamment un parti dominant ou apte à gouverner, qui se maintiendrait par un programme comme lien unique. Il arrive que de petits groupes de dix personnes, de vingt au plus, se soient formés par l'unité de leurs vues sur la vie publique; mais les grands partis ne se forment jamais que sous l'influence de l'ambition, de l'égoïsme et de la force d'attraction d'une personnalité centrale supérieure.

Les hommes se divisent naturellement en deux classes; l'une est organisée de façon à ne pouvoir subir aucune domination, c'est-à-dire que, dans l'ordre actuel des choses, comme je l'ai dit plus haut, elle doit elle-même dominer; l'autre classe, au contraire, est née pour l'obéissance, parce qu'elle est dans l'impossibilité de prendre constamment des résolutions, d'exercer des actes de la volonté, aussi bien que d'accepter la responsabilité de toutes les suites des actes, responsabilité qui est le complément indispensable de la liberté et de l'indépendance.

La première classe forme naturellement une très petite minorité par rapport à l'autre. Or, dès qu'un homme ne demandant qu'à obéir se trouve en présence d'un des hommes doués de volonté et d'autorité, il se courbe devant lui et remet avec plaisir et soulagement entre ses mains la direction de ses actes et la responsabilité qui en découle. Ces hommes obéissants sont souvent en état d'exécuter avec une grande force, avec habileté et persévérance, même avec des sacrifices, la tâche qu'une volonté étrangère leur impose. Mais il faut que l'impulsion leur vienne entièrement de cette volonté. Ils ont tous les dons : il ne leur manque que celui de l'initiative, mot qui n'est rien autre au fond qu'un synonyme de volonté. Ces hommes s'empressent d'entrer au service d'un chef, s'ils en rencontrent un. Ils reconnaissent qu'il est une puissance, et ils mettent volontiers leurs forces isolées à sa disposition, parce qu'ils sentent qu'il les conduira à la victoire et au butin.

Toutes les fonctions essentielles du parlementarisme sont exercées uniquement par les chefs des partis. Ce sont eux qui décident, qui luttent, qui triomphent. Les séances publiques sont des représentations sans importance; on fait des discours pour ne pas laisser disparaître la fiction du parlementarisme. Mais très rarement c'est un discours qui a amené une importante résolution parlementaire. Les discours servent à donner à l'orateur notoriété et puissance; mais, en règle générale, ils n'ont pas la moindre influence sur les actions, c'est-à-dire sur les votes des députés. Ces votes sont déterminés en dehors de la salle des séances ; ils sont réglés par la volonté du chef, les intérêts et les vanités des députés, plus rarement et seulement dans les questions importantes, simples et nettement circonscrites, par la pression de l'opinion publique. Ce qu'on dit au cours des débats est absolument indifférent pour leur issue; on pourrait supprimer complètement les discussions et se borner à soumettre à l'épreuve décisive d'un vote les résolutions prises par les partis, conformément à la volonté de leurs chefs.

Le renversement d'un chef de parti parvenu au gouvernement n'est pas causé par les fautes qu'il a pu commettre dans l'exercice de sa puissance et qui ne servent jamais que de prétextes aux attaques dirigées contre lui ; sa chute est due ou à un adversaire plus puissant que lui, ou à la désertion de mercenaires dont le vainqueur n'a pas voulu ou n'a pas pu satisfaire l'avidité, ou bien encore à ces deux causes à la fois. Un changement de ministère, même s'il fait passer le pouvoir des mains d'un parti entre celles d'un parti radicalement opposé, ne change absolument rien aux procédés intérieurs de la vie politique. Les rapports de l'individu et de l'État restent absolument les mêmes ; le citoyen n'a pas besoin de savoir, s'il ne lit aucun journal, qu'un nouveau cabinet et un nouveau parti sont arrivés aux affaires ; les mots libéral et conservateur sont de simples masques pour les vrais mobiles de toutes les luttes, de tous les changements parlementaires : l'ambition et l'égoïsme.

Voilà quelle est la puissance et la multiplicité du mensonge politique de notre temps. Dans beaucoup de pays, le parlementarisme n'est que le paravent derrière lequel se délecte l'absolutisme de la royauté par la grâce de Dieu. Là où le parlementarisme est une réalité, où le parlement règne et gouverne de fait, il ne signifie rien autre chose que la dictature de quelques personnalités s'emparant tour à tour du pouvoir. En théorie, le parlementarisme doit assurer à la majorité une influence prépondérante ; en fait, le pouvoir repose dans la main d'une demi-douzaine de chefs de partis, de leurs conseillers et de leurs acolytes. En théorie, les convictions doivent se former par les arguments que les débats parlementaires produisent au grand jour ; en fait, elles restent hors de l'influence des débats ; elles sont déterminées par la volonté des chefs et par des considérations d'intérêts privés. En théorie, les députés doivent n'avoir devant les yeux que le bien de la nation ; en fait, ils songent avant tout à leurs propres intérêts et à ceux de leurs amis. En théorie, les députés doivent être les meilleurs et les plus sages parmi les citoyens ; en fait, ils sont les plus ambitieux, les plus entreprenants, les plus violents. En théorie, le vote pour un candidat indique que l'électeur le connaît et a confiance en lui ; en fait, l'électeur vote pour un homme dont le plus souvent il ne sait rien, sinon qu'un groupe de tapageurs lui a, durant des semaines corné son nom aux oreilles, en exhibant le personnage. Les forces qui, en théorie, doivent mouvoir la machine parlementaire, sont l'expérience, la prévoyance, le désintéressement ; en fait, ce sont une volonté énergique, l'égoïsme et l'éloquence. Une haute intelligence et un noble caractère succombent sous un adroit bavardage et une inébranlable audace ; la direction des parlements appartient non pas à la sagesse, mais à une opiniâtreté individuelle et à une parole retentissante. Le simple citoyen n'a pas une bribe du droit de souveraineté des peuples, dont le parlementarisme est la sanction. Mon pauvre Jean doit obéir, payer les contributions, se déchirer les coudes contre mille barrières absurdes, tout comme auparavant ; le parlementarisme, avec tout son tumulte et ses agitations, ne devient pour lui un fait sensible que lorsque, le jour du vote, il fatigue ses jambes en se rendant à l'urne, ou quand il constate dans son journal l'envahissement de comptes rendus parlementaires d'ordinaire ennuyeux au détriment d'autres matières plus récréatives.

LE MENSONGE ÉCONOMIQUE

I

Les maux de la civilisation qui s'étendent sur le plus grand nombre d'hommes et de la façon la plus profonde et la plus durable, ce sont les maux économiques. Une foule d'individus ne s'occupent jamais de questions métaphysiques ; Dieu leur est aussi indifférent que la matière ; une encyclique du pape les intéresse aussi peu que la théorie des sélections naturelles ; leur foi et leur science restent également superficielles. La politique aussi laisse froids beaucoup de gens. La foule de ceux qui se soucient fort peu d'être gouvernés au nom d'un monarque ou d'une république impersonnelle est plus grande qu'on ne le croit, tant que l'Etat ne leur apparaît que sous la forme de l'employé de la police, du receveur des contributions et du sous-officier instructeur. Par contre, il n'est pas un homme civilisé qui ne se trouve placé journellement en face des questions de la production et de la consommation. Les phénomènes de la vie économique s'imposent même à l'observateur le moins intelligent. Tout homme qui a conscience de lui-même éprouve des besoins, murmure ou se révolte contre la difficulté ou l'impossibilité de les satisfaire ; il voit avec amertume la disproportion entre sa dépense de travail et les jouissances qu'il peut se procurer ; il établit une comparaison entre sa part personnelle des bienfaits de la nature et des biens dus au travail humain, et la part des autres hommes. On a faim toujours après quelques heures, on est fatigué le soir de chaque journée de travail ; chaque fois qu'on voit un objet qui frappe l'œil par son éclat ou par sa forme agréable, on ressent le désir de le posséder, par suite de l'instinct naturel à faire valoir notre propre individualité à l'aide d'accessoires qui la mettent en relief, la parent et attirent le regard. C'est ainsi que les conditions corporelles nous amènent constamment à réfléchir sur notre situation par rapport au mouvement économique général et à la production et à l'emploi des biens.

Aucun autre sujet ne passionne autant les masses. Au moyen âge, on remuait des millions de gens en leur parlant religion. A la fin du siècle dernier et jusqu'au milieu du nôtre, les peuples s'enflammaient pour le progrès et la liberté politique. La fin du dix-neuvième siècle est dominée par la demande de pain pour la grande majorité. Ce cri est l'unique fond de la politique, qui parfois essaie, par toutes sortes d'intermèdes à effets, de détourner les peuples de la pensée qui les absorbe : tels sont l'excitation des peuples entre eux ou contre certaines classes de la société, les guerres, la colonisation, les expositions, les comédies dynastiques, les bavardages parlementaires, ou de soi-disant réformes. Mais toujours la politique est forcée par la pression de l'opinion publique de revenir à l'unique préoccupation du monde, à la question du gagne-pain. On ne songe plus aujourd'hui à entreprendre des croisades pour la délivrance d'un saint Sépulcre, mais seulement pour la conquête de la Toison d'or nommée le bien-être ; on ne fait plus de révolutions pour des constitutions sur le papier et des mots démocratiques retentissants, mais pour être moins soumis à une dure corvée et pour manger à sa suffisance.

En aucun temps, les contrastes entre le riche et le pauvre n'ont été aussi tranchés, aussi violents que de nos jours. Les économistes qui affirment en tête de leurs œuvres scientifiques que le paupérisme est aussi vieux que l'Humanité, jouent sur les mots. Il y a une pauvreté absolue et une pauvreté relative. La pauvreté absolue est celle où un homme ne peut satisfaire aucunement ou seulement d'une manière insuffisante ses besoins réels, c'est-à-dire ceux qui naissent de ses actes vitaux organiques, où, par conséquent, il ne trouve pas de nourriture, ou ne l'obtient qu'aux dépens du repos et du sommeil dont son organisme a besoin pour ne pas dépérir prématurément. La pauvreté relative, au contraire est l'impuissance de satisfaire des besoins qu'on s'est artificiellement créés, qui ne sont pas des conditions nécessaires de la vie et de la santé, et que l'individu ne ressent et ne comprend qu'en comparant son genre de vie à celui des autres. Chacun se sent pauvre à sa manière : l'ouvrier, s'il ne peut fumer et boire de l'eau-de-vie ; la boutiquière, si elle ne peut s'habiller de soie et s'entourer d'un mobilier superflu ; l'homme des professions libérales, si l'acquisition d'un capital ne peut le délivrer du souci rongeur d'assurer l'avenir de ses enfants ou la sécurité de ses vieux jours. Cette pauvreté est évidemment relative, en ce sens que la boutiquière, par exemple, paraît riche à l'ouvrier, et que le professeur trouverait superbe un genre de vie qui semblerait besoigneux à l'aristocrate élevé dans les habitudes de l'abondance et du raffinement ; mais cette pauvreté est aussi subjective, en tant qu'elle ne réside que dans l'imagination de l'individu et n'entraîne nullement après elle un amoindrissement réel des conditions nécessaires d'existence, et par là un dépérissement de l'organisme. En un mot, ce n'est pas une pauvreté physiologique. Or, le vieux Diogène a déjà montré qu'on peut se trouver fort bien, quand on satisfait facilement les besoins du corps.

Au point de vue d'un homme du dix-neuvième siècle, esclave de toutes les habitudes et de tous les besoins de la vie civilisée, la grande majorité des êtres humains semble avoir toujours été relativement pauvre, aussi loin qu'on regarde dans le passé, et d'autant plus pauvre qu'on s'éloigne davantage du présent. Les vêtements des hommes étaient plus grossiers et moins souvent renouvelés, leur demeure était moins confortable, leur nourriture était plus simple, leur mobilier était plus rare; ils avaient moins d'argent comptant et moins d'objets superflus. Mais cette pauvreté relative est peu touchante. Une pimbêche écervelée pourrait seule trouver affreux qu'une femme d'Esquimau doive se protéger contre le froid au moyen d'un vêtement de peau de phoque en forme de sac, au lieu de recourir à des constructions de soie compliquées et aussi coûteuses que dépourvues de goût. Je doute que le vœu sentimental du bon roi Henri IV, souhaitant à tout paysan d'avoir chaque dimanche sa poule au pot, ait jamais touché ni enthousiasmé de vrais paysans, tant qu'ils ont pu se rassasier de bœuf bouilli. Mais la pauvreté absolue ou physiologique n'apparaît comme phénomène constant qu'à la suite d'une civilisation élevée et malsaine. Dans l'état de nature et même à un degré inférieur de civilisation, elle est inconcevable. Le premier et principal acte vital de chaque être organique, monade ou éléphant, bactérie ou chêne, c'est de chercher une nourriture suffisante. Si cet être ne la trouve pas, il périt. Mais il ne s'accommode pas volontairement de l'insuffisance continuelle de sa nourriture. Cette loi biologique gouverne l'homme comme tous les autres êtres vivants.

L'homme primitif ne se soumet pas humblement à la misère, il lutte contre elle et en triomphe, ou il ne tarde pas à y succomber. S'il est chasseur et que le gibier se retire du terrain où il chasse, il cherche un autre terrain. S'il occupe comme agriculteur un sol improductif, la nouvelle de plaines plus fertiles suffit pour qu'il aille en prendre possession. Si d'autres hommes font obstacle à sa nourriture, il prend ses armes et tue ou il est tué. L'abondance est alors le prix de la force et du courage. C'est ainsi que le torrent de la migration des peuples se déchaîne en passant de contrées ingrates dans les pays du soleil; l'héroïsme d'un Genséric et d'un Attila, d'un Gengiskan et d'un Guillaume de Normandie, a son origine dans leur estomac; sur les champs de bataille les plus sanglants et les plus glorieux que chantent les poètes et dont parle l'histoire, les armes décident la question du dîner.

Bref, l'homme primitif ne souffre pas la vraie pauvreté, c'est-à-dire la faim. Il s'insurge immédiatement contre elle et conquiert l'abondance, ou meurt sous la hache de l'ennemi avant que les privations l'aient consumé lentement.

La pauvreté absolue est également inconciliable avec une civilisation qui n'a pas encore dépassé le point de vue des besoins physiques. Tant qu'un peuple ne connaît que l'agriculture, l'élevage des troupeaux et l'industrie domestique, il peut être pauvre en métal précieux, mais aucun de ses membres n'est dépourvu de moyens d'existence. Quand l'homme perd ses attaches avec la terre nourricière, quand il se sépare du fidèle sillon et ne peut être suivi par la nature, qui lui offre du pain et des fruits, du lait, du bétail, du gibier et des poissons, alors il se cache derrière les murs d'une ville, renonce à sa part du sol, de la forêt et du fleuve ; il ne peut plus prendre de ses propres mains, dans les greniers d'abondance du règne animal et végétal, son nécessaire en nourriture et en boisson ; il est forcé d'échanger les produits de son industrie contre les produits naturels devenus le monopole d'autres. Alors seulement commence, pour une petite minorité, la possibilité d'entasser de grandes richesses, et, pour une classe nombreuse, la possibilité de la pauvreté absolue, de la misère physiologique. Une nation composée de paysans libres n'est jamais pauvre. Elle ne peut le devenir que si le paysan est réduit au servage et qu'un maître lui enlève le produit de son champ ou l'emploie autrement en l'empêchant de cultiver sa terre ; il peut arriver aussi que les villes se multiplient et attirent à elles une grande partie de la nation. La haute civilisation, enfin, condamne à la pauvreté absolue une foule de plus en plus nombreuse, en favorisant l'agrandissement des villes aux dépens de la population rurale, le développement de la grande industrie aux dépens de la production animale et végétale, et en créant un prolétariat qui ne possède pas un seul pouce de terrain, est jeté hors des conditions d'existence naturelles de l'homme, et doit mourir de faim le jour où il trouve fermés les chantiers, les fabriques et les ateliers.

Voilà où en sont les pays de l'Europe occidentale qui passent pour les plus riches et les plus civilisés. Leur population comprend une petite minorité qui vit dans un luxe scandaleux et bruyant et semble saisie, en partie, d'une véritable folie de prodigalité ; puis une grande masse qui ne vit qu'à très grande peine, ou qui, en dépit de tous ses efforts, ne peut parvenir à une existence digne d'un homme. Chaque jour la minorité devient plus riche, la distance entre son genre de vie et celui du peuple devient plus grande, sa situation et son influence dans l'Etat deviennent plus fortes. Quand on parle de la folle prodigalité de millionnaires et de milliardaires contemporains, certains historiens de la civilisation prennent un air capable et citent, avec un sourire de pitié pour une telle ignorance, quelque bouquin latin destiné à prouver que les choses, aujourd'hui, sont loin d'en être au même point que dans la Rome impériale et même au moyen âge ; la disproportion, disent-ils, entre les richissimes et les mendiants, au sein de la même nation, était jadis infiniment plus forte que maintenant. Mais ce n'est là qu'une tromperie de pédants. Des fortunes comme celles d'un Vanderbilt, d'un baron Hirsch, d'un Rothschild, d'un Krupp, etc., des fortunes de cinq cent millions de francs et au delà, étaient inconnues au moyen âge. Dans l'antiquité, le favori d'un despote, un satrape ou un proconsul, après avoir pillé une province ou un pays, pouvait avoir amassé des possessions aussi énormes, mais cette richesse n'avait aucune durée. Elle ressemblait aux trésors dont parlent les contes : on les a aujourd'hui et le lendemain ils ont disparu. Leur propriétaire faisait un court rêve d'où l'éveillait le fer d'un assassin ou une brutale confiscation au profit de son souverain. Il n'y a pas un seul exemple, dans toute l'histoire de l'empire romain et des empires d'Orient, qu'une fortune aussi énorme se transmît de père en fils seulement pendant trois générations, et que son possesseur en jouît en paix. En tout cas, les millionnaires et les milliardaires étaient incomparablement plus rares autrefois qu'aujourd'hui ; en Angleterre, le nombre des particuliers qui possèdent chacun plus de six millions de francs est évalué de huit cent à mille ; le nombre de ceux dont la fortune dépasse un million atteint, dans l'Europe entière — pour ne pas compter les autres parties du monde — au moins le chiffre de cent mille, et vraisemblablement même dépasse de beaucoup ce chiffre. D'autre part, il n'y a eu en aucun temps une telle masse d'individus absolument privés de tout, de pauvres au sens de ma définition donnée plus haut, d'hommes qui ne savent pas le matin ce qu'ils mangeront dans la journée et où ils dormiront le soir. Sans doute, l'esclave dans l'antiquité, le serf au moyen âge, ne possédaient absolument rien, puisqu'eux-mêmes étaient une propriété, une chose; mais on pourvoyait à leurs besoins les plus simples, ils recevaient de leurs maîtres nourriture et abri. Au moyen âge, les gens mal famés, les vagabonds, les charlatans, les bohémiens, les gens errants de toute espèce, étaient complètement déshérités. Ils n'avaient rien qui fût leur propriété; pour eux nulle part le couvert n'était mis; on leur refusait même le droit de regarder les dons de la nature comme existant pour eux aussi. Mais, par la mendicité, le vol et le pillage, ils se délivraient de la misère où la société les emprisonnait systématiquement; le gibet et la roue amenaient plus souvent leur mort que la débilité sénile; c'est rassasiés et joyeux qu'ils s'avançaient ordinairement au pied de la potence.

Le prolétariat actuel des grandes villes n'a pas d'antécédents dans l'histoire; il est un produit de notre temps. Le prolétaire moderne est plus misérable que ne l'était l'esclave dans l'antiquité, car il n'est pas nourri par un maître, et s'il a sur celui-là l'avantage de la liberté, nous devons avouer que cette liberté est surtout celle de mourir de faim. Sa situation n'est pas même aussi bonne que celle de l'homme errant du moyen âge, car il ne possède pas sa gaie indépendance, il ne s'insurge que rarement contre la société, et n'a pas la ressource de s'approprier par le vol ou le pillage ce que l'ordre qui régit la propriété lui refuse. Le riche est donc plus riche, le pauvre est plus pauvre qu'ils ne l'ont jamais été tous les deux dans les temps anciens.

Il en est de même de l'extravagance des riches. On nous rebat perpétuellement les oreilles avec les festins de Lucullus, dont les reliefs nourrissent encore aujourd'hui les historiens amateurs de bric-à-brac anecdotique et les archéologues. Mais il reste toujours à prouver que l'ancienne Rome ait jamais vu une fête coûtant cinq cent mille francs, comme le bal d'un Crésus de New-York dont les journaux ont parlé récemment. Un particulier qui servait à ses hôtes des pâtés de langues de rossignols ou qui faisait présent à une hétaïre grecque de quelques centaines de milliers de sesterces causait à Rome une telle sensation, que tous les satiriques et les chroniqueurs de son temps et de la postérité répètent son nom. Aujourd'hui, personne ne parle des milliers de gens qui payent deux cent cinquante mille francs un service de vieux Sèvres, sept cent cinquante mille francs un cheval de course, ou qui permettent à une courtisane de dissiper un million en une année. Le luxe des orgies de l'antiquité et du moyen âge était un fait isolé et excessivement rare ; il faisait sensation justement à cause de sa rareté. Ce luxe avait, en outre, la précaution de se cacher à l'intérieur d'un cercle social étroit ; la masse déshéritée n'en voyait rien. Aujourd'hui, l'extravagance des riches ne s'enferme pas dans les salons et les salles à manger des maisons particulières, elle se répand avec prédilection dans la rue. Les endroits où se déploie leur magnificence choquante sont les promenades des grandes villes, les théâtres et les salles de concerts, les courses, les stations thermales. Leurs équipages passent partout, en éclaboussant des va-nu-pieds crevant la faim ; leurs diamants semblent ne jeter tous leurs feux que là où ils peuvent aveugler des yeux de prolétaires. Leur prodigalité prend volontiers la presse pour témoin et cherche à s'imposer par le journal à des classes de la société qui n'ont aucune occasion d'observer par leurs propres yeux l'éternel banquet, le continuel mardi-gras des riches. Le prolétaire moderne a ainsi un élément de comparaison qui manquait au pauvre antique. Les prodigalités des millionnaires, dont il est témoin, deviennent la mesure exacte de sa propre misère, qui se révèle mathématiquement à lui dans toute son étendue et sa profondeur. Or, la pauvreté n'est un mal que lorsqu'on la ressent comme tel; les millionnaires accroissent donc les souffrances des prolétaires par l'étalage maladroit et provocateur de leurs orgies. Le spectacle public de leur vie d'oisiveté et de jouissance éveille nécessairement le mécontentement et l'envie des prolétaires, et ce poison moral ronge plus âprement leur âme que les privations matérielles.

Ces privations ne doivent pas être estimées au-dessous de leur valeur. La grande masse des prolétaires, dans les pays civilisés, passe sa misérable vie dans des conditions auxquelles n'est pas soumis un seul animal libre du désert. La demeure du prolétaire des grandes villes est incomparablement plus malpropre et plus malsaine que le gîte des grands fauves, qu'un terrier de blaireau ou de renard. Il est plus imparfaitement protégé que ceux-ci contre le froid; la nourriture du prolétaire est juste suffisante pour ne pas le laisser mourir immédiatement, quoique la mort par la faim soit dans les capitales un événement journalier. Pour calmer la conscience inquiète de ceux qui possèdent, les économistes ont imaginé une phrase qu'ils intitulent pompeusement « la loi de fer des salaires. » D'après cette loi, le salaire quotidien ne s'élève pas beaucoup au-dessus, mais ne reste pas non plus au-dessous de la somme nécessaire, selon les endroits, pour l'entretien de la vie. Cela veut dire que le travailleur peut être sûr d'acquérir sinon l'abondance, du moins de quoi satisfaire ses besoins. Ce serait fort beau s'il en était ainsi. Alors le riche pourrait se dire matin et soir que tout est pour le mieux dans le meilleur des mondes et que personne n'a le droit de troubler, par des gémissements ou des malédictions, sa digestion et son sommeil. Mais, par malheur, la célèbre « loi de fer des salaires » n'est qu'une jésuitique logomachie. D'abord, elle ne s'applique nullement à ceux qui ne peuvent pas du tout se procurer du travail. Pendant le temps où il travaille réellement, le prolétaire ne peut nulle part, dans l'Europe occidentale, gagner de quoi mettre de côté pour le temps du chômage. Il en est donc réduit, pendant une partie de l'année, à la mendicité ou à un lent dépérissement causé par les privations.

La « loi de fer des salaires » n'est pas valable non plus comme mesure du salaire de ceux qui sont réellement occupés. Quel est le minimum dont l'individu a besoin pour la conservation de son existence? Évidemment, ce qu'il lui faut pour pouvoir maintenir son organisme en bon état, et atteindre les limites naturelles de sa vie. Dès qu'il se fatigue plus qu'il n'est salutaire à son organisme, ou n'a pas autant de nourriture, de chaleur et de sommeil que son corps l'exige pour le maintien de sa santé, l'individu est en proie à la misère physiologique. L'excès de travail, en tant que cause de dépérissement organique, équivaut donc à l'insuffisance de nourriture, et celle-ci est synonyme de lente inanition. Si la « loi de fer des salaires » était réellement ce qu'elle prétend être, le journalier devrait au moins, par son travail, pouvoir amener et maintenir son organisme dans l'état que ses dispositions naturelles lui permettent d'atteindre. Mais l'expérience prouve que le journalier ne peut y parvenir nulle part en Europe. L'économiste optimiste fait sonner triomphalement sa « loi de fer des salaires », quand il voit que le journalier, à la fin de chaque journée de travail, ne tombe pas mort de faim, mais se remplit l'estomac de pommes de terre, fume sa pipe, boit son eau-de-vie, et se persuade à lui-même qu'il est rassasié et à son aise. Alors arrive la statistique, montrant que la durée moyenne de la vie du journalier est d'un tiers et, dans beaucoup de cas, de moitié plus courte que celle des individus fortunés de la même nation, qui vivent dans le même climat et sur le même sol. Qui est-ce qui vole aux prolétaires les années de vie auxquelles ils auraient un droit naturel comme fils d'une race et comme habitants d'une région? Quoi, sinon la faim, la misère, les privations, qui lentement minent leur santé et affaiblissent leur organisme! Le salaire suffit donc tout au plus pour sauver le prolétaire d'une mort immédiate par le froid ou la faim, non pour le défendre contre un trépas prématuré, causé par l'insuffisance de la nourriture, de l'habillement et du repos. Les statistiques de morbidité et de mortalité de la population ouvrière stigmatisent la « loi de fer des salaires » comme un impudent mensonge.

Le tableau de l'organisation économique de la société ne serait pas complet, si à côté de l'arrogant millionnaire et du prolétaire condamné à la maladie et à une mort prématurée je ne montrais pas une autre classe d'hommes dénués, qui dans l'ordre économique actuel sont seulement un peu moins mal partagés que l'esclave industriel des grandes villes. Ce sont les lettrés, qui, sans fortune personnelle, ont à gagner leur existence par le travail intellectuel. L'offre, sur ce terrain, dépasse partout effroyablement la demande. Les carrières dites libérales sont partout tellement encombrées, que ceux qui les poursuivent s'écrasent mutuellement et que la lutte pour l'existence prend chez eux les formes les plus cruelles et les plus hideuses. Ces infortunés qui recherchent une situation publique ou privée, un emploi de professeur, un succès comme artistes, écrivains, avocats, médecins, ingénieurs, etc., sont par suite de leur plus haut développement intellectuel susceptibles d'une intensité plus grande du sentiment de leur misère ; leur commerce plus intime avec les gens dans l'aisance oppose continuellement le tableau de la richesse à celui de leur pauvreté ; le préjugé social leur impose un genre de vie qui, sans valoir mieux au point de vue hygiénique, exige d'eux néanmoins des sacrifices incomparablement plus grands que n'en exige celui du prolétaire, et le bien-être, dans leur carrière, est la récompense d'humiliations, de froissements et d'une servitude qui, pour les natures bien douées, sont encore plus douloureux que des privations matérielles. Comme ces hommes souffrent plus fort, ils supportent plus impatiemment aussi que les prolétaires la contrainte de l'ordre économique. L'homme qui possède appelle ceux d'entre eux qui ont lutté sans succès des « déclassés », et il affecte de les mépriser. Mais les déclassés sont l'intrépide avant-garde de l'armée qui assiège l'arrogant édifice social et qui le rasera tôt ou tard.

II

Analysons maintenant dans leurs détails les divers éléments du tableau que nous venons de tracer. Nous y avons vu le riche jouissant sans travailler, le prolétaire condamné au dépérissement physique, et le travailleur intellectuel écrasé par une concurrence meurtrière. Examinons d'abord la minorité riche.

Quelles sont les sources de la richesse de cette minorité? Elle a ou bien hérité sa fortune et se borne à la conserver, ou elle l'a augmentée, ou bien encore elle l'a créée elle-même. Nous parlerons plus tard longuement de l'héritage. Remarquons seulement ici que l'homme est le seul être vivant qui exagère la sollicitude naturelle pour ses descendants. Cette sollicitude est sans doute une des manifestations de l'instinct de la conservation de l'espèce et le complément nécessaire de l'acte de la reproduction ; mais l'homme l'exagère au point de vouloir éviter la nécessité de travailler pour sa subsistance, non seulement à la génération suivante jusqu'à son plein développement, mais encore aux générations les plus éloignées pendant toute la durée de leur existence. L'augmentation des grandes fortunes héritées a lieu dans la plupart des cas sans la moindre participation du possesseur et n'est surtout pas la conséquence de son travail. Les grandes et anciennes fortunes consistent généralement en propriétés immobilières, en terres et en maisons. Or, la valeur du sol et des maisons monte partout d'année en année, et le produit de ces sources de fortune s'accroît avec la civilisation. Les productions de l'industrie deviennent moins chères, les vivres au contraire augmentent constamment de prix ; les logements deviennent toujours plus étroits et plus coûteux. Certains économistes nient l'augmentation du prix des vivres, mais ils ne peuvent soutenir leur dire que par des sophismes. Sans doute, aux époques où le commerce était plus difficile qu'aujourd'hui, les famines étaient plus fréquentes. Une mauvaise récolte pouvait en certains endroits élever les denrées à des prix qui aujourd'hui sembleraient fabuleux. Ces fortes et rapides variations ont cessé, mais le niveau moyen des prix du blé et de la viande monte continuellement; l'exploitation imprévoyante d'immenses étendues de sol vierge en Amérique et en Australie n'arrête pas cette hausse; elle la ralentit seulement un peu. À l'époque peut-être prochaine où l'exploitation outrée aura épuisé aussi les nouveaux continents et où la charrue ne trouvera plus à conquérir aucune terre, le prix des vivres croîtra sans mesure, tandis que d'autre part, par suite des continuels perfectionnements des machines et de l'emploi toujours plus grand des forces de la nature, il ne faut pas s'attendre à voir cesser l'abaissement des prix des produits de l'industrie. Ce double courant de la vie économique, la tendance du prix des vivres à monter, celle du prix des produits de l'industrie à baisser, rend l'ouvrier industriel de plus en plus pauvre, le propriétaire foncier de plus en plus riche. Celui-là doit toujours travailler davantage, produire une masse toujours plus grande de marchandises pour se procurer les produits naturels nécessaires à son entretien; celui-ci peut échanger d'année en année les productions de son sol contre une plus grande masse d'objets industriels. Le prolétaire a de plus en plus de peine à se nourrir suffisamment, le propriétaire foncier a de plus en plus de facilité à gaspiller les produits du travail de celui-ci; le nombre des prolétaires, disons mieux, des esclaves qui travaillent pour le luxe du propriétaire foncier, ne cesse d'augmenter. Ce n'est donc pas le mérite personnel, mais l'organisation défectueuse de la société qui rend toujours plus riche celui qui hérite des terres ou des maisons. Cette organisation met le sol labourable dans les mains d'un petit nombre de propriétaires, et entasse dans les grandes villes les prolétaires dépouillés de leur part de la terre.

On crée des fortunes nouvelles par le commerce, la

spéculation ou la grande industrie. Nous laissons de côté les cas extrêmement rares où le hasard apporte à un individu de grandes richesses, en lui faisant découvrir, par exemple, des mines d'or ou de diamants, des sources de pétrole, etc., que, grâce aux idées régnantes sur la propriété, il peut garder pour lui et exploiter à son profit. Ces cas exceptionnels ont d'ailleurs une valeur théorique, en tant que preuves du manque de justesse d'une autre thèse d'économie politique soi-disant scientifique, à savoir : que le capital est du travail accumulé. Quel travail représente donc un diamant de la grosseur du koh-i-noor, qu'un aventurier du sud de l'Afrique trouve par hasard et vend au prix de plusieurs millions ? Un professeur d'économie politique n'est pas embarrassé de répondre. Le joyau, dira-t-il, est la récompense du travail accompli par l'homme qui s'est baissé pour le ramasser. La science peut accepter une telle explication et se déclarer satisfaite ; mais le bon sens repousse cette prétendue science, imaginée par des imbéciles pour l'usage d'imbéciles, afin de pallier ou d'excuser à l'aide de phrases creuses les injustices de la vie économique.

Le commerce légitime est l'intermédiaire entre le producteur et le consommateur et se fait payer son intervention en mettant au compte du dernier acheteur, sous la forme d'une augmentation de prix, un impôt plus ou moins considérable ; mais, de nos jours, ce commerce ne mène qu'exceptionnellement à de grandes richesses. Trop de gens se contentent de gagner leur vie ou d'acquérir un bien-être modéré, et la concurrence entre les marchands est trop grande pour leur permettre un gain extraordinaire. La tendance générale du commerce, grand ou petit, est de supprimer tous les intermédiaires inutiles, de mettre le plus possible le consommateur en rapport direct avec le producteur, et de réduire l'impôt ajouté par l'intermédiaire, dont il est pourtant impossible en beaucoup de cas de se passer, à une somme qui lui permette tout juste de couvrir ses frais et d'assurer l'entretien de sa vie.

Il en est tout autrement du marchand, s'il réussit à paralyser la libre concurrence ou au moins à l'affaiblir. Celui qui, dans des conditions difficiles ou à travers les dangers, va chercher des marchandises dans l'intérieur de l'Afrique ou chez les populations sauvages de l'Asie, celui-là pourra les vendre avec un très gros gain, car peu d'hommes sont prêts à risquer leur vie ou leur santé pour la richesse. Pendant un certain temps on abandonnera à peu près exclusivement à l'entrepreneur audacieux le terrain qu'il a conquis. Cette exploitation sans concurrence ne durera pas trop, il est vrai, car les dangers diminuent à mesure qu'elle se prolonge, qu'elle est plus connue, et que le pays jusque-là inaccessible tombe sous l'empire de la concurrence générale. Dans vingt ans, dans trente ans, cette source de grandes richesses sera sans doute complètement tarie. On pénétrera dans l'intérieur de l'Afrique, dans l'Asie centrale et en Chine, aussi facilement et aussi sûrement qu'en n'importe quel pays d'Europe ou d'Amérique ; les marchands y élèveront le prix d'achat et abaisseront le prix de vente autant qu'ils pourront le faire sans perte ; le commerce des dents d'éléphants au Congo ou du coton en Chine ne rapportera que de quoi vivre, tout comme la vente paisible du tabac à priser à Landerneau.

On peut encore réaliser des gains exagérés en monopolisant un article indispensable de consommation, de manière que l'acheteur doit ou renoncer à l'article, ou payer le prix exorbitant qu'on en réclame. Mais ce procédé sort du domaine du commerce légitime et constitue une violence que certaines législations (la législation française, par exemple) considèrent comme un accaparement punissable. Cela nous conduit à la seconde source des grandes fortunes, la spéculation.

La spéculation est un des plus intolérables phénomènes morbides de l'organisation économique. Les profonds esprits qui trouvent excellent tout ce qui est ont cherché à la défendre aussi; ils l'ont jugée nécessaire, et se sont même enthousiasmés pour elle. Je vais montrer à ces étourdis panégyristes pour quel principe ils sont entrés en lice. Le spéculateur joue dans la vie économique le rôle d'un parasite. Il ne produit rien, il ne rend même pas, comme le marchand, les services plus ou moins contestables d'un intermédiaire; il se borne à enlever par la ruse ou la violence aux véritables travailleurs la plus claire partie de leur travail. Le spéculateur est un voleur de grands chemins qui, pour une mince indemnité, dépouille littéralement les producteurs de leurs produits, et force les consommateurs à les lui acheter beaucoup plus cher. L'arme avec laquelle il assaille, comme un voleur de grands chemins, producteurs et consommateurs, cette arme est à deux tranchants et se nomme « hausse et baisse. » Voici comment il s'en sert. S'il a pour but de dépouiller le producteur, il vend un jour des marchandises qu'il ne possède pas à un prix inférieur à celui du marché; il promet de les livrer à l'acheteur au bout de quinze jours, d'un mois, de trois mois. L'acheteur, naturellement, s'adresse plutôt au spéculateur qu'au producteur, parce que le premier vend moins cher. Le producteur reste avec sa marchandise et n'a que deux voies possibles. S'il est assez riche pour pouvoir attendre sans dommage le placement de ses produits, le spéculateur ne pourra, au jour fixé, les obtenir à aussi bon marché qu'il l'avait espéré; il sera forcé de consentir aux prix réclamés par le producteur, et le voleur sera volé. Si, au contraire, le producteur est contraint de vendre immédiatement ses marchandises, ce qui est le cas de beaucoup le plus fréquent, il faut qu'il abaisse ses prix jusqu'à ce qu'il trouve des acheteurs ; il doit, en tout cas, demander moins que le spéculateur, et c'est celui-ci qui sera nécessairement l'acheteur, car le consommateur a déjà fait sa commande au spéculateur ; celui-ci obtiendra donc les marchandises à un prix inférieur à celui auquel il les vendra. Le producteur sera peut-être ruiné, mais le spéculateur s'est taillé dans son flanc, comme le Juif de Shakespeare, sa livre de chair.

La razzia est-elle, au contraire, dirigée contre le consommateur, le spéculateur achète toutes les marchandises dont il peut s'emparer aux prix réclamés par le producteur ; il peut le faire sans difficulté, car l'affaire ne lui coûte pas un sou ; il ne paie pas comptant, et ne doit s'acquitter qu'après des semaines ou des mois. Sans rien posséder en propre, sans avoir avancé un centime, le spéculateur est donc devenu propriétaire des marchandises, et quand le consommateur veut se les procurer, il doit les acheter chez le spéculateur au prix réclamé. Le spéculateur prend d'une main l'argent que lui offre le consommateur, il en met dans sa poche une partie aussi forte que possible, et donne le reste au producteur. De cette façon, le spéculateur devient riche et puissant sans travailler, et sans aucun profit pour la collectivité ; il gagne un crédit illimité qui met les capitaux à sa disposition. Si un pauvre diable d'ouvrier veut se rendre indépendant, il a toutes les peines du monde à emprunter la petite somme dont il a besoin pour se procurer ses outils et sa matière première et pour vivre jusqu'à la vente de ses premiers produits; si, au contraire, un audacieux qui a résolu de vivre du travail d'autrui veut faire des achats ou des ventes par spéculation, les producteurs et les consommateurs se mettent à sa disposition sans se faire prier. On se dit que l'on ne court aucun danger, que le crédit consenti n'existe qu'en théorie; le producteur ne donne pas la marchandise, mais seulement l'assurance de la livrer à un jour déterminé et à un prix déterminé, naturellement sous la condition que le prix sera payé comptant; le consommateur, de son côté, n'acquitte pas le prix d'achat, mais donne seulement la promesse de le payer le jour où on lui livrera la marchandise. Ce crédit théorique suffit, toutefois, pour que le spéculateur puisse arriver de rien aux plus scandaleuses richesses.

Chaque travailleur, sans exception, est tributaire du spéculateur. Tous nos besoins sont prévus, tous les objets de consommation sont achetés d'avance à crédit par la spéculation et nous sont revendus au comptant le plus cher possible. Nous ne pouvons manger une bouchée de pain, reposer notre tête sous un toit, placer quelques économies, sans payer contribution au spéculateur sur les céréales, sur les terres et les maisons, sur les valeurs de bourse. L'impôt que nous payons à l'État est suffisamment lourd, bien moins cependant que celui auquel nous soumet la spéculation. On a essayé de défendre la Bourse comme une institution nécessaire et utile. C'est simplement monstrueux. Quoi! la Bourse est utile et nécessaire? S'est-elle donc jamais renfermée dans les limites que lui assigne la théorie? A-t-elle jamais été simplement le marché où l'acheteur de bonne foi rencontre le vendeur de bonne foi, où une demande honnête et une offre sincère se balancent l'une l'autre? Comparer la Bourse à un arbre vénéneux est une image trop faible et incomplète, car elle ne rend sensible qu'un côté de l'action de la Bourse : celle qu'elle exerce sur les idées morales du peuple. La Bourse est une caverne de brigands dans laquelle les modernes héritiers des chevaliers-bandits du moyen âge s'établissent et coupent la gorge aux passants. Comme les chevaliers-bandits, les spéculateurs à la Bourse forment une espèce d'aristocratie qui se fait nourrir grassement par la masse du peuple; comme les chevaliers-bandits, ils s'arrogent le droit de rançonner le marchand et l'artisan ; plus heureux que les chevaliers-bandits, ils ne risquent pas d'être pendus haut et court, s'ils sont surpris dans leur œuvre de coupeurs de bourse.

On se console parfois par l'idée que la spéculation, dans des moments de crise, perd d'un seul coup tout ce qu'elle a ramassé en des années de pillage. Mais c'est une illusion dont se leurre la morale des prédicateurs voulant au bout du crime voir le châtiment comme conclusion. Quand même une crise force un spéculateur à lâcher sa proie, elle ne peut empêcher qu'il n'ait jusque-là, peut-être pendant de longues années, mené une existence scandaleusement magnifique aux frais des membres travailleurs de la communauté. Le spéculateur finira peut-être par perdre sa fortune, mais le champagne qu'il a fait couler à flots, les mets truffés qu'il a mangés, les monceaux d'or qu'il a perdus sur le tapis vert, les heures qu'il a passées chez ses maîtresses, nulle puissance au monde ne les lui reprendra. D'ailleurs, une crise n'est fatale qu'à quelques spéculateurs et nullement à la spéculation en général. Au contraire, les crises sont les grandes fêtes de la spéculation, les occasions d'abattre en masse toute la foule industrieuse et économe d'un peuple ou d'une partie du monde. Alors le gros capital ouvre sa gueule et dévore non seulement le bien-être du public qui cherche un placement, mais aussi l'industrie immorale du petit carnassier de la Bourse, que d'habitude il laisse complaisamment jouer autour de lui, comme le lion la souris. Les grandes baisses sont amenées et exploitées par le gros capital. Celui-ci achète tout ce qui a de la valeur et de l'avenir, il le revend avec un profit énorme, dès que l'orage est passé, et il le revend aux gens mêmes qui précédemment lui ont cédé le papier à des prix dérisoires; puis il l'achète de nouveau à très bon marché dans une autre crise; il renouvelle ce jeu cruel chaque fois que quelques années de travail paisible ont rempli les armoires périodiquement vidées où les producteurs serrent leurs épargnes. Les crises financières sont simplement les coups de piston réguliers par lesquels le gros capital pompe pour ses propres réservoirs l'excédent total du travail d'un peuple.

Les défenseurs de la spéculation disent : le spéculateur a dans le drame économique un rôle légitime ; son gain est la récompense d'une plus grande perspicacité, d'une plus sage prévision, d'un jugement plus rapide et d'une plus grande audace. L'argument mérite que nous le retenions. Ainsi donc, parce que le spéculateur dispose de moyens d'information inaccessibles au grand public, parce qu'il redoute moins les pertes que l'homme honnête qui économise, et parce qu'il évalue les possibilités de toutes sortes plus habilement que celui-ci, il a le droit de dépouiller le travailleur du produit de son travail et d'entasser des richesses tout en restant oisif! Ce droit repose donc sur ce qu'il a de meilleures armes — des informations; un plus grand courage — celui de mettre en jeu l'argent d'autrui ; une force supérieure — celle du jugement et de l'intelligence. Mais alors, admettons un peu que les prolétaires aient encore de meilleures armes — fusils à répétition ou bombes de dynamite ; qu'ils aient encore un plus grand courage : celui de risquer leur vie, et une force encore supérieure : celle des muscles et des os. En ce cas, les défenseurs de la spéculation devront reconnaître aux prolétaires le droit de dépouiller à leur tour les spéculateurs, ou bien la théorie par laquelle ils cherchent à légitimer la spéculation est un mensonge.

La troisième source des grandes richesses est la grande industrie. Dans celle-ci, le possesseur ou usufruitier d'un capital exploite les journaliers qui lui louent leur force de travail. La différence entre la valeur réelle de cette force, telle qu'elle est exprimée par le prix de ses produits, et le salaire qui lui est payé, forme le gain de l'entrepreneur ; et dans la plupart des cas ce gain est disproportionné et usuraire. On définit souvent ce gain : le salaire du travail intellectuel de l'entrepreneur. Voici la réponse : le travail intellectuel qu'exige la direction technique et commerciale d'une grande fabrique ne supporte aucune comparaison avec celui qui est dépensé dans la recherche scientifique ou dans la production littéraire ; il peut tout au plus être mis en ligne avec celui d'un employé supérieur de l'État ou d'un intendant, par conséquent avec le travail de personnes dont l'ordre économique existant est loin de payer les services à un prix équivalent au revenu annuel d'un grand fabricant. On ne peut non plus considérer le gain de l'entrepreneur comme un simple intérêt du capital ; car nul fabricant n'évalue le prix de ses produits de façon qu'après le prélèvement des frais de revient, parmi lesquels je compte le salaire de son propre travail intellectuel, il lui reste le revenu de 4 à 5 0/0 que le capital donne aujourd'hui dans un déplacement sans risques ; au contraire, ce prix est déterminé d'une part par la concurrence des autres fabricants, d'autre part, par l'offre plus ou moins grande de la force de travail. Le fabricant aspire avant tout à payer l'ouvrier le moins possible, et ensuite à tirer de l'acheteur le plus d'argent possible. Si l'affluence d'ouvriers lui permet de les louer à un prix dérisoire, et si l'absence de concurrence ou d'autres circonstances lui permettent de vendre très cher ses produits, il n'hésitera pas un moment pour gagner non pas 4 à 5, mais 100 ou davantage encore pour cent. Les défenseurs de l'exploitation de l'ouvrier par le capitaliste disent que le partage du gain de l'entrepreneur entre les ouvriers appauvrirait certainement le fabricant, mais n'enrichirait pas les ouvriers ; il n'élèverait leur salaire que d'une manière insignifiante, dans beaucoup de cas, de quelques centimes seulement par jour. Bel argument, en vérité ! Ce n'est pas du montant de la somme dont l'ouvrier est rançonné qu'il s'agit ici, mais du fait que celui-ci est rançonné au profit d'un capitaliste. Il est possible que l'ouvrier ne gagnerait quotidiennement que quelques centimes de plus, s'il pouvait conserver pour lui tout le fruit de son travail. Mais de quel droit le contraint-on à faire cadeau, ne fût-ce que de la plus petite partie de son labeur, à un entrepreneur qui a déjà reçu les intérêts de son capital et le salaire excessif de son problématique travail intellectuel ? Imaginez-vous qu'une loi ordonne à chaque habitant de l'empire allemand de verser chaque année un centime à n'importe quel personnage, non comme récompense de services rendus à la communauté, non comme salaire mérité, mais comme simple présent. Le personnage ainsi favorisé recevrait une rente annuelle de près d'un demi-million de francs ; mais chaque contribuable à part ne s'apercevrait pas de ce qu'il a déboursé. Un centime ! c'est si peu de chose, cela ne vaut pas la peine d'en parler. Et pourtant la nation tout entière accueillerait une loi aussi arbitraire, aussi injuste, par un cri d'indignation. Or, la loi économique impose à une partie de la nation, à la plus pauvre, aux prolétaires, un impôt non pas d'un centime, mais, au minimum, de 30 à 40, souvent de 200 à 300 francs par an, au profit de ce même personnage favorisé; ceux qui n'y sont pas soumis trouvent tout cela fort naturel. L'injustice est dans les deux cas exactement la même; mais celle qui est exercée contre le prolétaire se ressent peu ou point parce qu'elle existe depuis des siècles, parce qu'on s'y est habitué, peut-être aussi parce qu'elle n'offre pas la forme paradoxale que doit revêtir une vérité pour pénétrer dans les intelligences fermées.

Nous avons donc vu que dans tous les cas on acquiert la grande richesse en s'appropriant le fruit du travail d'autrui, jamais par son propre travail. Ce travail vous permet en général seulement de subsister, parfois de faire quelques économies pour la vieillesse ou pour le cas de maladie, rarement d'arriver à un modeste bien-être. Des médecins, des avocats, des écrivains, des peintres et des artistes dramatiques peuvent, il est vrai, vendre tellement cher le produit de leur travail, qu'ils se font un revenu annuel pouvant s'élever à un million, et qu'à la fin de leur vie, sans l'aide de la spéculation, sans gain illégitime, ils peuvent avoir amassé une fortune de vingt millions. Mais dans le monde entier on trouve tout au plus deux cents bienheureux de cette espèce, peut-être n'en trouve-t-on pas cent. Et leur richesse même, à y regarder de près, a déjà un caractère parasite, à l'exception de la richesse de l'écrivain. Quand un auteur gagne un million de francs parce qu'il a écrit un livre qui s'est vendu à un million ou à deux millions d'exemplaires, ce million de francs représente un salaire de travail intellectuel que l'Humanité entière paye volontairement et volontiers. Mais quand un peintre vend un tableau cinq cent mille francs, quand un chirurgien en reçoit cinquante mille pour une opération, ou un avocat pour un plaidoyer; ou quand une chanteuse touche vingt mille francs pour une représentation, ces sommes ne sont pas l'expression d'un consentement volontaire de la masse; elles prouvent tout simplement qu'il y a dans le monde une minorité de millionnaires qui, n'ayant pas acquis leurs richesses par le travail, manque de toute mesure pour apprécier la valeur d'une production : ils satisfont leurs caprices sans regarder au prix, ils cherchent à se procurer, en dépit des rivaux, et coûte que coûte, des productions rares, comme tel tableau, le chant de telle artiste, l'assistance de tel médecin ou avocat.

Mais abstraction faite du petit nombre de ceux qui, dans les professions libérales, réussissent d'une manière tout à fait exceptionnelle, il n'existe pas une seule infraction à la règle que les grandes fortunes naissent de l'exploitation d'autrui et qu'elles n'ont absolument pas d'autre origine. Si le bien dont le propriétaire foncier a hérité subit une grande augmentation de valeur, c'est parce que le nombre des ouvriers arrachés à la terre et au sol s'accroît, que l'industrie s'étend de plus en plus, que les grandes villes débordent, que le travail de la société civilisée, dirigé principalement vers l'industrie, fait monter le prix des vivres dans la même mesure qu'il abaisse celui des produits industriels ; en un mot, c'est parce que d'autres individus travaillent, et non pas le propriétaire foncier lui-même. Le spéculateur qui entasse des millions les acquiert par l'abus d'une force supérieure, — que celle-ci se nomme ruse, informations ou relations, — au moyen de laquelle il dépouille ceux qui travaillent et économisent, comme le brigand armé de son tromblon dépouille le voyageur. L'entrepreneur industriel qui devient un crésus le doit à l'exploitation méthodique des travailleurs, qui, comme des animaux domestiques, reçoivent pour leurs travaux pitance et écurie et le plus parcimonieusement possible, tandis que le fruit total de leur travail tombe dans la poche de leur maître. C'est en ce sens qu'il faut comprendre le mot exagéré et par conséquent faux de Proudhon : la propriété c'est le vol. On ne pourrait regarder ce mot comme juste qu'en partant du sophisme que tout ce qui existe existe pour soi-même et puise dans le fait de son existence son droit de s'appartenir à soi-même. Avec une telle manière de voir, on vole le brin de paille que l'on arrache, l'air qu'on respire, le poisson que l'on pêche ; mais l'hirondelle aussi est une voleuse quand elle avale une mouche, comme le ver blanc quand il creuse, pour manger, la racine d'un arbre. La nature, en ce cas, n'est peuplée que d'archivoleurs ; tout ce qui vit, c'est-à-dire tout ce qui prend du dehors et transforme organiquement des matières qui ne lui appartiennent pas, tout cela ne fait que commettre des vols. Un bloc de platine, qui n'emprunte pas même à l'air un peu d'oxygène pour s'oxyder, serait l'unique exemple d'honnêteté sur notre globe.

Non, la propriété qui résulte de l'industrie, c'est-à-dire de l'échange d'une somme déterminée de travail contre une somme proportionnelle de biens, cette propriété n'est pas le vol. Mais le gros capital, c'est-à-dire l'entassement en une seule main de biens qu'un individu, même quand son travail est le mieux rémunéré, ne peut jamais acquérir par sa production propre, ce gros capital constitue toujours un vol commis aux dépens des travailleurs.

La minorité de voleurs pour laquelle la communauté entière travaille est puissamment organisée. Elle a tout d'abord mis complètement au service de ses intérêts la législation, qui depuis des siècles est dans sa main. Devant chaque loi des États civilisés on voudrait s'écrier avec Molière : « Vous êtes orfèvre, monsieur Josse », « Vous êtes un homme riche, monsieur le législateur, ou vous espérez le devenir, et vous déclarez crime tout ce qui pourrait vous empêcher de jouir ou d'abuser de votre fortune. » Tout ce qu'un homme peut s'approprier autrement que par la violence ouverte est sien et reste sien. Lors même que la généalogie d'une fortune remonte au brigandage ou au vol, soit conquête, soit saisie des biens de l'Église, soit confiscation politique de fortunes, le crime devient un titre de possession inattaquable, dès qu'on a su conserver la propriété durant tant et tant d'années. La loi qui met en mouvement le gendarme ne suffit pas au millionnaire. Il prend encore pour alliés la superstition et réclame de la religion une serrure pour son coffre-fort, en introduisant dans le catéchisme une phrase qui déclare la propriété sacrée, la convoitise du bien du voisin un péché punissable par le feu de l'enfer. Il fausse même la morale, afin de la faire servir à ses vues égoïstes, en voulant persuader sérieusement à la majorité qu'il exploite que le travail est une vertu et que l'unique destination de l'homme est de travailler le plus possible. Comment se fait-il que les esprits les meilleurs et les plus honnêtes ont accepté durant des siècles cette absurdité ? Le travail est une vertu ? Par suite de quelle loi naturelle ? Nul organisme dans le vaste monde vivant ne travaille pour travailler, mais seulement dans le but de la conservation personnelle et de celle de l'espèce, et uniquement en tant que ce double but l'exige. On dit bien que les organes ne restent sains et ne se développent que par le travail, et qu'ils dépérissent par l'inaction. Les défenseurs de la morale à l'usage des gros capitalistes empruntent cet argument à la physiologie, mais ils ne disent pas qu'un travail excessif détruit les organes beaucoup plus vite encore que l'absence de tout travail. Le repos, une douce oisiveté, sont infiniment plus naturels, plus agréables et plus désirables pour l'homme, comme pour tous les animaux, que le travail et la fatigue ; car ceux-ci ne sont qu'une nécessité douloureuse pour la conservation de la vie. L'inventeur du conte naïf du paradis biblique l'a compris très clairement ; il fait vivre les premiers hommes dans l'état de bonheur primitif, sans aucune fatigue, et présente le travail qui fait couler la sueur du front comme le dur châtiment de la faute qui a amené la chute de l'homme. La morale naturelle ou zoologique déclarerait que le repos est le mérite suprême, et ne donnerait à l'homme le travail comme désirable et glorieux qu'autant que ce travail est indispensable à son existence matérielle. Mais les exploiteurs n'y trouveraient pas leur compte. Leur intérêt, en effet, réclame que la masse travaille plus qu'il n'est nécessaire pour elle et produise plus que son propre usage ne l'exige. C'est qu'ils veulent précisément s'emparer du surplus de la production ; à cet effet, ils ont supprimé la morale naturelle et en ont inventé une autre, qu'ils ont fait établir par leurs philosophes, vanter par leurs prédicateurs, chanter par leurs poètes : morale d'après laquelle l'oisiveté serait la source de tous les vices, et le travail une vertu, la plus belle même de toutes les vertus.

Sans doute, les exploiteurs se contredisent avec la plus grande irréflexion. Ils évitent soigneusement de se soumettre à leur propre code moral et prouvent ainsi combien ils le prennent peu au sérieux. L'oisiveté n'est un vice que chez les pauvres ; chez les riches, les exploiteurs, c'est l'attribut d'une nature supérieure et le signe distinctif de leur rang élevé. Le travail, que leur morale à double face déclare une vertu, est en même temps, à leur point de vue, une honte, et implique une infériorité sociale. Le millionnaire frappe familièrement sur l'épaule de l'ouvrier, mais l'exclut de son commerce. La société, qui a accepté la morale et la manière de penser des capitalistes, vante le travail en des phrases brillantes, mais assigne au travailleur le rang le plus infime. Elle baise la main gantée et crache sur la main calleuse. Elle regarde le millionnaire comme un demi-dieu, le journalier comme un paria. Pourquoi? Pour deux raisons : d'abord, par suite du contre-coup des idées du moyen âge; ensuite, parce que le travail manuel est dans notre civilisation synonyme de manque d'instruction.

Au moyen âge, l'oisiveté était le privilége de la noblesse, c'est-à-dire de la race supérieure des conquérants; le travail était l'obligation nécessaire du peuple, c'est-à-dire de la race inférieure des vaincus et des assujettis. Par le fait du travail on s'avouait fils des gens qui, sur le champ de bataille, avaient montré une virilité et une force inférieures ; le seigneur, qui pouvait demander son existence à un bien féodal ou à son épée, traitait le travailleur producteur avec le mépris que le blanc éprouve pour le buschimann ou le Papou, et qui est fondé sur la conscience d'une supériorité de race. Aujourd'hui, l'oisiveté et le travail ont cessé d'être des signes distinctifs de ce genre. Les millionnaires ne sont plus les descendants de la tribu conquérante, ni les prolétaires les fils du peuple assujetti. Mais, dans ce cas comme dans bien d'autres, le préjugé historique a survécu aux circonstances d'où il est né, et le riche, qui se fait entretenir par le pauvre et le fait travailler pour lui, voit en celui-ci, de nos jours comme au moyen âge le gentilhomme dans le serf, une espèce d'animal domestique et nullement un véritable homme semblable à lui.

De plus, le travail manuel est dans notre civilisation synonyme de manque d'instruction. L'organisation de la société rend la culture supérieure inaccessible à celui qui ne possède rien. Le fils du pauvre peut à peine fréquenter une école primaire, car il est astreint au travail dès qu'il trouve quelqu'un qui le prend en louage. Voici un exemple de la singularité des institutions existantes.

Les coûteux établissements d'instruction sont entretenus par l'État, c'est-à-dire par les contribuables, par conséquent par les ouvriers, les prolétaires, tout aussi bien que par les millionnaires; mais ils servent seulement à ceux qui sont au moins assez riches pour pouvoir vivre, jusqu'à dix-huit ou vingt-trois ans, sans exercer un métier. Le prolétaire ne peut faire bénéficier son propre fils d'aucune culture supérieure, parce qu'il est trop pauvre pour cela; il doit néanmoins faire étudier à ses frais le fils du riche, puisqu'il paie, lui aussi, les impôts qui servent à entretenir les écoles secondaires et les écoles supérieures. Les Anglais, les Américains, sont logiques jusqu'à un certain point. Leurs établissements supérieurs d'instruction ne sont pas accessibles à tout le monde, mais ils ne deviennent du moins pas un fardeau pour tout le monde; ce sont des entreprises privées ou vivant de dotations. Mais dans les États du continent, conformément au système de l'exploitation du peuple par une petite minorité, l'enseignement supérieur est alimenté par le budget, c'est-à-dire par les contributions de tous, quoique ses bienfaits ne s'étendent qu'à un faible nombre de privilégiés, pas même à un pour cent de la population. Et quels sont ces privilégiés pour qui l'État entretient des écoles secondaires, des collèges, des facultés, au prix de nombreux millions? Sont-ce les plus capables d'une génération? L'État prend-il soin que ceux-là seuls aient accès dans ses établissements scolaires, qui profiteront des leçons de professeurs largement rétribués? S'assure-t-il que des imbéciles ne s'empareront pas de places qui devraient être réservées aux hommes intelligents? Non. Pour l'enseignement supérieur, l'État fait son choix sans égard au droit des écoliers intelligents à une éducation plus forte, et en ne se préoccupant que de leur situation de fortune. Le lourdaud le plus inepte peut se pavaner dans les collèges et les facultés et absorber sans profit pour le bien général la nourriture intellectuelle qui lui est offerte, pourvu qu'il soit assez riche pour payer les frais d'étude; l'adolescent le mieux doué, au contraire, reste exclu de l'enseignement supérieur, s'il n'a pas les ressources nécessaires; il en résulte un grand dommage pour la nation, qui perd peut-être ainsi un Gœthe, un Kant, ou un autre grand homme.

Les maux sociaux et économiques s'enchaînent dans un cercle vicieux sans issue : l'ouvrier est méprisé parce qu'il manque d'instruction, mais il ne peut s'instruire parce que l'instruction coûte de l'argent. Les riches se sont réservé non seulement toutes les jouissances matérielles, mais aussi toutes les jouissances intellectuelles, à l'exclusion des pauvres; les biens les plus sublimes de la civilisation, la culture intellectuelle, la poésie, l'art, existent en fait seulement pour eux; l'instruction est un de leurs priviléges les plus importants et les plus écrasants. Si malgré cela un enfant des basses classes acquiert l'instruction supérieure au prix de privations ou d'humiliations, en mendiant ou en se livrant à des efforts surhumains, s'il obtient des diplômes de l'Université, il ne reprend pas le travail de ses pères; il ne s'applique pas à briser le préjugé qui assigne au travail manuel le dernier rang dans la société; il pourrait le faire en offrant l'exemple d'un homme exerçant un travail manuel et n'en étant pas moins au même niveau de culture intellectuelle qu'un employé qui barbouille du papier ou un professeur pédantesque; mais non : il se hâte de consolider le préjugé en méprisant, lui aussi, le travail manuel, en recherchant une place dans les rangs des privilégiés et en tâchant de se faire nourrir, comme les autres membres des hautes classes, par le peuple travailleur. Il y a des métiers manuels qui, avec quelque habileté, peuvent rapporter sans peine près de 4,000 francs par an; d'autre part, les neuf dixièmes des positions au service de l'État, de la commune, dans les chemins de fer et le commerce, ne donnent pas, avec une indépendance personnelle infiniment moindre, un revenu annuel de plus de 3,000 francs. Le lettré préfère pourtant sans hésiter les 3,000 francs avec l'esclavage du bureau, aux 4,000 francs avec la liberté. C'est que, comme employé, il appartient aux privilégiés, à la confrérie des philistins de l'instruction, tandis que, comme ouvrier, il est en dehors des castes de la haute société; il est regardé comme un barbare qui ne respire pas la même atmosphère intellectuelle que l'homme cultivé. Il en serait autrement le jour où un lettré se mettrait à l'établi, où l'on rencontrerait avec un Horace dans la main un homme en tablier de cuir, où l'élève qui a terminé ses études, devenu forgeron ou cordonnier, pourrait, sa journée finie, bavarder dans un cercle esthétique tout comme un référendaire ou un surnuméraire de chancellerie. Le travail honnête a en soi la même dignité, soit qu'il ait pour objet la confection de paletots ou la création de voies ferrées; à culture intellectuelle égale, l'ingénieur, sa journée finie, n'a pas le moindre avantage à réclamer sur le tailleur. Mais le lettré ne fait rien pour amener ce sage état de choses; il laisse la blouse demeurer l'uniforme de la rusticité, et plutôt que de s'en revêtir et de manger à son appétit, il préfère souffrir la faim sous un pardessus râpé.

Il résulte de là un des côtés les plus graves de la question sociale : l'encombrement de toutes les professions libérales.

Par suite des idées régnantes, le lettré s'estime trop haut pour entrer dans la couche la plus profonde de la société, dans la classe ouvrière, celle des travaux manuels ; il réclame de la société qu'elle le nourrisse comme un seigneur. Mais la société n'a qu'un besoin limité du genre de travail qu'accomplit le lettré, et c'est ainsi que, dans les vieux pays civilisés, la moitié au moins des lettrés est condamnée à espérer et à convoiter pendant toute sa vie sans rien obtenir, à lutter pour une maigre bouchée au risque de mourir de faim, à voir la table des privilégiés qui festoient, et à se serrer le ventre. Des philanthropes ont regardé la guerre et la peste comme des bienfaits, parce qu'elles font de la place et permettent aux survivants de meilleures conditions d'existence ; les mêmes philanthropes ont regardé l'instruction comme un mal et la multiplication des écoles moyennes et supérieures comme un attentat au bonheur du peuple, parce qu'il en résulte une augmentation du nombre des déclassés, des mécontents, des faiseurs de barricades et des pétroleurs.

Dans l'état actuel des choses, ces philanthropes n'ont pas tort. Aussi longtemps que le lettré se sentira humilié par le travail manuel, parce que l'ouvrier est méprisé ; aussi longtemps qu'il verra dans son diplôme une lettre de change tirée sur la société pour qu'elle assure son existence, et qu'il se croira autorisé par son instruction à vivre en écornifleur des riches : aussi longtemps son instruction le rendra, cinq fois sur dix, beaucoup plus malheureux qu'il ne l'aurait jamais été sans elle, en vivant comme ouvrier ou même comme journalier. Il n'y a qu'un remède : c'est de rendre à l'instruction son rôle naturel. Elle doit être son propre but. Il faut arriver à comprendre que l'instruction en soi est une récompense suffisante de l'effort qu'on fait pour l'obtenir, que l'on n'a pas le droit d'attendre une autre récompense encore, et que l'instruction ne nous dispense pas du travail productif. L'homme cultivé a une conscience plus riche et plus complète de sa personnalité, il comprend mieux les phénomènes du monde et de la vie; les beautés artistiques et les jouissances intellectuelles lui sont accessibles; son existence, en un mot, est incomparablement plus large et plus intense que celle de l'ignorant. Il y a de l'ingratitude à demander à l'instruction, outre l'enrichissement inappréciable de la vie intérieure, le pain matériel; il faut l'obtenir par le travail des mains. Mais si, d'une part, le lettré ne devrait pas mépriser la production directe des biens, la société, d'autre part, devrait rendre accessible à tous l'instruction dans la mesure de leurs capacités. L'école obligatoire n'est qu'un faible commencement. Comment veut-on contraindre des parents pauvres à envoyer leurs enfants à l'école jusqu'à l'âge de dix ou de douze ans, s'ils ne sont pas en état de les nourrir et de les vêtir, et s'ils sont forcés de les faire travailler pour contribuer à leur entretien? Est-il juste, est-il logique que l'État dise : « Tu apprendras à lire et à écrire, mais tu ne pourras aller plus loin! » Pourquoi l'obligation de fréquenter l'école se borne-t-elle aux classes élémentaires? Pourquoi ne s'étend-elle pas à l'enseignement supérieur? Ou bien l'ignorance est une infirmité dangereuse non seulement pour l'individu, mais aussi pour l'ensemble des citoyens, ou bien elle n'en est pas une. Si elle n'en est pas une, pourquoi contraindre les enfants à l'enseignement élémentaire? Si elle en est une, pourquoi n'y pas remédier aussi complètement que possible par une instruction plus étendue? La connaissance des lois de la nature n'a-t-elle pas autant d'importance que celle de la table de Pythagore? Le futur électeur, qui aidera aux destinées de sa patrie, n'a-t-il nul besoin d'être versé dans l'histoire, dans la politique et dans la science économique? Peut-il tirer de l'art de la lecture qu'on lui a appris toute son utilité, si on ne le conduit pas jusqu'à la compréhension des chefs-d'œuvre en vers et en prose de sa littérature? Car cela suppose au moins une instruction scolaire moyenne. Pourquoi alors ne pas étendre l'obligation aussi à l'école moyenne? L'obstacle est purement matériel. L'homme pauvre, qui a déjà tant de peine à nourrir son enfant jusqu'à ce qu'il ait quitté l'école primaire, ne pourrait pas subir le fardeau de son entretien jusqu'à un âge plus avancé encore, jusqu'à l'âge de dix-huit ou de vingt ans. Il est contraint d'utiliser aussitôt que possible le travail de son enfant. Pour que l'instruction scolaire moyenne devînt aussi générale que l'instruction élémentaire, il faudrait que le travail de la jeunesse des écoles fût organisé comme dans certains établissements des États-Unis, où les élèves pratiquent, à côté de l'étude, l'agriculture et les métiers manuels avec un succès suffisant pour pouvoir se nourrir du produit de leur travail (soutenus d'ailleurs qu'ils sont par des fondations philanthropiques); ou, ce qui serait infiniment plus logique et meilleur, il faudrait que la communauté se chargeât non seulement de l'instruction, mais aussi de l'entretien matériel de la jeunesse studieuse.

« Ce serait du pur communisme! » s'écrieront avec terreur les partisans de cet égoïsme organisé qu'on nomme l'ordre économique existant. Je pourrais les rassurer en disant : Non, ce ne serait pas du communisme, ce serait la solidarité. Mais je dédaigne de jouer sur les mots. Eh bien, oui! ce serait un peu de communisme. Mais ne sommes-nous pas déjà en plein communisme? N'est-ce pas du communisme, que l'État s'occupe de l'instruction gratuite de tous les enfants de six à douze ans? La nourriture intellectuelle n'est-elle pas aussi une nourriture? Ne coûte-t-elle pas de l'argent? N'est-ce pas la collectivité des citoyens qui apporte cet argent?

Et l'armée? Ne repose-t-elle pas sur le pur communisme? La collectivité n'entretient-elle pas toute une génération de jeunes gens de vingt à vingt-trois ans, en lui donnant non seulement la nourriture intellectuelle, mais aussi la nourriture matérielle, le logement et le vêtement? Pourquoi serait-il plus difficile ou plus déraisonnable d'entretenir aux frais communs un million d'enfants pendant toute la durée des classes jusqu'à l'Université, plutôt qu'un demi-million de jeunes gens pendant le temps du service militaire? Les frais n'en seraient pas plus grands que ceux de l'entretien de l'armée. L'armée n'est pas plus importante pour la sécurité et la prospérité d'une nation que ne l'est l'éducation supérieure de la génération qui grandit. D'ailleurs, pourquoi ne poursuivrait-on pas les deux buts à la fois? Pourquoi ne pas vêtir et nourrir, aux frais de l'État, toute la jeunesse mâle jusqu'à sa dix-septième ou dix-huitième année, et lui donner en même temps l'instruction élémentaire et moyenne, et l'instruction militaire? Le travail national aurait les bras plus précieux d'ouvriers de vingt à vingt-trois ans au lieu des bras moins coûteux d'enfants ; le bénéfice qu'on en retirerait suffirait à couvrir la dépense supplémentaire que nécessiterait une armée d'écoliers, à la place de l'armée actuelle, dont les forces en plein développement sont condamnées pendant plusieurs années à rester improductives.

Un tel système, pour être complet, implique encore une autre institution. Chaque intelligence n'est pas apte à recevoir une instruction supérieure ou savante. Si l'État entretient toute la jeunesse des écoles et rend l'instruction accessible même aux plus pauvres, il doit veiller à ce que ce bienfait ne s'étende qu'à ceux qui en sont dignes et qui en profiteront. A la fin de chaque année scolaire il fait des concours de plus en plus sévères pour chaque degré ; les élèves qui en sortiraient vainqueurs auraient seuls le droit d'entrer dans les établissements d'instruction supérieure. De cette façon, celui qui n'est pas doué quitterait l'école avec un bagage léger de connaissances, mais suffisant pour sa capacité ; celui qui est médiocrement doué aurait une part du savoir ou tout le savoir de l'école moyenne ; celui-là qui est très doué serait seul admis dans les facultés ou les écoles spéciales scientifiques, techniques ou artistiques. De cette manière l'instruction supérieure deviendrait le patrimoine commun du peuple entier au lieu d'être le privilége du riche ; la blouse de l'artisan ne serait plus alors synonyme de grossièreté, et le lettré ne se compromettrait en rien s'il demandait ses moyens d'existence à la production immédiate. On empêcherait l'encombrement des professions libérales par des médiocrités arrogantes ; le vrai talent aurait dû donner, dans une douzaine de concours, des preuves de plus en plus difficiles de ses aptitudes, et il trouverait dans son diplôme une absolue garantie d'un gain honorable ; les déclassés disparaîtraient, la misère en redingote noire cesserait ; bref, une des plaies les plus dangereuses du corps social serait guérie.

A côté de la minorité des riches oisifs, qui vivent du travail des autres, et du groupe des inutiles qui croient pouvoir tirer d'un diplôme quelconque le droit de vivre en parasites, nous avons vu l'ouvrier industriel arraché au sol qui le nourrit naturellement. Quelle lamentable figure au milieu de notre civilisation tant vantée que celle de ce prolétaire, quelle critique terrible de notre état social ! On cite souvent les lignes dans lesquelles La Bruyère décrit le paysan-serf français de son temps : « On voit certains animaux farouches, des mâles et des femelles, répandus par la campagne, noirs, livides et tout brûlés du soleil, attachés à la terre qu'ils fouillent et qu'ils remuent avec une opiniâtreté invincible ; ils ont comme une voix articulée, et quand ils se lèvent sur leurs pieds, ils montrent une face humaine, et, en effet, ils sont des hommes. Ils se retirent la nuit dans des tanières, où ils vivent de pain noir, d'eau et de racines ; ils épargnent aux autres hommes la peine de semer, de labourer et de récolter pour vivre, et méritent ainsi de ne pas manquer de ce pain qu'ils ont semé. » La description convient au journalier de notre époque. Misérablement nourri, réduit principalement à des pommes de terre et à des débris de viande sous forme de saucisses, empoisonné de mauvaise eau-de-vie à laquelle il demande l'illusion d'un sentiment de force et de satiété, mal habillé, portant un costume particulier qui le désigne déjà de loin comme un pauvre, un déshérité ; condamné à la malpropreté par le manque de temps et d'argent, il se confine dans les coins les plus sombres et les plus sales des grandes villes. Non seulement il n'a aucune part des aliments supérieurs que produit la terre, mais la lumière et l'air, qui pourtant semblent exister en masse illimitée pour tous les êtres vivants, lui sont ou mesurés de la manière la plus chiche ou complètement refusés. Sa nourriture insuffisante et sa dépense immodérée de forces l'épuisent de telle sorte que ses enfants deviennent rachitiques et que lui-même succombe à une mort prématurée, précédée trop souvent d'une longue maladie. Son habitation malsaine le rend infailliblement victime, lui et sa progéniture, des scrofules et de la tuberculose. Il ressemble au prisonnier perdu dans des marécages pestilentiels, que la contagion frappe du premier coup. Sa situation est pire que celle de l'esclave dans l'antiquité ; il est aussi écrasé que lui, aussi dépendant de ses maîtres, mais il ne peut même pas compter, en échange de sa liberté, sur l'écurie et la nourriture assurées à l'animal domestique tout le temps qu'il vit ; il a de plus que son antique compagnon d'infortune le supplice de connaître sa dignité d'homme et ses droits naturels. Sa situation est pire aussi que celle du sauvage qui erre dans les forêts vierges de l'Amérique ou dans les pâturages de l'Australie. Il est réduit comme le sauvage à ses seules forces, il vit comme lui au jour le jour, il est en proie à la faim si, pendant quelques heures, il n'a rien attrapé ; il est en outre privé de la vive jouissance que procure le plein exercice de toutes les forces physiques et intellectuelles dans la lutte contre les obstacles naturels, les animaux et les hommes ; il doit enfin céder à l'État, qui n'a pour lui que des chaînes et des coups, une part importante de son travail, déjà beaucoup trop insuffisant pour lui-même. La civilisation, qui lui a promis la liberté et le bien-être, ne lui a pas tenu parole, à lui seul. Il est exclu de ses biens les plus précieux. L'hygiène moderne, qui rend si agréable l'habitation de l'homme fortuné, n'a point pénétré dans sa tanière ; il voyage plus incommodément dans la quatrième classe des wagons de chemins de fer qu'autrefois il voyageait à pied ou dans un chariot couvert d'une bâche et attelé d'une haridelle ; les découvertes de la science n'arrivent pas jusqu'à son intelligence ; les manifestations des beaux-arts, les chefs-d'œuvre poétiques de sa langue ne lui procurent aucun plaisir, parce qu'il n'est pas élevé pour les comprendre ; la machine même, qui devait être un bienfait pour lui, a plutôt aggravé qu'allégé son esclavage.

C'est à coup sûr un grand acheminement vers le bonheur de l'Humanité, que de pouvoir contraindre les forces de la nature à l'accomplissement de tout le travail grossier ; la partie essentielle et élevée de l'homme, ce ne sont pas ses muscles, c'est son cerveau. Pour la force, l'homme est inférieur au bœuf et au mulet, et lorsqu'on ne lui demande qu'un travail mécanique, on l'abaisse au rang de la bête de somme. Seulement, jusqu'ici la machine n'est pas devenue le sauveur, le rédempteur, le libérateur de l'ouvrier, elle a aidé au contraire à l'asservir. En effet, n'ayant aucune part au sol et étant par conséquent dans l'impossibilité d'arracher directement à la nature la part de produits qui lui est nécessaire, il est contraint après comme avant à mettre sa force musculaire au service exclusif de l'industrie, et il tombe au rang de concurrent humble, faible et imparfait de la machine.

Il ne ressent la solidarité de l'espèce humaine que par les nombreux devoirs qu'elle lui impose, tandis qu'elle lui accorde à peine un droit. S'il ne trouve pas l'emploi de sa force ou si la maladie ou l'âge le retiennent dans l'inaction, la société, sans doute, se charge de lui, elle lui fait l'aumône s'il mendie, elle le couche dans un lit d'hôpital s'il a la fièvre ; elle le place parfois dans une maison de refuge, si la vieillesse l'accable ; mais avec quelle mine maussade et désagréable elle remplit ses devoirs ! Elle offre à son pensionnaire malvenu plus d'humiliations que de bouchées de pain ; tandis que, d'une part, elle apaise sa faim et couvre sa nudité, elle déclare, d'autre part, que c'est la plus grande honte d'accepter des bienfaits de sa main, et elle montre le plus grand mépris pour le malheureux qui fait appel à sa bonté. Épargner soi-même pour les jours de chômage, de maladie et de vieillesse, c'est chose impossible au prolétaire. Il ne gagne pas le nécessaire : comment pourrait-il encore mettre de côté? Il ne peut songer à réclamer pour sa journée de travail un prix qui lui assurerait plus que la satisfaction de ses besoins les plus pressants, car le nombre des déshérités est trop grand, et ce nombre augmentant toujours, le prolétaire trouvera nécessairement des concurrents qui se contenteront d'un salaire suffisant pour ne pas mourir tout de suite de faim. Le prolétaire ne peut absolument rien y changer. Il ne lui sert à rien d'être aussi actif que possible, de déployer toutes ses forces ; il ne réussira jamais qu'à satisfaire strictement ses besoins les plus pressants : sans compter que le minimum du salaire repose déjà sur l'exploitation extrême de la capacité de travail de l'ouvrier. Au contraire: plus le prolétaire travaille, plus il empire sa situation. Cela semble paradoxal, c'est pourtant absolument vrai. Si le travailleur produit davantage, le prix de son produit baisse et son salaire reste le même, quand il ne diminue pas ; en surmenant ses forces il gâte donc lui-même son marché et déprécie son travail. Ce fait ne se produirait pas, si la production de la grande industrie était déterminée par la demande. Alors il ne pourrait jamais y avoir excès de production, l'abondance des biens n'en diminuerait pas la valeur ; pour plus de travail, l'ouvrier recevrait un plus haut salaire. Mais les capitalistes faussent le jeu naturel des forces économiques. Un entrepreneur crée une fabrique et fait confectionner des marchandises, non parce qu'il a la conviction qu'elles répondent à un besoin, mais parce qu'il possède un capital, cherche à en tirer des intérêts et connaît un voisin que sa fabrique a enrichi. Le caprice individuel ou le manque d'intelligence se substituent aux lois économiques et le marché est encombré par la surabondance des produits, parce qu'un individu a, dans la chasse aux millions, poursuivi une fausse piste. Sans doute, l'erreur est punie ; l'entrepreneur abaisse ses prix jusqu'à ce qu'il succombe ; tous les autres fabricants du même article tombent avec lui, et sur toute une branche de productions se déchaîne une crise locale ou générale. Mais la véritable victime, c'est le prolétaire, qui, jusqu'à ce que l'entrepreneur ait épuisé son capital et ne puisse aller plus loin, a dû travailler de plus en plus en échange d'un salaire de plus en plus faible, et qui, au dénouement de la lutte inégale entre la demande et l'offre, manque même plus ou moins longtemps de pain.

Voici donc en résumé le rôle du prolétaire et celui de l'entrepreneur dans la grande industrie : le premier rend possible à l'autre l'entassement de puissants capitaux ; les capitaux cherchent un emploi et croient le trouver dans la création de nouvelles fabriques ; il en résulte un excès de production et une âpre concurrence, dont la conséquence naturelle est l'abaissement du prix et du salaire ; enfin éclate la crise, qui prive les ouvriers de leur travail. Ainsi l'esclave industriel rend son maître riche ; en échange de cela on lui rogne d'abord son pain, et finalement on le lui enlève. Ne voilà-t-il pas une belle démonstration de la justice de la situation économique actuelle ?

III

La première question qui s'impose maintenant à nous est celle-ci : la situation économique est-elle nécessairement ce qu'elle est? Est-elle la conséquence d'une loi naturelle irrévocable, ou bien celle de la folie et de l'étroitesse des vues humaines ? Pourquoi une minorité a-t-elle la jouissance de tous les biens, qu'elle n'a même pas contribué à produire ? Pourquoi une classe comprenant des millions d'hommes est-elle condamnée à la faim et aux privations de toutes sortes ? Nous touchons ici au point le plus grave du problème. Il s'agit de savoir si les pauvres ont faim parce que la terre ne produit pas pour eux de nourriture en quantité suffisante, ou parce que la nourriture, bien qu'existante, ne parvient pas jusqu'à eux. Eh bien ! Nous pouvons repousser absolument la dernière alternative. Si les ressources alimentaires existaient pour tous en quantité suffisante et de bonne qualité, la part qui en reviendrait au pauvre, mais qu'il ne peut se procurer, devrait rester sans emploi. Or, l'expérience prouve qu'il n'en est nullement ainsi. Chaque année consomme son entière récolte de céréales et de plantes nutritives de tout genre ; quand vient la nouvelle récolte, la précédente est presque toujours épuisée, sans que dans l'année écoulée l'Humanité entière ait pour cela mangé chaque jour son content. Jamais encore on n'a entendu dire que le blé ait été abandonné aux vers, faute de trouver un emploi, et jamais encore la viande ne s'est gâtée, faute d'acheteurs. Sans doute, les riches gaspillent plus de choses qu'il ne leur en faut pour leurs besoins et qu'ils n'en obtiendraient si les exigences de leur organisme étaient prises pour règle ; mais parmi ces choses, les plus essentielles, les aliments, occupent la plus petite place. Le millionnaire dissipe le travail de l'homme pour ses caprices, son arrogance ou sa vanité ; il jette des vêtements qui sont loin d'être hors d'usage ; il fait construire des maisons d'une étendue inutile et les remplit de meubles superflus ; il enlève des hommes à la production utile et les maintient dans l'oisiveté vicieuse de laquais ou de dames de compagnie ou dans l'activité factice de cochers, de chasseurs, etc. ; mais pour ce qui est des objets alimentaires, il en consomme tout au plus quatre fois autant (en supposant la maison la plus désordonnée) qu'il serait nécessaire pour la satisfaction de ses besoins. Admettons qu'il y ait dans le monde civilisé un million de tels dissipateurs ; avec les membres de leurs familles, ils formeraient cinq millions d'individus ; ces cinq millions consommeraient de la nourriture pour vingt millions, c'est-à-dire, outre leur part naturelle, celle de quinze millions d'autres hommes. Cela pourrait expliquer que quinze millions ne peuvent rien trouver pour eux, ou que trente millions ne peuvent trouver que la moitié de ce dont ils ont absolument besoin. Mais on peut évaluer avec certitude le nombre des malheureux et des meurt-de-faim, dans l'Europe seule, au double, à soixante millions. Il ne reste donc que l'autre hypothèse : c'est que la terre ne produit pas de nourriture suffisante pour tous et que par cette raison une partie de l'Humanité est condamnée sans merci à la misère.

Cela résulte-t-il de circonstances naturelles ? La terre ne produit-elle pas plus de nourriture parce que cela lui est impossible ? Non. Elle ne donne pas de nourriture parce qu'on ne la lui demande pas. Quand la morale des capitalistes se trouva en face du problème de la disproportion entre les bouches affamées et les matières alimentaires existant pour les rassasier, elle ne chercha pas longtemps une solution ; elle ne tarda pas à trouver un brave Malthus disant avec désinvolture : « La terre ne peut plus nourrir la foule des êtres humains? Eh bien ! il n'y a qu'à diminuer cette foule. » Et il se mit à prêcher l'abstinence sexuelle, mais seulement pour les pauvres. Un peu plus, il aurait proposé de châtrer tout individu qui n'est pas né avec des rentes et de réformer l'Humanité sur le modèle des sociétés de fourmis ou d'abeilles, où un petit nombre d'individus possèdent le privilége de la procréation, tandis que la grande masse n'a pas de sexe ; elle a seulement le droit de travailler pour les individus complètement développés. Dans un pareil ordre social rien ne manquerait plus au bonheur des millionnaires. Renversez la proposition et dites : « La quantité des aliments ne suffit plus pour les hommes ? Eh bien ! il faut l'augmenter ; » voilà une idée qui n'est venue ni au pieux Malthus, ni à ceux qui se sont fait l'écho de ses paroles ; et pourtant on pourrait croire que ce remède aux maux économiques est tout simple. Un homme possédant son bon sens oserait-il prétendre qu'il est impossible d'augmenter la production alimentaire de la terre? En ce cas, quelques chiffres le convaincraient bien vite. L'Europe nourrit, sur 9,710,340 kilomètres carrés, 316,000,000 d'habitants; c'est-à-dire qu'elle les nourrit très incomplètement, car elle va chercher dans l'Inde, au Cap, en Algérie, dans l'Amérique du Nord et au continent australien, du blé et de la viande en grande quantité, en exportant elle-même, comme denrées alimentaires, tout au plus du vin, des sardines et un peu de farine ; en dépit de ces emprunts, elle laisse une grande partie de sa population mourir de faim. L'Europe, envisagée dans son ensemble, se montre donc en apparence incapable de nourrir suffisamment trente-deux êtres humains par kilomètre carré. Mais la Belgique entretient 5,536,000 habitants sur 29,455 kilomètres ; dans ce pays, un kilomètre carré suffit donc complètement à nourrir cent êtres humains ; c'est plus de six fois le nombre moyen que nous avons trouvé pour toute l'Europe. Si le sol de toute l'Europe était travaillé comme celui de la Belgique, il pourrait, au lieu de ses 316 millions d'êtres humains, en nourrir 1,950 millions, beaucoup plus que n'en renferme aujourd'hui l'Humanité tout entière ; ou si elle comptait seulement ses 316 millions, il devrait y avoir pour chaque individu six fois autant de nourriture qu'il peut en consommer largement.

On peut objecter que la Belgique, précisément, ne suffit pas à ses besoins et doit importer des subsistances. Soit : admettons que la Belgique achète à l'étranger un bon quart de la nourriture dont elle a besoin. Elle nourrit toujours encore 150 êtres humains par kilomètre carré, ce qui donnerait, pour toute l'Europe, 1,458 millions ; c'est toujours plus que n'en compte l'Humanité tout en-entière. Prenons un autre exemple. La Chine, sans ses dépendances, mesure 4,024,890 kilomètres carrés, habités par 405 millions d'êtres humains. Le kilomètre carré nourrit donc plus de cent hommes, et d'une façon complète, car la Chine, loin d'importer des aliments, vend de grandes quantités de riz, de conserves, de thé, etc. Aussi la Chine, au témoignage unanime de tous les voyageurs, ne connaît la faim et la misère que dans les années de disette, ce qui s'explique par le système imparfait des communications et non pas par un déficit alimentaire de tout l'empire. Si l'Europe donc était cultivée seulement comme la Chine, elle pourrait nourrir environ 1,000 millions d'hommes, au lieu des 316 millions qui s'y trouvent si mal, que des centaines de milliers d'entre eux émigrent chaque année pour les autres parties du monde.

Et pourquoi n'exige-t-on pas davantage du sol, puisque l'expérience prouve qu'il peut y répondre complètement ? Pourquoi ne s'efforce-t-on pas de produire assez de nourriture pour que tous les hommes puissent nager dans l'abondance ? Il n'y a qu'une seule raison : c'est parce que le capitalisme a donné à notre civilisation un développement faux et contre nature. Toute civilisation porte l'homme à l'industrie et au commerce, et le détourne de la production alimentaire. La physiocratie enseigne que la seule véritable richesse d'un pays consiste dans les produits de son sol ; cette prétention est, depuis un siècle, traitée d'erreur par la science économique officielle, qui s'est mise au service de l'économie égoïste et capitaliste. Le fils de la campagne renonce à la motte de terre, à la liberté, à la surabondance de lumière et d'air, pour s'élancer dans les prisons mortelles de la fabrique, des quartiers ouvriers des grandes villes ; de même l'Humanité civilisée s'arrache, considérée dans son ensemble, de plus en plus au champ nourricier et se parque dans la grande industrie, où elle étouffe et meurt de faim.

Tout le génie de l'Humanité, sa force d'invention, ses méditations, sa ténacité à faire des recherches et des essais, tout est appliqué à l'industrie. Nous en voyons les résultats : les machines deviennent de plus en plus merveilleuses, les méthodes de travail de plus en plus achevées, la production de plus en plus grande. Quant à la production alimentaire, pas un génie inventeur sur cent ne s'en occupe. Si cette production était seulement l'objet de la moitié des recherches et du talent que l'on consacre à la production industrielle, la misère serait inconcevable sur terre. Mais cette branche si importante de l'activité humaine est précisément négligée à un tel point qu'on en reste stupéfait. Nous sommes des êtres hautement civilisés sur le terrain industriel, et complètement barbares en matière de culture. Nous sommes fiers, à bon droit, de pouvoir utiliser dans la fabrication, avec une sagacité étonnante, même des déchets en apparence absolument sans emploi; mais nous laissons perdre la moitié des déchets de l'alimentation humaine; le contenu des égouts des villes va se perdre dans les fleuves pour les empoisonner ainsi que la mer, qui, sous forme de poissons et de crustacés, ne nous rend pas un millième de ce qu'elle reçoit de nous.

Ce gaspillage de millions de tonnes des résidus les plus précieux est à la fois déplorable et risible, si on le compare aux soins avec lesquels on pèse chaque gouttelette d'acide sulfurique dans la fabrication des produits chimiques, et à l'empressement qu'un inventeur met à prendre un brevet, s'il a réussi à imaginer un procédé permettant l'utilisation de quelque balayure de fabrique. Nous nous vantons d'avoir mis à notre service les forces de la nature, et nous laissons tranquillement subsister des millions de kilomètres carrés de déserts, tout en sachant que pas un seul terrain ne doit nécessairement être un désert, et que tout sol, consistât-il en gros clous à souliers ou en tas de pierres cassées, est rendu fécond par la chaleur et l'eau, fécondation qui n'est impossible peut-être que dans les régions polaires. Nous montrons avec orgueil des mines de charbon et de cuivre creusées dans les profondeurs de la terre, et nous ne rougissons pas à la vue de rochers nus, sur lesquels l'homme, qui s'est frayé un passage à travers les mines, ne peut, prétend-il, rien conquérir. Nous pouvons commander à la foudre, et nous savons à peine nous assurer un atome des inépuisables trésors alimentaires de l'Océan, qui occupe les trois quarts de notre globe. A une époque qui produit des merveilles mécaniques telles que nos machines industrielles et nos instruments de précision, comment peut-il exister, en pleine Europe, des marais, des fleuves pauvres en poisson, des terrains perdus, des jachères ? Comment peut-on, dans un siècle de grands mathématiciens, être si faible en calcul, qu'on ne voie pas du premier coup combien il est plus coûteux de nous procurer les matières albumineuses nécessaires par le bétail, dont l'entretien exige nos plus fertiles terres, que par les poissons de la mer, qui n'est bonne à rien d'autre, ou par la volaille, qui n'a que faire de vastes prairies et peut vivre richement de nos déchets?

Mais je ne veux pas m'arrêter davantage aux détails. Il me semble suffisamment démontré que la culture du sol est la fille sacrifiée de la civilisation. Elle fait à peine un pas en avant, tandis que l'industrie en fait cent. Tout ce que l'on a trouvé en Europe, depuis des siècles, pour une alimentation plus riche de l'Humanité, c'est l'introduction de la pomme de terre, permettant au prolétaire de s'imaginer qu'il est rassasié, quand, en réalité, son corps se consume lentement par le manque de matières nutritives; en revanche, le capitaliste peut abaisser au minimum le salaire de son esclave industriel. Les vergers, les champs de légumes, les serres à champignons, montrent quelle quantité de nourriture le moindre petit coin de terre peut donner; si l'on préparait les champs avec la pelle et la bêche, au lieu de le faire sommairement par la charrue, un morceau de terre grand comme un mouchoir suffirait vraisemblablement à l'entretien d'un homme; mais nous souffrons du manque de nourriture, les vivres deviennent de plus en plus chers, et l'ouvrier industriel doit de plus en plus allonger sa journée pour se rassasier. La nature montre à l'homme qu'il ne peut vivre sans la campagne, qu'il a besoin du champ comme le poisson a besoin de l'eau; l'homme voit qu'il court à sa perte s'il se sépare de la glèbe; que, seul, le paysan se reproduit sans discontinuité, reste sain et fort, tandis que la ville dessèche la moelle de ses habitants, les rend malades et inféconds, les détruit sans retour après deux ou trois générations, de sorte que toutes les villes, en cent ans, deviendraient des cimetières sans un seul homme vivant, si les morts n'y étaient remplacés par l'immigration de gens venant des campagnes. Ceux-ci n'en persistent pas moins à abandonner le champ et à venir dans la ville, à s'arracher à la vie et à embrasser la mort.

Mais voilà que reparaît le professeur d'économie politique; il nous enseigne imperturbablement que la mesure du développement de la grande industrie d'un pays est en même temps la mesure de sa civilisation, et qu'une industrie richement développée dans une nation est un grand bienfait, en ce qu'elle rend les choses à bon marché, et, par là, accessibles même aux plus pauvres. C'est là un des mensonges les plus répandus et les plus ressassés. Au diable le bon marché des produits de l'industrie! Il ne rend service à personne, si ce n'est à l'entrepreneur et à l'intermédiaire. Nous avons vu comment on obtient ce bon marché : par la concurrence des capitalistes, dont l'ouvrier supporte les frais, par l'exploitation criminelle de la force humaine. L'ouvrier doit rester enchaîné à sa machine dix, douze, peut-être quatorze heures par jour, afin que la cotonnade devienne à aussi bon marché qu'elle l'est. Il en arrive à ne plus se sentir vivre. Il passe son existence entre les murailles nues d'une fabrique, livré à une série de mouvements automatiques, toujours les mêmes. Il est le seul être vivant de l'univers qui doive accomplir, durant une grande partie de son existence, un travail contre nature, pour entretenir son organisme. Sans doute, au prix d'une telle somme de travail, la marchandise devient bon marché. Mais elle devient aussi plus mauvaise. Tout notre développement industriel conduit au remplacement d'une meilleure matière première par une moins bonne, et à la diminution la plus forte possible de sa quantité dans l'article terminé. Pourquoi? Parce que la matière première, en tant qu'elle est de nature organique, c'est-à-dire en tant qu'elle provient du règne animal ou végétal, ne peut être obtenue qu'au prix de son équivalent en travail humain, et que, par conséquent, elle est coûteuse. La terre ne se laisse pas tromper; elle donne du coton et du lin, du bois et du chanvre, mais seulement si elle en a reçu intégralement l'équivalent en travail et en engrais. On ne peut pas même en faire accroire à la vache, au mouton; ils produisent du lait, de la laine, de la fourrure, des cornes, des sabots, en proportion de leur nourriture. L'homme seul est plus bête que la terre, et plus naïf que le mouton et la vache; il cède sa force musculaire et nerveuse pour beaucoup moins qu'elle ne vaut. L'entrepreneur a donc tout intérêt à économiser la matière première coûteuse et à prodiguer le travail humain peu payé. Il falsifie et diminue par conséquent celle-là, et donne aux marchandises une belle apparence par des méthodes de fabrication pénibles ou compliquées, c'est-à-dire par un emploi abondant du travail humain. Dans la cotonnade que le fabricant anglais porte au marché, il y a le moins possible de fils de coton et le plus possible de force humaine. Ce produit ne se vend pas cher, parce que le fabricant n'a pas besoin d'indemniser ses esclaves humains, comme il doit le faire avec la terre qui lui fournit les fils de coton.

Il n'est nullement nécessaire que les marchandises soient à si bon marché, car il en résulte une consommation excessive. Le pauvre lui-même, dans notre civilisation, renouvelle vêtements et mobilier plus souvent que ce n'est absolument nécessaire; il jette des objets qui pourraient encore servir, qui servent même encore, comme le prouve le grand commerce de vieux vêtements et d'autres objets expédiés d'Europe dans les pays transatlantiques. En dépit du bon marché des choses, l'Européen, au bout de l'année, a dépensé pour elles autant que si elles avaient été beaucoup plus chères, car, dans ce cas, il les aurait utilisées plus longtemps. Voilà donc le résultat pratique de ce fameux bon marché, l'orgueil de notre vie économique! Pour le consommateur, il ne signifie ni allègement, ni épargne, parce qu'il sert à développer l'habitude tyrannique du gaspillage des objets. Pour le producteur, il est une malédiction, car il diminue de plus en plus le prix de son travail et le contraint à un effort de plus en plus grand. Or, tout individu qui n'appartient pas à la minorité oisive étant en même temps producteur pour un article et consommateur pour les autres, il ne résulte de tout le développement tant vanté de la grande industrie qu'une chasse de plus en plus ardente, de plus en plus sauvage, dans laquelle chaque individu est à la fois gibier et chasseur, et, dans sa course effrénée, finit par tomber haletant et épuisé. Travail plus long et plus dur du producteur, gaspillage insensé et coupable des produits, — voilà le résultat direct du développement industriel dirigé vers la production en masse et le bon marché.

Admettons par exemple que tous les produits de l'industrie deviennent juste quatre fois plus chers qu'aujourd'hui, tandis que, par un effort du génie inventif, le prix des vivres n'augmente pas.

Où serait le mal? Non seulement je n'en vois pas, mais j'y vois d'immenses avantages. Chaque individu renouvellerait ses vêtements seulement une fois par an au lieu de le faire quatre fois, et son mobilier seulement tous les vingt ans, au lieu de tous les cinq ans. L'ouvrier industriel recevrait pour son travail un salaire quatre fois plus élevé : c'est-à-dire que, si aujourd'hui il doit travailler douze heures pour pouvoir satisfaire à ses besoins, il atteindrait le même résultat par un travail de trois heures. Numériquement, tout resterait comme auparavant; les dépenses de chaque consommateur ne subiraient aucun changement. Mais on aurait obtenu un résultat immense : de forçat, l'ouvrier serait devenu homme libre. Le luxe dont aujourd'hui il est complètement exclu — le loisir — lui serait accessible. Cela signifie qu'il pourrait prendre part aux joies les plus hautes de l'existence civilisée, qu'il pourrait visiter les musées et les théâtres, lire, causer, rêver, qu'il cesserait d'être une sotte machine et qu'il aurait le droit de prendre son rang d'homme à côté des autres hommes. Il faut crier aux ouvriers : « Vous êtes emportés dans le tourbillon vertigineux d'un formidable cercle vicieux. Échappez-vous, ou vous roulerez au fond de l'abîme. Plus vous travaillez aujourd'hui, plus vos produits sont à bon marché, plus la consommation devient folle, et plus vous devrez travailler demain pour gagner votre misérable vie. Chômez ! Livrez-vous au loisir ! Diminuez votre travail de moitié, du quart ! Votre gain sera le même si chacun ne consomme qu'autant qu'il est obligé de consommer, et ne travaille qu'autant qu'il doit le faire. »

Les professeurs d'économie politique ne sont pas de cet avis. Ils ont peur de l'oisiveté des hommes et ne voient le salut que dans l'exploitation extrême de la force de travail. Leur doctrine se résume en deux principes : Consommez le plus possible, que la consommation soit justifiée ou non par un besoin réel ; produisez le plus possible, que le produit soit nécessaire ou non.

Ces sages docteurs ne font aucune différence entre le feu d'artifice, destiné à s'évanouir en fumée après une minute pour le sot ébahissement d'imbéciles oisifs, et la mécanique qui produit toute l'année des lits et des armoires. Le feu d'artifice coûte soixante mille francs ; il représente, outre la matière première, le travail d'une année de cinquante ouvriers qui pendant tout ce temps ont mis leur vie en danger. La mécanique coûte douze mille francs. L'économiste fait gravement son calcul et dit : le feu d'artifice vaut juste cinq fois autant que la machine ; les ouvriers ont été, dans les deux cas, employés d'une façon également utile ; la production du feu d'artifice a enrichi le pays dans la même mesure que la production de cinq mécaniques ; s'il était possible d'occuper un million d'ouvriers à la production de pièces d'artifice afin de produire et débiter chaque année pour un milliard de ces pièces, on pourrait féliciter le pays de l'épanouissement de cette industrie, et les ouvriers de leur application et de leur productivité.

Dans la forme, ce raisonnement est irréprochable. Au fond, c'est un sophisme de la pire espèce. Sans doute, si l'on peut recevoir pour une fusée autant d'argent que pour un poulet, une fusée a absolument autant de valeur qu'un poulet, et celui qui confectionne une fusée a augmenté la richesse nationale de la même somme que celui qui élève un poulet. Et pourtant, c'est un mensonge. Non, il n'est pas indifférent à l'Humanité que l'on produise des fusées ou des poulets. Non, le guide des Alpes n'a pas pour elle la même importance que le chauffeur d'une machine à faucher, quoiqu'elle rétribue le premier peut-être mieux que le dernier. Je sais bien qu'avec de telles distinctions on arrive à faire le procès à toutes les industries de luxe. Je n'hésite donc pas à affirmer que nul homme n'a le droit de réclamer la satisfaction de ses caprices aussi longtemps que les besoins réels des autres ne sont pas satisfaits ; de commander à un ouvrier la production du feu d'artifice, pris pour exemple, aussi longtemps que d'autres ont faim, parce que cet ouvrier est enlevé à l'agriculture ; ou de condamner des travailleurs de fabriques à une tâche forcée de quatorze heures, afin que le velours soit produit à assez bon marché pour qu'il puisse s'habiller de cette étoffe, qu'il affectionne particulièrement. Le grand intérêt économique de l'Humanité n'est pas de produire des objets dont on peut obtenir un certain prix, mais de satisfaire par la production de ces objets à ses véritables besoins.

Or, il n'y a que deux besoins réels : l'alimentation et la reproduction. L'un a pour but la conservation de l'individu, l'autre, la conservation de l'espèce. En apparence, on pourrait même ramener ces deux besoins à un seul et supprimer celui de la reproduction sur la liste des besoins absolument nécessaires. Mais c'est une pure apparence. L'instinct de la conservation de l'espèce a plus de puissance que l'instinct de la conservation personnelle, par la raison que la force vitale et la plénitude de vie de l'espèce sont plus puissantes que celles de l'individu. On n'a pas encore vu qu'un nombre d'hommes assez grand, toute une tribu, par exemple, ait été complètement empêché pendant un temps assez long de satisfaire le besoin de la conservation de l'espèce. Si pareil cas se produisait, si on pouvait concevoir une famine sexuelle générale de toute une nation, on verrait un déchaînement de passions et des désordres en comparaison desquels les scènes les plus horribles de la faim deviendraient des plaisanteries d'enfants. L'homme doit donc satisfaire ses deux grands besoins organiques ; tout le reste n'a qu'une importance secondaire. Un individu qui est rassasié, qui n'a pas froid, qui a un abri contre le vent et la pluie et qui a près de lui une compagne de l'autre sexe, peut non seulement être content, mais absolument heureux. Un individu qui a faim ne peut être ni content, ni heureux, se promenât-il en vêtements de brocart, dans le musée du Vatican, pendant un concert symphonique. C'est tellement évident, que la remarque semble niaise ; elle est la morale de la fable du coq qui trouve une perle et se plaint que ce n'est pas un grain de mil. Et pourtant cette vérité si simple dépasse l'horizon de l'économie politique officielle ; il n'est pas encore venu à l'idée d'un seul professeur de cette auguste science de contrôler ses doctrines par la simple sagesse du bonhomme La Fontaine. Appliquée au développement économique de l'Humanité civilisée, la fable du coq et de la perle signifie : « Moins de cotonnade de Manchester et de coutellerie de Sheffield, et plus de pain et de viande ! »

La pratique ne tardera pas à faire ce que la théorie a négligé jusqu'à présent : elle démontrera l'absurdité des principes de l'économie capitaliste considérés aujourd'hui comme inattaquables. Le travail est déjà poussé partout au delà des limites raisonnables, et produit bien au delà du nécessaire. Presque chaque pays civilisé cherche à exporter des marchandises et à importer des aliments. Les débouchés commencent à manquer ; on peut même dire sans exagération que la grande industrie des principaux peuples de l'Europe ne cherche plus guère à travailler que pour l'intérieur de l'Afrique. Cet état de choses ne peut qu'empirer. Les pays qui n'ont pas encore un développement industriel l'auront peu à peu. On améliorera encore les méthodes de travail, on augmentera les machines et on les perfectionnera. Et puis ? Chaque pays alors satisfera à ses propres besoins et produira un excédant qu'il voudra passer à son voisin, lequel n'en trouvera pas l'emploi. Le dernier nègre du Congo aura déjà ses cinquante yards de coton et son fusil, le dernier Papou portera déjà des bottes et des chemises de papier. L'Européen en viendra à acheter chaque semaine un nouveau vêtement et, en lisant son journal, à se faire tourner sa feuille par une machine spéciale. Ce sera l'âge d'or des économistes, qui rêvent de production sans limites, de consommation sans mesure et de développement industriel sans but. Dans cet âge d'or où des pays entiers seront couverts de cheminées de fabriques comme aujourd'hui ils sont couverts d'arbres, les peuples se nourriront de produits chimiques en place de pain et de viande, travailleront dix-huit heures par jour et mourront sans savoir qu'ils ont vécu. Mais peut-être ne faudra-t-il pas attendre cet âge d'or pour voir surgir en beaucoup d'endroits l'idée que l'industrialisme exagéré et exclusif est un suicide en masse de l'Humanité, et que tout ce que l'économie politique allègue à sa défense n'est qu'illusion et mensonge. On est déjà parvenu à comprendre qu'un pays qui exporte du blé, qui épuise son sol et ne lui rend pas sous une forme quelconque les matières enlevées, s'appauvrit, lors même qu'il gagnerait chaque année d'innombrables tonnes d'or. On arrivera finalement aussi à l'idée que l'exportation de force active, de muscles et de nerfs sous la forme de produits industriels, appauvrit pour toujours un peuple, quelque argent qu'il y gagne. L'ouvrier de fabrique européen est dès aujourd'hui l'esclave du nègre de l'Afrique centrale ; il apaise sa faim avec des pommes de terre et de l'eau-de-vie, passe son existence sans la moindre diversion au milieu des machines, et meurt phthisique, afin qu'un sauvage puisse vivre encore plus agréablement qu'il ne vit déjà sans cela. Le travail fiévreux qui a pour but non la production de la nourriture corporelle, mais l'excès de la production industrielle, engendre finalement une nation de meurt-de-faim riches en argent. Le monde alors pourra voir un pays où chaque cabane renferme un piano du dernier modèle, où la population est toujours vêtue d'étoffes neuves, mais malheureusement n'a pas de sang dans les veines, est phthisique et rachitique.

IV

Le sentiment du caractère insupportable de la situation économique actuelle est général. Le prolétaire déshérité, dont la pensée est sans cesse ramenée par la faim dans le même cercle d'idées, reconnaît que par le travail de ses mains il crée des richesses, et il en réclame sa part. Mais il a le tort de fonder ses revendications sur toutes sortes de théories qui ne soutiennent pas la critique. Il n'y a qu'un seul argument vrai et naturel sur lequel il pourrait s'appuyer et qui serait irréfutable, à savoir qu'il possède la force de s'emparer des biens qu'il produit, que la minorité des riches est impuissante à l'en empêcher, et qu'il a par conséquent le droit de conserver ce qu'il crée et de prendre ce dont il a besoin.

Cet unique argument est la base de l'édifice social actuel. Grâce à cet argument, les individus et les peuples plus faibles sont devenus les esclaves des plus forts ; les hommes rusés et sans scrupule sont devenus millionnaires, et le capital est devenu le maître absolu du monde. La minorité des oisifs et des exploiteurs s'appuie journellement sur cet argument pour repousser les prétentions des travailleurs et des exploités. Seul le prolétaire, dont l'esprit, en dépit de toute tendance radicale, est imbu des idées juridiques et morales du capitalisme, hésite à se servir de cet argument irréfutable, tiré de l'ordre naturel du monde, et préfère chercher la preuve de la légitimité de ses prétentions dans toutes sortes de billevesées, dont le communisme est de beaucoup la plus répandue. Il s'aventure ainsi follement sur un terrain où il doit succomber, et le capitalisme a beau jeu à démontrer le non-sens de ses théories. En fait, le communisme, tel que toutes les écoles socialistes le comprennent et le prêchent, est le produit d'une fantaisie qui, sans égard à la réalité du monde et à la nature humaine, se livre à de vains rêves. La communauté des biens proprement dite n'a jamais existé sur terre. En remontant dans l'histoire, on peut observer des vestiges d'une constitution de la propriété qu'à un examen superficiel on pourrait prendre pour du communisme ; mais, à y regarder de près, cette constitution a absolument pour base l'idée de la propriété individuelle découpée dans la masse de ce qui existe et scrupuleusement circonscrite. Si, dans un groupe d'individus, il y a, pour des raisons d'origine commune ou pour d'autres, une cohésion et une solidarité si complètes qu'une famille, ou une communauté, ou même toute une tribu se sente en quelque sorte comme un seul être d'ordre élevé réuni en un ensemble, alors on peut supposer que cet individu collectif a une possession collective indivisible qu'un seul homme ne peut s'approprier au détriment des autres. Une possession collective de ce genre se rencontre encore aujourd'hui dans le *mir* russe, dans la communauté domestique croato-slavonne, etc., mais elle diffère complètement du communisme, c'est-à-dire de la communauté universelle et systématique des biens ;

la preuve en est facile. Qu'un tiers, un individu ne faisant pas partie des possesseurs solidaires tente de s'emparer d'un morceau de la propriété commune : il verra aussitôt la tribu, la commune, le *mir*, etc., se lever en armes contre lui. Les propriétaires en commun ont tellement le sentiment de la possession personnelle, qu'ils ne ressentent pas moins vivement l'empiètement sur leurs droits collectifs que ne peut le faire un propriétaire unique, si l'on attente à sa bourse. Cette possession collective qui n'est pas un communisme par principe, mais simplement une forme primitive de la propriété personnelle, ne peut subsister qu'aussi longtemps que tous les intéressés sentent profondément leur solidarité et que leurs occupations sont absolument de même nature ; alors les productions individuelles sont facilement comparables les unes aux autres et nul doute ne peut surgir ni sur la valeur de ces productions ni sur l'indemnité à laquelle elles donnent droit. Mais dès que la division du travail apparaît et que la production devient diverse, dès que, par suite, s'impose la nécessité de fixer une proportion entre des productions très différentes, quoique également utiles, et de déterminer dans quelle mesure chaque travail a droit au salaire, la possession collective doit prendre fin et la propriété s'individualise aussitôt.

Ce n'est donc pas dans le communisme qu'il faut chercher la solution des problèmes économiques ; il n'est un état naturel que chez les organismes collectifs très inférieurs, et ne peut en rien s'appliquer à une forme aussi haute de la vie que l'est la société humaine. Ce n'est pas seulement pour l'homme, mais aussi pour la majeure partie des animaux, que la possession individuelle est l'état naturel. La source de cet instinct est dans la nécessité de satisfaire les besoins individuels.

Chaque animal se nourrit; beaucoup ont besoin d'un abri soit naturel, soit artificiel. L'animal regarde comme sa propriété sa nourriture, son nid ou la couche qu'il s'est procurée ou apprêtée lui-même. Il sent que ces choses sont à lui et à nul autre ; il ne permet pas, sans résistance, qu'un autre individu les lui enlève. Une manière de vivre qui rend nécessaires la prévoyance et le souci de l'avenir conduit à l'élargissement du sentiment de la propriété et au développement de l'instinct d'acquérir une possession propre. Une bête de proie, qui vit seulement de viande fraîche, ne prend comme sa propriété, dans la masse totale de ce qui existe, que ce qu'il lui faut pour un seul repas. Un rongeur, au contraire, qui vit dans une région où pendant l'hiver rien ne croît, enlève au grenier d'abondance de la nature bien plus qu'il n'est nécessaire à la satisfaction de ses besoins immédiats ; en règle générale même, il rafle beaucoup plus qu'il ne peut consommer dans la suite, il diminue par là sans nécessité la provision alimentaire des autres, il devient un capitaliste et un égoïste sans scrupule. C'est ainsi qu'écureuils, marmottes, souris des champs, etc., entassent pour l'hiver des quantités considérables de fruits et de graines de tout genre, que le plus souvent ils n'ont pas consommés au printemps, alors qu'ils peuvent de nouveau satisfaire leurs besoins dans les champs et les forêts. Ils ne créent donc pas seulement une propriété individuelle, ils n'acquièrent pas seulement de la fortune, ils sont même riches, en ce sens qu'ils possèdent plus qu'il n'est nécessaire pour leurs besoins. L'homme appartient à la catégorie des animaux qui sont contraints à la prévoyance. L'acquisition d'une propriété individuelle, l'accroissement de celle-ci au-delà du besoin momentané et sa défense contre les tentatives des ravisseurs, sont pour lui des actes vitaux, des instincts dérivés de l'instinct fondamental de la conservation personnelle ; ils ne peuvent être extirpés, et ils éclateraient avec une force irrésistible contre une législation qui voudrait les comprimer.

Seulement, si la propriété individuelle est naturelle et ne peut par conséquent être supprimée, il y a en revanche un élargissement abusif du droit à la possession personnelle, contre lequel la raison se révolte et que l'on ne peut défendre que par des arguments naturels : c'est l'hérédité. L'instinct de la conservation de l'espèce pousse sans doute tous les êtres vivants à prendre soin de leur descendance et à lui créer des conditions d'existence aussi favorables que possible. Mais ce soin ne s'étend jamais au delà du moment où les petits sont suffisamment développés pour pouvoir se tirer d'affaire eux-mêmes, comme les vieux l'ont fait. Dans la semence de la plante il y a seulement autant de fécule, dans l'œuf seulement autant d'albumine que le germe en a besoin pour se nourrir dans son premier stade vital. Le mammifère ne donne son lait à son jeune qu'aussi longtemps que celui-ci ne peut paître ou chasser lui-même ; l'oiseau cesse de porter la nourriture à ses petits quand ils ont pris leur première volée. L'homme seul veut pourvoir pour d'innombrables générations sa postérité de fécule et d'albumine, de lait et de nourriture ; l'homme seul veut, jusque dans le plus lointain avenir, maintenir ses enfants et leurs descendants dans l'état embryonnaire où le petit se fait nourrir par ses parents et ne lutte pas lui-même pour la conservation de son existence. L'ancêtre a acquis de la fortune, il veut la laisser à sa famille pour l'affranchir à jamais, s'il est possible, du souci de l'acquérir elle-même. C'est se révolter contre toutes les lois naturelles ; c'est commettre une grave perturbation dans l'ordre universel qui domine toute la vie organique et veut que tout être vivant se fasse lui-même sa place à la grande table de la nature, ou qu'il succombe.

De cette perturbation naissent tous les maux de la vie économique, et tandis qu'elle suspend sur des masses énormes d'individus la malédiction de la misère et du dépérissement, elle se venge en même temps de ses auteurs. Il ne sert à rien aux riches de retenir avec un égoïsme inconsciemment criminel les biens entassés par eux pour assurer à jamais à leurs enfants et aux enfants de leurs enfants une vie de délices au sein de l'oisiveté ; ils n'atteignent jamais leur but. L'expérience montre que sans activité productive aucune richesse ne s'étend à beaucoup de générations. Une fortune héritée ne reste jamais dans une famille, et les millions de Rothschild même ne peuvent protéger contre la misère ses descendants à la sixième ou à la huitième génération, s'ils ne possèdent les qualités qui, à défaut même de millions hérités, leur permettraient de se faire une bonne place au soleil. Une loi impitoyable s'efforce de remédier à la perturbation produite dans la vie économique de la société par le fait anormal de l'hérédité des biens. Un individu qui ne s'est jamais trouvé dans la nécessité d'exercer son instinct organique le plus primitif, celui de se procurer sa subsistance, perd vite aussi la faculté de conserver sa fortune et de la défendre contre l'avidité et les pièges de ceux qui ne possèdent pas. Si tous les descendants d'une famille sont des natures absolument médiocres, se tiennent à l'écart de toutes les luttes publiques et privées, mènent dans une obscurité complète et oubliés de tout le monde une vie en quelque sorte végétative, alors seulement ils peuvent espérer conserver sans dommage la fortune héritée. Mais si cette famille produit un individu doué jusqu'à un certain point d'imagination et qui dans n'importe quelle direction s'élève au-dessus du commun, a des passions ou de l'ambition, veut briller ou seulement se sentir vivre, alors la diminution ou la perte de la fortune héritée est inévitable, parce que le rejeton, menant une vie plus mouvementée, est complètement incapable de remplacer un seul sou de ce qu'il a dépensé pour la satisfaction d'un caprice. Il en est de la fortune comme d'un organisme. Celui-ci doit être doué d'activité vitale, s'il veut subsister ; aussitôt que la vie cesse dans ses cellules, il devient la proie de la décomposition ; il est dévoré par les êtres microscopiques et macroscopiques qui, en quête de butin, remplissent toute la nature. De même, on peut dire qu'une fortune dans laquelle un mouvement actif de vie économique n'entretient pas la circulation et la nutrition meurt pour ainsi dire et est dévorée par les avides organismes de la décomposition : les parasites, les dupeurs, les charlatans, les spéculateurs. On peut préserver artificiellement le cadavre d'une fortune, comme celui d'un être organique, de la ruine et de la destruction : celui-ci par des moyens antiseptiques, celui-là par des lois d'exception pour la conservation des fortunes héréditaires, sous forme de fidéicommis.

Le fidéicommis est une invention qui prouve d'une façon curieuse que les riches égoïstes ont toujours eu un obscur pressentiment du caractère anormal du droit d'héritage. Le testateur sent qu'il commet un crime envers l'Humanité et que la nature se vengera sur ses descendants du mépris de ses lois ; il cherche à lui opposer une dernière digue ; il prévoit que ses enfants n'auront pas de bras assez forts pour maintenir eux-mêmes leur héritage, et il s'efforce de l'attacher à leur corps par des moyens immanquables. Mais le fidéi-commis, lui-même, perd à la longue son pouvoir conservateur et ne défend pas la richesse de la décomposition, ni la famille de la ruine.

La transmission des héritages doit donc être abolie ; c'est le seul remède naturel et, par conséquent, le seul possible de tous les maux économiques du corps social. Au premier coup d'œil, une pareille mesure semble excessivement radicale, presque autant que la pure et simple confiscation de toute possession individuelle ; mais si l'on examine cette mesure plus attentivement, elle n'est que la suite logique de phénomènes existants, qui n'inquiètent personne. Les pays le plus opiniâtrement attachés à l'organisation féodale ont conservé le droit de primogéniture : c'est-à-dire que l'exhérédation, que je réclame comme mesure générale pour tous les descendants sans exception, est systématiquement exercée à l'égard de tous les enfants, sauf le premier-né ; le pair d'Angleterre le plus conservateur réalise donc une idée que maint lecteur, peut-être, envisage comme excessivement révolutionnaire. Mais si l'on ne voit rien d'injuste et surtout rien d'impossible à ce que les enfants cadets d'un gentilhomme anglais soient exclus d'une jouissance proportionnelle de la fortune paternelle, pourquoi y aurait-il injustice ou impossibilité à traiter de la même façon tous les enfants de tous ceux qui possèdent ? Il est vrai que le pair qui déshérite ses enfants cadets leur donne un autre bien, l'instruction, qui leur permet de faire figure dans le monde. Mais si tout ce qu'il a acquis revient après la mort de l'acquéreur à la collectivité, l'État peut donner à toute la jeunesse du peuple une instruction et une éducation en rapport avec ses facultés ; le fils déshérité du riche aura alors au moins les mêmes avantages dont jouit aujourd'hui le fils cadet déshérité du pair. Le pair fait d'ailleurs autre chose encore pour ceux de ses enfants auxquels il ne laisse pas de fortune : il utilise ses relations et sa situation pour leur procurer dans l'administration politique, communale ou privée, des places qui ont plus ou moins le caractère de prébendes. Ce n'est autre chose que l'organisation de la solidarité, qui assure à l'individu des sécurités d'existence presque plus grandes encore qu'une fortune indépendante. Il est vrai que cette solidarité est étroite, égoïste; c'est celle d'une caste, et elle a pour but l'exploitation de la majorité au profit de quelques parasites. Que l'on se représente maintenant les liens d'une telle solidarité enlaçant toute une communauté, et constitués non en vue du parasitisme, mais de la protection utile ; que l'on se figure un État qui assure à toute sa jeunesse l'instruction, et, si les parents sont impuissants à le faire, l'entretien jusqu'à l'âge capable de production, et qui, une fois qu'elle arrive à cet âge, lui offre les instruments du travail indépendant. Dans une communauté ainsi solidaire, chaque individu n'est-il pas mieux pourvu que ne l'est aujourd'hui le fils cadet d'un pair d'Angleterre, et la fortune paternelle faisant retour à l'État est-elle encore une injustice envers les enfants ?

Je ne nie point que la mise en pratique de cette idée rencontrerait immédiatement maintes difficultés. Les parents tenteraient par donation entre-vifs d'échapper à la loi d'exhérédation, et il ne serait pas facile à l'État d'empêcher qu'une part plus ou moins considérable de la fortune paternelle passât ainsi aux enfants. Mais cet inconvénient est de peu d'importance. La manière de voir des hommes se transformerait bientôt radicalement ; les parents reconnaîtraient que, dans l'État réorganisé, le manque de fortune n'amène pas pour les enfants la détresse et la misère, et l'instinct qui nous pousse à faire entrer dans le monde nos descendants comme rentiers s'affaiblirait considérablement. Le contrôle des valeurs, qui formeraient évidemment la plus grande partie de la fortune mobilière, n'est ni impossible, ni même difficile ; les meubles, objets de prix, œuvres d'art, etc., pourraient être exceptés de la confiscation par l'Etat comme souvenir des parents. Quant aux biens immobiliers, il serait impossible d'éluder la loi. Or, c'est le point important, le point essentiel du système. Le pays tout entier avec ses constructions, ses fabriques, ses voies de communications, etc., doit devenir la propriété inaliénable de la collectivité, et, au bout d'une génération, lui revenir toujours intégralement. Toute personne qui en fait la demande doit obtenir de l'Etat en viager une possession foncière ou des fabriques, et payer pour cela un bail annuel répondant à un intérêt équitable du capital, représenté par la propriété. Cela encore n'est pas une innovation révolutionnaire sans précédents, mais simplement le développement logique de conditions qui existent déjà en beaucoup d'endroits, notamment en Angleterre et en Italie. Il y a dans ces pays de grands propriétaires fonciers qui ne cultivent pas eux-mêmes leur sol, mais le font valoir par des fermiers. Rien n'empêche la société d'étendre à tous les cultivateurs ou fabricants les conditions des fermiers anglais et de ne laisser subsister qu'un unique grand propriétaire foncier : l'Etat. Cette organisation permet à l'individu d'acquérir des richesses personnelles, bien que celles-ci puissent difficilement atteindre l'étendue énorme de la fortune des exploiteurs et des parasites dans l'ordre économique actuel. L'homme doué et actif trouvera dans une vie plus large la récompense de son habileté, l'homme médiocre ou nonchalant devra se contenter d'un revenu plus mince, le fainéant seul se verra condamné à la privation et à la ruine. Une très grande accumulation de fonds dans la main d'un seul fermier sera impossible, par ce fait que l'entrepreneur ne trouvera que très difficilement des ouvriers ; en effet, celui qui voudra travailler, pouvant obtenir de l'Etat sa propre terre, n'a aucune raison pour se louer à un autre et se mettre sous la dépendance d'un intermédiaire, d'un entrepreneur. Le développement du système aura pour conséquence nécessaire que bientôt l'individu ne réclamera pas plus de terre qu'il n'en pourra cultiver avec l'aide de sa famille. On empêchera ainsi le développement exagéré de l'industrie aux dépens de la production alimentaire. Comme l'individu pourra aussi facilement devenir fermier indépendant qu'ouvrier de fabrique, il ne se tournera vers l'industrie que si elle lui assure une existence préférable à celle de l'agriculture; alors cessera cette concurrence d'ouvriers qui vont de fabrique en fabrique s'offrir à meilleur marché les uns que les autres, en se contentant de la part la plus faible des biens et des jouissances de la vie. Des difficultés véritables ne pourraient se présenter que si la population s'accroissait trop et si le sol devenait insuffisant. Alors on ne pourrait plus répondre à toutes les demandes de terres agraires ou d'établissements industriels, et une partie de la jeunesse devrait se résoudre à l'émigration. Une culture du sol très intensive peut cependant, comme je l'ai montré plus haut, ajourner une telle nécessité à un avenir très éloigné.

Sans doute, ce système est aussi une espèce de communisme. J'apprendrai toutefois à ceux que ce mot effraie que nous vivons en plein communisme, non seulement dans un communisme actif, mais dans un communisme passif. Nous n'avons pas la communauté des biens, mais la communauté des dettes. Nul réactionnaire ne s'épouvante à la pensée que chaque citoyen, par le seul fait de ses liens avec l'Etat, est débiteur d'une somme qui, en France, par exemple, se monte à près de six cents francs par tête. Pourquoi s'effrayerait-il si, par une révolution radicale, le citoyen, de débiteur qu'il est, devenait possesseur d'une part de fortune correspondante, si l'État n'avait pas seulement des dettes générales, mais aussi une fortune générale, et s'il ne prélevait pas seulement sur ses membres des impôts, mais leur distribuait aussi des biens, comme il le fait dès maintenant à un petit nombre d'individus ? Car l'État possède déjà une propriété de tout genre, palais, forêts, fermes, vaisseaux ; ce fait de l'existence d'une possession non individuelle, indivisible entre tous les citoyens, est déjà du communisme en pratique, mais il n'apparaît pas clairement à la plupart des gens, uniquement parce que nos institutions politiques, datant du moyen âge, favorisent l'idée que la fortune générale est une fortune individuelle, celle du prince ou de tout autre chef d'État.

La dette publique, la propriété publique, les impôts, ne sont pas les seules formes sous lesquelles le communisme existe parmi nous. Certains genres de crédit ne sont également rien autre chose que du pur communisme. Quand un individu prête de l'argent à un autre individu ou lui donne, sur sa fortune personnelle, un billet à ordre que des tiers considèrent comme de l'argent comptant, c'est un échange de possessions individuelles ; mais quand une banque délivre des billets fiduciaires — et dans beaucoup de banques la somme des billets fiduciaires atteint plus du tiers du total des billets — quand cette banque accorde à un individu sur sa signature un prêt en billets avec lesquels cet individu peut se procurer ce qu'il veut, c'est un pur acte de communisme. La banque ne donne pas de travail acquis et thésaurisé par elle, c'est-à-dire de l'argent, mais un bon sur un travail à accomplir. Or, que ce bon soit respecté par la généralité des citoyens, et qu'ils livrent des objets contre des billets qui se trouvent à découvert, c'est un hommage au principe de la solidarité humaine, c'est une reconnaissance du fait que l'individu possède des droits à une part des biens existants, ne pût-il même offrir encore en échange de cette part un équivalent qu'il eût produit personnellement.

Le retour à l'État de tous les biens après la mort de leurs acquéreurs créera une fortune commune à peu près inépuisable, sans supprimer la possession individuelle. Chaque individu aura une fortune propre et une fortune commune, comme il a un nom de baptême et un nom de famille. La fortune commune, avec laquelle il sera né, sera en quelque sorte son nom de famille ; la fortune qu'il acquerra durant sa vie, et dont il sera l'unique usufruitier, sera son nom de baptême ; les deux ensemble circonscriront sa personnalité économique, comme les noms déterminent sa personnalité civique. L'individu, en travaillant pour lui, travaillera en même temps pour la collectivité, qui bénéficiera un jour de tout l'excédant de son gain sur sa consommation. La fortune totale formera l'immense réservoir qui du superflu des uns viendra en aide au manque des autres, et qui à chaque génération compensera dans la répartition des biens les inégalités qui se reproduiront toujours, inégalités que la transmission héréditaire rend fixes et de plus en plus grandes à chaque génération.

Il faudra bien en venir à ce renouvellement de l'organisation économique, que réclament également la raison et la science. Un seul principe fondamental doit dominer la société, et ce principe ne peut être que l'individualisme, c'est-à-dire l'égoïsme, ou bien la solidarité, c'est-à-dire l'altruisme. Aujourd'hui, ni l'individualisme ni la solidarité ne règnent dans toute leur logique ; c'est un mélange des deux, absolument irrationnel. La possession est organisée individuellement, et l'égoïsme atteint dans l'hérédité ses limites extrêmes, en ce qu'il ne s'arroge pas seulement par la ruse ou par la violence tout ce qu'il peut, mais cherche à détenir le butin pour jamais, à exclure pour toujours la communauté de sa part de jouissance. Seulement, celui qui possède n'accorde pas à celui qui ne possède rien le droit de se faire une arme du principe auquel l'autre doit sa richesse. La fortune est acquise et retenue au nom de l'individualisme; mais elle est défendue au nom de la solidarité. Le riche jouit sans remords de la part disproportionnelle des biens qu'il a su s'approprier; mais si le pauvre veut être aussi égoïste et aussi individualiste que lui en mettant la main sur le bien du riche, on le jette en prison et on le pend. Sous forme d'usure et de spéculation, on permet les menées les plus éhontées de l'avidité égoïste; sous la forme de brigandage et de vol, on les interdit. Le même principe est dans une de ses applications un mérite, dans l'autre, un crime.

La saine raison se révolte contre cette inconséquence. J'admets qu'on prêche l'égoïsme, mais qu'on ait alors le courage de l'approuver dans tous les cas. S'il est juste que le riche vive dans l'oisiveté parce qu'il a su s'emparer de la terre ou exploiter le travail de l'homme, il doit être juste aussi que le pauvre le tue et traite sa fortune de bonne prise, pourvu qu'il ait le courage et la force nécessaires pour le faire. Sans doute, avec cette logique, la société irait à sa ruine, les hommes deviendraient des bêtes féroces errant dans les forêts et se déchirant les unes les autres. Celui qui ne regarde pas un tel état comme le but idéal du développement social n'a donc pas autre chose à faire que de se décider pour l'autre principe, la solidarité. Alors on ne dira plus : chacun pour soi, mais : chacun pour tous et tous pour chacun. Alors la société regardera comme son devoir d'entretenir et d'instruire la jeunesse qui n'est pas encore en état de gagner sa vie; elle prendra soin de la vieillesse qui n'est plus en état de le faire; elle viendra au secours de l'indigence et ne supportera plus la pauvreté que comme châtiment de l'oisiveté volontaire. Mais l'accomplissement de ces devoirs ne sera possible qu'à une condition : la suppression de l'hérédité des biens.

De grandes catastrophes nous menacent sur le terrain économique, et il ne sera plus possible longtemps de les arrêter. Tant que la foule a été croyante, on pouvait la consoler de la misère terrestre par de vagues promesses de félicité céleste. Aujourd'hui que les lumières se répandent de plus en plus, on voit diminuer de jour en jour le nombre des gens patients qui trouvent dans une hostie la compensation d'un dîner, et pour qui le billet à ordre d'un prêtre pour une place en paradis équivaut à la possession immédiate d'un bon champ sur cette terre. Les pauvres se comptent, eux et les riches, et ils trouvent qu'ils sont les plus nombreux et les plus forts. Ils examinent les sources de la richesse, et ils voient que la spéculation, l'exploitation et l'héritage ne sont pas plus justifiés par la raison que ne le sont le brigandage et le vol, que le code punit si durement. Par l'exhérédation progressive des masses arrachées du sol et par l'entassement croissant des fortunes dans quelques mains, les injustices économiques deviennent de plus en plus intolérables ; le jour où, chez la foule, s'associera à la faim la notion de ses causes éloignées, il n'y aura pas d'obstacle qu'elle n'écarte ou ne renverse pour arriver à se rassasier. La faim est du petit nombre des puissances élémentaires contre lesquelles, à la longue, ne servent ni la menace ni la persuasion. C'est aussi la force qui, probablement, rasera jusqu'au sol l'édifice social construit sur la superstition et l'égoïsme, édifice que la philosophie seule ne suffit pas à renverser.

LE MENSONGE MATRIMONIAL

I

L'homme a deux puissants instincts, qui dominent toute sa vie et donnent l'impulsion première à toutes ses actions : l'instinct de la conservation personnelle et l'instinct de la conservation de l'espèce. Celui-là se manifeste dans son expression la plus simple sous la forme de la faim, celui-ci sous la forme de l'amour. Les forces qui agissent dans les opérations de la nutrition et de la reproduction sont encore obscures pour nous, mais nous voyons clairement leurs effets. Nous ne savons pas pourquoi un individu accomplit son développement dans un nombre donné d'années, et non dans un autre; pourquoi le grand et fort cheval ne peut atteindre que l'âge de trente-cinq ans, tandis que l'homme plus petit et plus faible peut dépasser soixante-dix années; pourquoi le petit corbeau vit jusqu'à deux cents ans, tandis que l'oie beaucoup plus grande n'atteint que vingt ans. Mais ce que nous savons, c'est que chaque être vivant est destiné dès sa naissance à une durée vitale déterminée, comme un mouvement d'horloge est remonté pour un temps déterminé, durée que l'action imprévue de forces extérieures peut abréger, mais qu'elle ne peut dans aucun cas prolonger.

Nous soupçonnons de même que les espèces aussi sont organisées pour une durée déterminée ; comme les individus, elles naissent dans un moment précis, se développent, atteignent leur maturité et meurent. Le cycle vital d'une espèce est d'une durée trop étendue pour que les hommes aient pu fixer, même dans un seul cas, par l'observation directe, son point de départ et sa fin. Mais la paléontologie offre de nombreux points d'appui à l'aide desquels on peut affirmer avec certitude le parallélisme des lois de vie et de développement chez l'individu et chez l'espèce. Tant que l'individu n'a pas épuisé la force vitale dont il a été doué lors de sa naissance, il lutte avec tout l'effort dont il est capable pour se conserver et se protéger contre ses ennemis ; si sa force vitale est épuisée, il ne ressent plus aucun besoin de nourriture ni aucun désir de se défendre ; il meurt. C'est absolument de la même manière que se manifeste dans l'espèce la force vitale, sous la forme d'instinct de la reproduction. Tant que la vitalité de l'espèce est puissante, chaque individu complètement formé tend de toutes ses forces à l'accouplement. La vitalité de l'espèce commence-t-elle à diminuer, les individus deviennent plus indifférents à la reproduction et cessent enfin complètement d'en ressentir la nécessité. Nous possédons dans l'égoïsme et le sentiment de solidarité, au sein d'une espèce et même au sein de races humaines ou de peuples entiers, une mesure certaine de leur force vitale. Plus sont nombreux les individus qui placent leur propre intérêt au-dessus de tout devoir de solidarité et de tout idéal du développement de l'espèce, plus est proche le terme de la vitalité. Au contraire, plus sont nombreux les individus qui ont l'instinct de l'héroïsme, du désintéressement, du sacrifice personnel, plus la force vitale d'une nation est puissante. Le dépérissement non seulement de la famille, mais aussi d'un peuple, commence avec la prépondérance de l'égoïsme, signe infaillible de l'épuisement de la vitalité de l'espèce; l'épuisement de la force vitale individuelle en résultera très vite, s'il n'est retardé par des croisements ou d'autres transformations favorables. Quand une race ou une nation est parvenue au point final de sa carrière, les individus perdent la faculté d'aimer sainement et naturellement. L'esprit de famille périt. Les hommes ne veulent pas se marier, parce qu'ils trouvent incommode d'avoir la responsabilité d'une autre vie humaine et de s'occuper d'un autre être. Les femmes craignent les douleurs et les désagréments de la maternité et recourent, même dans le mariage, aux moyens les plus immoraux pour n'avoir pas d'enfants. L'instinct de la reproduction, n'ayant plus la reproduction pour but, se perd chez les uns et se pervertit chez les autres par les aberrations les plus étranges. L'acte de l'accouplement, la fonction la plus sublime de l'organisme, que celui-ci ne peut accomplir avant sa pleine maturité et auquel sont associées les plus vives sensations du système nerveux, est rabaissé à une infâme luxure ; il n'a plus pour but la conservation de l'espèce, mais seulement un plaisir individuel sans valeur pour la collectivité. Là où l'amour apparaît encore comme effet de l'habitude, il n'est pas l'union de deux individualités incomplètes en un individu d'espèce plus élevée formant un tout, l'épanouissement d'une vie isolée stérile en une double vie féconde qui peut se prolonger à l'infini par la postérité, le passage inconscient de l'égoïsme à la solidarité, l'irruption de la vie individuelle dans la large vie de l'espèce. Non, il n'est rien de tout cela! C'est une inquiétude étrange, incompréhensible à elle-même et par conséquent impossible à apaiser, moitié rêverie, moitié hystérie, réminiscence, imitation de choses qu'on a lues ou entendues, fantaisie sentimentale et maladive, sorte de folie. Des vices contre nature se propagent ; mais tandis qu'en secret l'impudeur se livre à ses orgies, on fait montre, en public, d'une pruderie excessivement chatouilleuse ; selon le proverbe qu'il ne faut pas parler de corde dans la maison d'un pendu, le peuple qui a une mauvaise conscience à l'égard de sa vie sexuelle et sait fort bien à quoi s'en tenir sur ses péchés d'action et d'omission, évite, avec l'angoisse d'un criminel surpris en flagrant délit, de toucher même de loin à ce sujet dans sa conversation et dans ses écrits. Tel est le tableau des rapports sexuels d'une race arrivée à l'épuisement de sa force vitale, soit par l'usure naturelle qui est une suite de la vieillesse, soit par des conditions défavorables d'existence, ou par l'action de lois nuisibles et insensées.

Si maintenant on m'accorde que la forme des rapports des deux sexes au sein d'un peuple donne la mesure de la force vitale de ce peuple, et si l'on applique cette mesure aux nations civilisées de l'Occident, on arrive aux constatations les plus alarmantes. Le mensonge des institutions économiques, sociales et politiques, a empoisonné aussi la vie sexuelle ; tous les instincts naturels qui doivent assurer la conservation et l'amélioration de l'espèce sont faussés et détournés de leur voie ; les générations futures, dans la partie intellectuellement la plus développée de l'Humanité, sont sacrifiées sans hésitation à l'hypocrisie et à l'égoïsme régnants.

A toutes les époques, l'Humanité a senti d'abord par instinct, puis compris par la raison, que rien ne lui importe plus que sa propre durée ; toutes les sensations, toutes les actions qui ont un rapport quelconque avec cet intérêt primordial ont pris de tout temps la plus large place dans ses préoccupations. L'amour forme à peu près le fond exclusif de la littérature de tous les temps et de tous les peuples; c'est en tout cas l'unique fond qui ait pu captiver d'une manière durable la masse des lecteurs ou des auditeurs. Le résultat de l'amour, l'union d'un jeune homme et d'une jeune fille en un couple fécond, a été — d'abord par les mœurs et la coutume, plus tard par les lois écrites — entouré de cérémonies et de solennités, de préparations et de formalités, plus qu'aucun autre acte de la vie humaine, plus même que l'armement des adolescents, qui pourtant, chez les tribus barbares vivant sur un pied continuel de guerre, est d'une très grande importance. Par les formalités qui compliquent le mariage, l'État s'est toujours assuré un contrôle sur les rapports sexuels de ses membres, et la solennité avec laquelle il traitait l'union d'un couple amoureux devait faire comprendre à celui-ci qu'elle n'est pas une simple affaire privée comme un repas, une partie de chasse ou une soirée avec chant et danse, mais un événement d'une haute importance publique, exerçant une influence sur l'avenir de la communauté. Pour empêcher autant que possible l'amour de s'abaisser à une simple distraction, pour accentuer le plus possible son but élevé, la conservation de l'espèce, la société a, dès l'aurore de la civilisation, reconnu en principe comme seuls honorables et sanctionnés par son estime les rapports entre homme et femme dont le caractère sérieux a été consacré par une cérémonie publique; quant à ceux qui se sont dérobés à cette consécration, elle les a blâmés et punis par son mépris ou même par des châtiments.

Dans notre haute civilisation aussi, comme au temps de ses commencements, l'instinct sexuel doit, s'il ne veut dégénérer en un vice méprisable et honni, appeler la société à témoin de sa satisfaction et se placer sous sa surveillance ; aujourd'hui encore le mariage est l'unique forme autorisée par les lois pour les rapports entre homme et femme.

Voyons maintenant ce que le mensonge de notre civilisation a fait du mariage. Celui-ci est devenu un arrangement matériel où il reste aussi peu de place pour l'amour que dans le contrat de deux capitalistes entreprenant ensemble une affaire. Le mariage continue à avoir pour prétexte la conservation de l'espèce ; il suppose théoriquement l'attraction réciproque de deux individus de sexe différent ; mais dans le fait, le mariage n'est pas conclu en vue de la génération future, il l'est seulement en vue de l'intérêt personnel des individus qui contractent l'union. Le mariage moderne, particulièrement dans les classes dites supérieures, manque de toute consécration morale et, par suite, de toute raison d'être anthropologique. Le mariage devrait être la sanction de la solidarité, il est celle de l'égoïsme. Tous ceux qui se marient veulent dans leur nouvelle situation vivre non l'un en l'autre et l'un pour l'autre, mais trouver de meilleures conditions pour la continuation d'une existence commode et exempte de responsabilité. On se marie pour se créer une nouvelle situation de fortune, pour s'assurer un chez-soi plus agréable, pour pouvoir prendre et soutenir un rang social, pour satisfaire une vanité, pour jouir des privilèges et des libertés que la société refuse aux femmes célibataires et accorde à celles qui sont mariées. En se mariant on songe à tout : au salon et à la cuisine, à la promenade et aux bains de mer, à la salle de bal et à la salle à manger ; il n'y a qu'une chose à laquelle on ne songe pas, la seule essentielle : la chambre à coucher, ce sanctuaire d'où doit sortir l'avenir de la famille, du peuple, de l'Humanité. La décadence et la ruine ne doivent-elles pas être le lot des peuples dans les mariages desquels triomphe l'égoïsme des époux, et où l'enfant est un hasard non désiré, au meilleur cas indifférent, une conséquence difficile à éviter, mais complètement accessoire?

On objectera peut-être que chez les peuples à l'état de nature, c'est-à-dire vivant dans les conditions primitives, la grande majorité des mariages n'est pas conclue autrement que dans notre civilisation. Chez ceux-là aussi l'inclination ne joue aucun rôle pour former un ménage. Dans telle tribu, l'homme épouse une jeune fille qu'il ne voit pour la première fois qu'après la noce. Dans telle autre, le jeune homme désireux de se marier enlève à une tribu voisine la première femme dont il peut s'emparer. Là où l'on choisit l'épouse, on le fait à la suite de délibérations qui n'ont rien de commun avec l'amour. On prend une jeune fille pour femme parce qu'on sait dans la tribu qu'elle s'entend à travailler, qu'elle soigne bien le bétail, file et tisse habilement. Là donc aussi la conservation de la tribu est confiée à l'aveugle hasard ou à l'égoïsme; cependant ces peuples sont pleins de force juvénile, et leur développement, loin de souffrir de cet état de choses, augmente rapidement.

Nous répondrons que le mariage fondé non sur l'amour, mais sur l'égoïsme et la tradition, n'a pas, chez les peuples à l'état de nature, pour des raisons anthropologiques, les mêmes conséquences fâcheuses que chez les nations civilisées. Chez les peuples primitifs, les individus diffèrent peu physiquement et intellectuellement. Chez tous les hommes comme chez toutes les femmes prédomine le type de la tribu; c'est à peine si l'individualité existe. Tous les individus sont comme fondus dans un même moule et semblables les uns aux autres jusqu'à pouvoir être confondus; tous ont été élevés de la même manière. Nulle sélection n'a donc besoin de présider à l'accouplement ; le résultat sera à peu près le même, de quelque façon que les parents se soient assortis. Une grande similitude des individus exclut non seulement la nécessité, mais même la possibilité de l'amour. L'instinct de la reproduction n'éveille alors dans l'individu que le désir général de la possession d'un individu de l'autre sexe, mais il n'individualise pas, en un mot il ne s'élève pas à sa forme plus haute, qui est précisément l'amour pour un être déterminé et non pour un autre. Tout un sexe a une inclination générale pour tout l'autre sexe, et il est complètement indifférent à l'homme de s'associer à telle femme, et réciproquement. Si chez un peuple à l'état de nature apparaît un individu fortement dissemblable des autres et se distinguant des autres membres de la tribu par des qualités physiques ou intellectuelles, la différence sera immédiatement sentie avec une intensité dont nous autres, qui sommes habitués à voir différer individuellement les hommes, nous pouvons à peine nous faire une idée. La grande loi zoologique de la sélection se montrera avec une puissance naturelle ; le désir de posséder cet individu supérieur prendra les proportions d'une passion terrible et orageuse et donnera lieu aux actes les plus extrêmes. Mais chez les peuples civilisés, où les individus diffèrent beaucoup, les choses vont tout autrement. Dans les basses classes non cultivées ou moins développées, l'instinct de la reproduction, il est vrai, apparaît bien plutôt comme un penchant général pour l'autre sexe que comme une inclination isolante ; malgré les contes sentimentaux répandus par des poètes mauvais observateurs, l'amour violent pour un être déterminé y est extrêmement rare. Mais dans les classes plus élevées, où les individus sont richement développés, très différents et offrent des types particuliers nettement caractérisés, l'instinct sexuel devient exclusif et difficile sur le choix ; il faut aussi qu'il le devienne, pour que la descendance soit vigoureuse et apte à la vie.

Là, il faut que le mariage, c'est-à-dire l'unique rapport de procréation admis par la société, soit un résultat de l'amour. Car l'amour est le grand régulateur de la vie de l'espèce, la force qui pousse au perfectionnement de cette espèce et cherche à empêcher sa ruine physique. L'amour est l'instinct d'un être qui reconnaît qu'il doit former un couple avec un être déterminé de l'autre sexe afin que ses bonnes qualités s'accroissent, que ses mauvaises s'atténuent, et que son type reste intact ou se perfectionne chez ses descendants. L'instinct de la reproduction est en soi aveugle et a besoin d'un guide sûr, l'amour, pour atteindre son but naturel, qui est à la fois la conservation et l'amélioration de l'espèce. Ce guide manque-t-il, l'appariement est-il déterminé non par une attraction réciproque, mais par le hasard ou des intérêts étrangers à son but physiologique, le produit du croisement, en présence d'une grande dissemblance des parents, est toujours un produit indifférent ou mauvais. Les enfants héritent des défauts des parents et les grossissent ; les qualités des parents, au contraire, sont affaiblies ou se neutralisent les unes les autres ; il en résulte une race sans harmonie, déchirée intérieurement, rétrograde, condamnée à une rapide extinction. La voix de l'amour peut seule dire à l'individu que son union avec un autre individu déterminé est désirable dans l'intérêt de la conservation et du perfectionnement de l'espèce, ou que cette union serait déplorable.

Gœthe a d'un seul mot merveilleusement saisi et défini l'essence de l'amour, et de gros volumes ne pourraient rien y ajouter. Ce mot est : « affinité élective. »

Cette désignation est empruntée à la chimie ; elle rattache profondément les grands procédés élémentaires de la nature à un fait qui se passe chez l'homme et qui a été mystiquement obscurci par la fantaisie hystérique de poètes sans idées ni discernement. La chimie nomme affinité élective la tendance de deux corps à se combiner en un nouveau produit, qui dans presque toutes ses propriétés : couleur, état d'agrégation, densité, action sur d'autres matières, etc., est complètement différent des deux corps primitifs. Deux corps qui ne sont pas l'un à l'égard de l'autre en rapport d'affinité élective peuvent se trouver éternellement dans le plus étroit contact, — ce ne sera qu'une juxtaposition sans vie, qui ne conduira à aucune nouvelle formation, à aucun effet dynamique, à aucun résultat vivant. Quand deux corps ont une affinité élective, on n'a qu'à les rapprocher l'un de l'autre pour provoquer immédiatement de beaux et féconds phénomènes d'activité.

L'organisme humain est le théâtre de faits absolument semblables. Deux individus exercent ou non l'un sur l'autre une action réciproque. Ont-ils une affinité élective : ils s'aiment, volent impatiemment l'un vers l'autre et deviennent la source de formations nouvelles. N'ont-ils pas cette affinité, ils restent froids et sans action l'un sur l'autre, et leur rencontre ne constitue jamais un épisode de la grande vie générale. Nous voyons là des propriétés primordiales inhérentes à la matière et que nous n'essayerons pas d'expliquer. Pourquoi l'oxygène s'unit-il au potassium ? Pourquoi l'azote ne s'unit-il pas au platine ? Qui pourrait le dire ? Et pourquoi un homme aime-t-il une femme et non pas une autre ? Pourquoi une femme veut-elle tel homme et dédaigne-t-elle tous les autres ? Évidemment, parce que cette attraction ou cette indifférence a sa base dans le « chimisme » le plus intime de l'être en question et coule des mêmes sources que les procédés organiques de la vie. Le mariage ressemble à un vase dans lequel deux corps différents, deux individualités chimiques sont enfermées l'une avec l'autre. Ont-elles une affinité élective : le vase est rempli de vie; n'en ont-elles pas : il contient la mort. Mais, dans les unions modernes, qui donc s'inquiète de l'affinité élective ?

Il n'y que deux sortes de rapports entre homme et femme : ou bien ils reposent sur une attraction naturelle réciproque, et, dans ce cas, ils ont toujours pour but conscient ou inconscient la reproduction ; ou bien ce but n'est pas en première ligne, et l'on cherche seulement la satisfaction de l'égoïsme sous n'importe quelle forme. Les premiers rapports sont justifiés et moraux, les autres forment la grande catégorie de la prostitution, de quelque façon qu'ils se présentent extérieurement. La créature dépravée qui, la nuit, dans les rues d'une grande ville, s'offre pour une pièce de monnaie à un passant dont elle ne peut même pas distinguer les traits dans l'obscurité, cette créature se prostitue; le drôle qui courtise une vieille folle et se fait payer comptant ses hommages, se prostitue; il n'y a qu'un mot pour les deux cas. Mais je demande : Où est la différence entre un homme entretenu par sa maîtresse, et un homme qui fait la cour à l'héritière ou à la fille d'un homme influent pour laquelle il n'éprouve pas le moindre amour, uniquement afin d'obtenir, avec sa main, la richesse ou une position ? Où est la différence entre la drôlesse qui se vend à un inconnu pour un peu d'argent, et la chaste fiancée qui va à l'autel avec un individu qu'elle n'aime pas, mais qui, en échange de ses étreintes, lui offre un rang social ou des toilettes, des parures, des domestiques, ou simplement le misérable pain quotidien ? Les mobiles sont, dans les deux cas, les mêmes, le procédé est le même, la désignation aussi doit être la même d'après la vérité et la justice.

Une mère que tout le monde tient pour très honorable, qui, elle-même, se croit très sévère sur les mœurs, présente à sa fille un prétendant riche, et s'efforce de triompher de l'indifférence naturelle de sa fille par d'habiles exhortations et par des préceptes de ce genre : « Il y a folie à repousser un sort convenable, il serait imprudent au plus haut degré d'attendre une seconde occasion qui, probablement, ne se présenterait pas ; une jeune fille doit penser à des buts pratiques et se débarrasser la cervelle de toutes les sottes histoires romanesques », cette mère modèle est une entremetteuse, ni plus ni moins que la vieille et hideuse proxénète qui, sur un banc d'une promenade publique, murmure à l'oreille des couturières sans ouvrage des propositions infâmes, et s'expose par là à des poursuites judiciaires. L'élégant prétendant accueilli avec distinction dans tous les salons, qui fait dans les figures du cotillon la chasse à un riche parti, parle à l'héritière avec des yeux noyés et des inflexions mielleuses de la voix, ajourne ses créanciers au lendemain de sa noce et dédommage sa maîtresse sur la dot reçue ; — cet élégant est un coquin tout comme le souteneur que l'agent de police lui-même ne touche qu'avec répugnance. Une fille qui se vend pour nourrir une vieille mère ou un petit enfant est moralement au-dessus de la vierge rougissante qui monte dans le lit conjugal vers un sac d'écus pour satisfaire son avidité frivole de bals et d'excursions aux eaux ; l'homme qui paie chaque fois comptant sa compagne d'une minute, et puis lui tourne le dos, est moins trompé, plus logique, plus raisonnable, que l'homme qui s'achète, par un mariage légal et pour la vie, une concubine qui, tout comme l'autre, a eu l'argent pour but. Toute alliance entre homme et femme contractée en vue d'une situation matérielle ou d'autres avantages égoïstes est de la prostitution, peu importe que cette alliance soit conclue avec le concours d'un employé de l'état civil, d'un prêtre, ou seulement d'une ouvreuse de loges au théâtre.

C'est là pourtant le caractère de presque tous les mariages; les rares exceptions où un homme et une femme s'unissent dans les formes légitimes sans autre mobile, sans autre désir que de s'appartenir l'un à l'autre par l'amour, sont tournées en dérision par les gens raisonnables; on met la jeunesse en garde contre de telles folies. Des filles pauvres ou peu pourvues sont dressées par leurs parents prévoyants à étouffer les dangereux mouvements naturels de leur cœur et à mesurer l'amabilité de leur sourire d'après le chiffre du revenu d'un célibataire; si le jeu de coquetterie de la fille ne suffit pas à dénicher un soutien solide, mère et tante viennent à la rescousse et appuient par de sages manœuvres l'effort de l'innocente enfant. Chez les jeunes filles riches, la chose se passe autrement : elles ne chassent pas, elles jouent le rôle de gibier. Une certaine classe d'hommes pratique la chasse à la dot savamment et en règle. Cela porte des pantalons et des gilets d'une coupe irréprochable, des cravates d'une couleur et d'une forme soigneusement choisies et un monocle vissé dans le coin de l'œil; cela a des cheveux frisés et sent de loin toutes sortes de parfums; cela danse excellemment, est rompu aux jeux de société, bavarde des choses du sport et connaît les cancans de théâtre; arrivé à un certain point, cela prodigue bouquets et bonbons et n'est pas non plus avare de lettres d'amour en prose et en vers. A l'aide de ces moyens, le faisan doré est pris facilement, et l'innocente créature, qui a cru jouer sa partie dans un drame lyrique, comprend trop tard qu'elle a seulement figuré comme facteur dans une opération arithmétique. Là enfin où les deux parties ont à peu près la même situation et la même fortune, on ne fait d'abord que compter, mesurer et peser. On ne se donne pas la peine de nier les vrais mobiles de l'union. On réunit deux fortunes, deux influences, deux situations. Lui, il veut avoir une ménagère qui, selon sa position sociale, lui fasse la soupe et lui couse ses boutons de chemise, ou qui sache porter élégamment une robe de soie et présider avec grâce un dîner de gala; elle, elle veut avoir un mari qui travaille pour elle ou lui permette d'aller aux bals de la cour et de recevoir la bonne société. Quand le rang et la fortune sont inégaux, cette sincérité n'est pas de mise; il faut alors mentir d'un côté ou d'un autre. La jeune fille pauvre feint d'aimer le sac d'écus; le prétendant, d'affectionner le poisson doré. La nature et la vérité remportent du moins ce triste triomphe, que l'égoïsme, qui a détourné le mariage de son but véritable, reconnaît ce but en principe, puisqu'il regarde comme nécessaire de prendre au cours de sa recherche le masque de l'amour.

Quel est le sort des hommes et des femmes qui ont conclu de telles alliances? Les descendants dégénérés physiquement et moralement d'ancêtres qui se sont également mariés en vue de l'intérêt matériel, qui ont été engendrés sans amour, élevés sans tendresse, sont déchus définitivement de la faculté de l'amour et peuvent devenir vieux sans jamais ressentir l'appauvrissement intérieur de leur vie. L'homme a soin de son palais et de son estomac, acquiert une grande compétence dans les vins et les cigares, se fait, par sa générosité, apprécier par les danseuses, est estimé dans les clubs, meurt riche d'honneurs et inscrirait, s'il était sincère, ces mots sur son tombeau : « L'unique amour de ma vie a été — l'amour de moi-même. » La femme invente des modes insensées, cherche à dépasser ses égales en folle prodigalité, rêve jour et nuit de robes, de parures, de meubles et de voitures, intrigue, ment, calomnie d'autres femmes, s'efforce avec une haine diabolique de détruire le bonheur intime des autres, et laisse derrière elle sur tout le cours de son existence, si ses moyens d'action répondent à ses intentions, une large trace de désolation et de terreur, comme ferait une dévastation par des sauterelles ou une invasion de la peste. Tous deux, lui et elle, végètent au point de vue intellectuel dans des sphères ténébreuses et méphitiques. Leur vie manque de tout idéal. Leur nature, privée de tout élan, de toute force pour voler ou pour bondir, rampe à plat dans le limon. Ils sont des organismes de destruction craignant l'air, répandant la maladie, décomposant la société et périssant dans la pourriture qu'ils ont amenée.

Les dégénérés se rencontrent principalement dans les hautes classes. Ils sont à la fois un résultat et une cause de l'organisation égoïste de celles-ci. Là, on ne se marie pas par inclination, mais selon le rang et la fortune. De cette façon, la fortune et le rang sont maintenus, mais leurs possesseurs périssent. La suppression de l'amour et le développement de l'égoïsme, qui sont les tendances régnantes dans les couches supérieures de la société, conduiraient, s'ils étaient généralisés, à la disparition rapide de l'espèce. L'instinct de conservation de l'espèce se manifeste donc en ce que les familles fondées sur le manque d'amour et sur l'égoïsme sont impitoyablement extirpées. La disparation générale et rapide des maisons aristocratiques n'a guère d'autre cause.

A côté des dégénérés, on voit des hommes aptes à la vie et capables d'amour, mais qui par inintelligence, manque de réflexion, ou crainte des dangers de la lutte pour l'existence au milieu d'une société grossièrement égoïste, ont contracté un mariage de raison, ainsi nommé parce qu'il est le plus déraisonnable de toutes les espèces imaginables de mariage. Ces hommes éprouvent tôt ou tard le châtiment de la faute commise contre la loi fondamentale de la sélection, et plus ce châtiment est tardif, plus il est sévère. L'instinct de l'amour ne peut être arraché de leur cœur, il cherche par un effort continuel et infiniment douloureux à se frayer une issue pour sortir des froides conventions sociales. Il peut arriver qu'un tel individu ne rencontre jamais dans la vie un autre individu avec lequel il a une affinité élective ; le mariage demeure alors paisible en apparence, les rapports des époux, enchaînés par suite d'un simple calcul, restent corrects dans la forme ; mais leur existence est agitée et incomplète ; ils ont éternellement le sentiment cruel d'une attente anxieuse, ils espèrent toujours voir venir quelque chose qui remplisse le vide de leur vie ; leur être tout entier aspire à un complément qu'il ne trouve jamais dans les satisfactions, si brillantes qu'elles soient, de l'ambition ou de l'égoïsme, parce que l'amour seul pourrait le lui procurer. Ces individus sont, comme les dégénérés, privés toute leur vie d'élévation et d'idéal, mais ils sont plus malheureux que ceux-ci, car ils ont la conscience toujours présente de ce qui leur manque. Ce ne sont pas des aveugles ; ce sont des hommes aux yeux sains à qui est enlevée la lumière du soleil. Il en est toujours ainsi, quand le hasard de la vie ne les met pas en contact avec un être pour lequel ils ont une affinité élective. Mais s'ils en rencontrent un, la catastrophe est inévitable. Le conflit entre le devoir conjugal et l'aspiration ardente à la réunion avec l'individu apparié électivement éclate avec violence ; l'amour se révolte contre le mariage ; l'un ou l'autre doit succomber dans la lutte. Il peut y avoir une troisième solution ; comme c'est la plus pitoyable, c'est aussi la plus fréquente : le mariage semble rester intact, mais l'amour prend ses ébats ailleurs.

Ainsi la personne qui aime ou bien détruit violemment le mariage, ou combat et étouffe son amour en sacrifiant le bonheur de sa vie, ou bien trompe son conjoint et devient adultère. Les natures vulgaires vont tout droit à cette dernière ressource ; les natures nobles ont à subir toutes les amertumes de la révolte contre les préjugés du monde et de la lutte entre la passion et le devoir. Si la société était gouvernée par les vraies lois naturelles et organisée solidairement, elle donnerait raison à l'amour et crierait à ceux qui luttent : « Vous vous aimez, réunissez-vous ! » Mais la société officielle, dominée par l'égoïsme, est devenue l'ennemie de l'espèce ; aussi prend-elle parti pour le mariage et dit-elle impérieusement aux combattants : « Renoncez ! » Mais en dépit de sa perversité, elle a conservé la conscience que c'est impossible, qu'on ne peut pas renoncer plus facilement à l'amour qu'à la vie et que son ordre ne sera pas mieux suivi que si elle commandait le suicide ; elle ajoute donc plus bas et en clignant des yeux : « Ou du moins ne faites pas de scandale public ». Ainsi l'amour se fraie finalement sa voie, mais seulement chez ceux qui veulent se prêter à l'hypocrisie de la société, et au lieu d'avoir une action qui élève l'âme et l'ennoblit, il devient une source d'abaissement des caractères, parce qu'il amène le mensonge, le parjure et la dissimulation.

Dans le mariage, et sous son action, il se produit une sélection singulière des individualités ; précisément les meilleures et les plus solides, celles par conséquent qui auraient pour l'espèce la plus grande valeur comme agents de la sélection, dédaignent de se prêter à des compromis vulgaires et immoraux ; comme elles ne veulent pas mentir traîtreusement à une promesse solennelle et qu'elles n'ont pas le courage ou la possibilité matérielle de rompre ouvertement leur mariage légitime, leur amour tardif les perd sans profiter à l'espèce. Les natures vulgaires, au contraire, dont la perpétuation est, pour l'espèce, de peu d'importance, échappent au martyre et satisfont leur cœur aux dépens de leur conscience.

Le mariage conventionnel, c'est-à-dire les neuf dixièmes des mariages contractés au sein des peuples civilisés de l'Europe, constitue donc une situation profondément immorale et fatale pour l'avenir de la société. Il met tôt ou tard ceux qui le concluent dans un conflit entre les devoirs jurés et l'inextirpable amour, il leur laisse seulement le choix entre l'abaissement et la ruine. Au lieu d'être pour l'espèce une source de rajeunissement, il est pour elle un moyen de lent suicide.

II

Ainsi le mariage, conçu primitivement comme l'unique forme admise de l'amour entre l'homme et la femme, a perdu complètement sa valeur et est devenu le plus grand de tous les mensonges de la société. On se marie habituellement sans s'inquiéter de l'inclination ; jeune homme et jeune fille sont formellement amenés par l'exemple de la vie ordinaire et par la littérature de toutes les langues à se représenter l'amour absolument distinct du mariage et même, dans la règle, opposé à celui-ci. En unissant leurs mains, ils se réservent consciemment ou inconsciemment, dans le fond le plus secret de leur âme, de ne pas laisser influencer leurs cœurs par cette formalité ; la faute de cette situation est principalement imputable à l'organisation économique des peuples civilisés. Cette organisation a pour base l'égoïsme ; elle ne connaît que l'individu et non l'espèce ; sa préoccupation se borne à l'intérêt immédiat du premier, en négligeant complètement celui de la seconde ; elle indique une exploitation spoliatrice qui sacrifie l'avenir au présent ; elle n'a pas parmi ses nombreux gardiens et soutiens, agents et conseillers, un seul avocat des générations futures. Qu'importe à une société ainsi organisée que la reproduction s'opère dans les conditions les plus défavorables ! La génération vivante ne songe qu'à elle-même. Quand elle peut écouler son existence de la façon la plus agréable possible, elle a rempli son devoir envers elle-même et elle n'en connaît pas d'autre. La génération suivante devra à son tour ne songer qu'à elle seule, et si par la faute de ses pères elle est appauvrie intellectuellement et physiquement, c'est tant pis pour elle. Les enfants du mariage sans amour sont des créatures misérables. Qu'importe, pourvu que les parents aient trouvé dans ce mariage leur avantage ! Les enfants de l'amour sans mariage sont presque tous victimes de la proscription sociale de leurs mères et deviennent martyrs des préjugés régnants. Où est le mal, pourvu que leurs géniteurs aient trouvé dans les relations défendues d'agréables moments ? L'Humanité disparaît de l'horizon de l'homme, le sentiment de la solidarité, qui appartient à ses instincts primordiaux, comme à ceux de tous les animaux supérieurs, dégénère ; la souffrance du prochain ne trouble plus le plaisir de l'homme déchu, et même la pensée que l'Humanité doit cesser avec la génération vivante ne déciderait pas la société à changer un genre de vie dans lequel l'individu peut se trouver momentanément à son aise. Ainsi, l'instinct sexuel est devenu l'objet d'une exploitation égoïste, et comme il est le plus puissant de tous les instincts, on peut spéculer sur lui en toute sûreté. Voilà pourquoi homme et femme cherchent à faire de l'acte sacré de la conservation et du développement de l'Humanité, autant que possible, une source de rentes personnelles. Peut-on en vouloir à l'homme civilisé qui regarde le mariage comme un refuge et se laisse déterminer dans sa recherche par la question : « Quel est le plus offrant ? » Il voit que le monde prend la fortune pour mesure de la valeur d'un individu ; il voit le riche banqueter, et Lazare, aujourd'hui comme aux temps bibliques, couché dans la poussière sur le seuil ; il connaît l'ardeur et la violence de la lutte pour l'existence et les difficultés de la victoire ; il sait qu'il ne doit compter que sur lui-même et sur sa propre force : s'il succombe, il ne doit attendre de l'État aucun secours acceptable. Quoi d'étonnant s'il envisage chaque acte de la vie, par conséquent aussi le mariage, la plupart du temps exclusivement au point de vue de son propre intérêt dans la lutte pour l'existence ? Pourquoi accorderait-il à l'amour une influence sur le choix de son conjoint ? Parce que l'Humanité s'en trouverait mieux ? Que lui importe l'Humanité ? Que fait donc l'Humanité pour lui ? Le nourrit-elle s'il a faim ? Lui donne-t-elle de l'occupation s'il est sans travail ? Rassasie-t-elle ses enfants s'ils demandent du pain ? Et s'il meurt, prendra-t-elle soin de sa veuve, de ses orphelins ? Non. Comme elle ne remplit aucun de ces devoirs envers lui, il veut aussi ne s'occuper que de lui seul, ne considérer l'amour que comme un agréable passe-temps, et, s'il se marie, veiller à ce qu'il en résulte pour lui une augmentation de sa part aux biens de la terre.

La conséquence de cette manière de voir est d'amener

la rapide dégénération de l'Humanité civilisée ; mais la victime immédiate de cet état anormal, c'est la femme. L'homme n'en souffre pas trop. S'il ne se sent pas assez vigoureux ou s'il n'a pas le courage de prendre sur soi la responsabilité de fonder une famille au milieu d'une société qui est une ennemie et une exploiteuse au lieu d'être un appui, il reste célibataire, sans renoncer pour cela à la pleine satisfaction de tous ses instincts, car célibat n'est nullement synonyme de continence. Le célibataire est tacitement autorisé par la société à se procurer les agréments du commerce avec la femme comment et où il le peut ; elle nomme ses plaisirs égoïstes des succès, et les entoure d'une espèce d'auréole poétique; le vice aimable de don Juan éveille en elle un mélange d'envie, de sympathie et de secrète admiration. Si l'homme s'est marié sans amour uniquement pour des avantages matériels, la coutume lui permet de chercher à droite et à gauche les émotions qu'il ne trouve pas auprès de sa femme, ou si elle ne le lui permet pas explicitement, elle ne traite pas la chose comme un crime qui l'exclut de la société des honnêtes gens.

Tout autre est la situation de la femme. Chez les peuples civilisés, la femme est réduite à voir dans le mariage son unique destinée. Ce n'est que dans le mariage qu'elle peut trouver la satisfaction de tous ses besoins physiologiques. Elle doit se marier pour être admise à l'exercice de ses droits naturels d'individu entièrement développé, pour pouvoir recevoir la consécration de la maternité, souvent aussi pour être à l'abri de la misère. Cette dernière considération, sans doute, n'existe pas chez la minorité, les jeunes filles riches ; mais, quoique celles-ci d'ordinaire aient le sentiment de la profonde immoralité d'un mariage sans amour et que le désir d'épouser un homme de leur choix aille chez beaucoup d'entre elles jusqu'à une sorte de manie qui dans tous les prétendants leur fait voir des chasseurs de dot, elles n'échappent pourtant pas, en règle générale, à l'action fatale de la perversion qui, dans le mariage, a mis l'âpre égoïsme à la place de l'amour. Il y a trop d'hommes assez lâches pour aspirer à une prébende matrimoniale. Ils feront tout leur possible pour conquérir la jeune fille riche, non parce qu'ils l'aiment, mais parce qu'ils veulent sa fortune. Il ne leur en coûte nullement de flatter toutes ses lubies ; si la jeune fille réclame de l'amour, ils le feindront d'autant plus surabondamment qu'ils le ressentiront moins, et il est très probable que l'héritière, jeune et inexpérimentée, offrira sa main au plus indigne des prétendants, à celui qui, ordinairement, sera le comédien le plus habile et le plus persévérant. Elle reconnaîtra trop tard qu'elle aussi a épousé, non pas un homme avec lequel elle a une affinité élective, mais un homme avide d'argent ; elle devra donc ou renoncer à l'amour, ou le chercher en dehors du mariage, à travers des dangers et sous la menace du mépris de tous les censeurs des mœurs. Mais les jeunes filles riches forment une petite minorité, et les autres sont contraintes, par l'organisation actuelle de la société, d'espérer en l'époux comme en l'unique sauveur possible contre la honte et la misère.

Quel sort avons-nous fait à la jeune fille non mariée ? Son nom vulgaire de vieille fille implique une pointe d'ironie. La solidarité de la famille ne subsiste pas généralement jusque dans l'âge mûr des enfants. Les parents une fois morts, frères et sœurs se séparent ; chacun cherche à marcher seul dans la vie, l'existence en commun est pour tous un poids gênant, et la fille qui est assez délicate pour ne pas vouloir causer de l'embarras à un frère ou à une sœur, surtout s'ils sont mariés, se trouve seule dans le monde, infiniment plus isolée que ne l'est le Bédouin du désert. Doit-elle vivre à son propre foyer ? Il sera inhospitalier et abandonné ; car un ami masculin ne peut s'y asseoir, si elle ne veut être la victime des méchants propos des voisins ; les amitiés féminines sont rares et jusqu'à un certain point même contre nature ; elle ne les cherchera nullement parmi ses compagnes d'infortune, qui apporteraient plus de mélancolie et d'amertume dans un logis déjà trop triste. Les gens toujours prêts à donner des conseils lui diront de ne pas se soucier du bavardage des commères et de réunir autour d'elle les sympathies qu'elle rencontre. Mais de quel droit ces gens, si sages et si complaisants, demandent-ils à une pauvre et faible fille de renoncer pour jamais à la satisfaction que même l'homme le plus fort puise dans le sentiment d'être soutenu par l'estime et l'appréciation de ses semblables ? La réputation est un bien absolument essentiel, et l'opinion des autres joue dans la vie intérieure et extérieure de l'individu le plus grand rôle. Et la fille qui n'a pas trouvé de mari n'aurait aucun droit à ce bien ? Elle passera sa vie parmi les étrangers, moins libre et plus exposée à la calomnie que ne l'est la femme mariée ! Dans une douloureuse contrainte, elle sera sans cesse préoccupée de sa réputation, que la société exige intacte, sans lui offrir la récompense naturelle : un époux. Le célibataire va dans les cafés, les tavernes, les clubs, qui remplacent tant bien que mal la famille ; il se promène seul, voyage seul, et a cent moyens de se dédommager du vide de son habitation, privée d'amour conjugal et filial. Toutes ces consolations sont refusées à la vieille fille, condamnée à rester mélancoliquement emprisonnée dans une existence manquée. Si elle possède quelques ressources, elle les augmentera difficilement ; probablement elle les amoindrira ou les perdra, car l'éducation et les mœurs l'ont infiniment plus mal armée que l'homme pour l'administration, ou plutôt la défense d'une fortune, contre les nombreux piéges qui la guettent. Est-elle absolument sans fortune : alors le sombre tableau devient désespérant. Peu de professions indépendantes, et qui ne sont même pas lucratives, sont ouvertes à la femme. La fille du peuple se met en condition et gagne sa misérable vie, mais sans jamais connaître ce qu'on nomme l'indépendance ; les humiliations altèrent son caractère. Si elle a recours au travail manuel libre, elle meurt de faim ; comme journalière, elle ne gagne en moyenne que la moitié de ce que gagne l'homme, quoiqu'elle ait les mêmes besoins naturels. La fille des classes plus élevées choisit la carrière de l'instruction où, neuf fois sur dix, elle rencontre aussi l'esclavage sous le nom de gouvernante. Dans certains pays, elle trouve ouvertes quelques situations publiques subalternes où une fille cultivée et énergique ne peut jamais arriver au sentiment de suivre une vocation intérieure, sentiment qui seul rend la pauvreté supportable, et ce ne sont que les élues qui arrivent ainsi. Les autres restent pauvres, misérables, à charge à elles-mêmes et à autrui, écrasées par la conscience de leur absolue inutilité, de leur vie manquée, impuissantes à procurer à leur jeunesse une joie, à chaque jour le pain quotidien, et à leur vieillesse des moyens d'existence. Et, avec tout cela, la jeune fille qui végète dans un cruel abandon doit constamment avoir une force de caractère surhumaine. Nous exigeons que cet être déchiré intérieurement, qui a froid et qui a faim, qui tremble à la pensée des jours de sa vieillesse, soit une héroïne ! La prostitution la guette et l'attire. Elle ne peut dans sa vie triste et solitaire faire un seul pas sans être assaillie par la séduction sous mille formes. L'homme qui redoute de prendre sur soi la charge de son entretien constant ne se fait pas scrupule de réclamer l'amour comme un présent qui ne l'oblige à aucune réciprocité. Son infâme égoïsme tend des piéges continuels à la jeune fille et devient d'autant plus dangereux pour elle qu'il a pour secrets alliés les instincts les plus puissants. Elle ne doit pas seulement supporter avec résignation la misère et la solitude, lutter contre les sens enflammés de l'homme, adversaire vigoureux, résolu et infatigable, — elle doit aussi dompter ses propres inclinations et les révoltes de ses instincts naturels contre les mensonges et les hypocrisies de la société. Pour rester intact dans une situation aussi pénible, il faut un héroïsme dont tout au plus un homme sur mille serait capable. Et quelle est pour la jeune fille la récompense de tous ces efforts? Il n'y en a pas. La vieille fille qui, à travers toutes les difficultés, a vécu comme une sainte, ne trouve même pas un dédommagement dans le sentiment intime d'avoir obéi, dans sa dure et pénible vie de privations, à une grande loi de la nature ; une voix intérieure lui crie d'autant plus haut qu'elle devient plus vieille : « Pourquoi as-tu lutté ? A qui ta victoire a-t-elle servi ? La société mérite-t-elle que l'on respecte au détriment du bonheur de sa vie ses préceptes impitoyables et égoïstes ? N'aurait-il pas valu mille fois mieux pour toi te laisser vaincre sans résister ? »

Si la fille ordinaire a peur d'un sort pareil, si, sans s'occuper beaucoup d'inclination et d'affinité élective, elle épouse le premier homme qui demande sa main, n'a-t-elle pas raison? Il y a cent probabilités contre une que la vie dans le mariage, de quelque façon qu'elle se déroule, sera plus agréable que celle d'une vieille fille dans la société actuelle. Naturellement, le mensonge que commet la fille en se mariant sans amour ne reste pas impuni. Elle ne sera pour son mari ni une épouse fidèle, ni une maîtresse de maison occupée de son devoir. Dans son désir inassouvi d'amour, la femme écoutera sans relâche la voix de son cœur, prendra chaque mouvement léger et indistinct de celui-ci pour la révélation attendue de la passion, se jettera au cou du premier homme qui saura occuper un moment son esprit oisif, reconnaîtra bientôt qu'elle s'est trompée, et cherchera de nouveau, en roulant souvent sur cette pente dangereuse, jusqu'à la ruine morale et la honte. Tant mieux pour elle si elle désire simplement plaire, sans aller jusqu'à l'adultère dans l'intention ou dans le fait, si le sentiment de son sort et de la nécessité de découvrir enfin l'homme qu'elle peut aimer se manifeste seulement sous la forme d'une coquetterie à demi-inconsciente; si elle se contente de se parer, de courir les bals et les soirées, de rechercher avidement toutes les occasions où elle peut rencontrer des hommes étrangers, éprouver sa propre force d'attraction et ressentir celle des hommes. Elle ne songe qu'à elle-même, ne soigne que ses propres intérêts et exige que la vie ne lui offre que des agréments personnels. Dans son égoïsme, elle ne peut voir à côté d'elle son époux, avoir égard à lui, identifier sa vie avec la sienne. Sa maison n'existe que pour elle seule. Elle dépense l'argent sans pitié pour la peine qu'a son mari à le gagner. Elle s'est mariée uniquement pour pouvoir vivre sans soucis et à son aise; tant pis pour son mari s'il a commis la maladresse de la prendre pour femme, sans s'assurer auparavant de son amour! C'est un cercle vicieux qui n'enferme que de l'amertume.

L'organisation égoïste de la société rend à l'individu la lutte pour l'existence si pénible et si rebutante, que ni l'homme ni la femme ne cherchent dans le mariage l'amour, mais seulement la sécurité matérielle; l'homme

pourchasse la dot; la fille sans fortune, craignant de
rester dans l'isolement, met la main sur le premier
homme qui peut la nourrir; elle se transforme, après la
noce, en un animal de luxe coûteux, qui n'a pour le
possesseur aucune valeur réelle et n'est qu'une source
de grosses dépenses. Un grand nombre d'hommes, qui
auraient pu nourrir une femme et la rendre heureuse,
reculent à la vue de telles unions et renoncent au mariage; un nombre égal de filles est ainsi condamné au
célibat; leurs chances de trouver un mari diminuent,
leur hâte d'épouser s'accroît en conséquence, la question d'amour est supprimée plus complètement encore,
et le mariage contracté dans ces conditions n'en devient
que plus décourageant pour les gens non mariés. Mari
et femme sont des ennemis cherchant réciproquement
à se tendre des piéges et à s'exploiter; personne n'est
heureux; les seuls qui se frottent les mains sont le con-
fesseur catholique et les propriétaires des grands maga-
sins de modes, car cet état de choses leur amène le plus
grand nombre de leurs clients.

III

L'organisation économique est la cause principale de
ce que l'institution du mariage est un mensonge; mais
elle n'est pas la seule. Une grande responsabilité dans
l'opposition entre le mariage et l'amour et dans les fréquents conflits entre les sentiments naturels et la contrainte conventionnelle doit être imputée aussi à la morale sexuelle régnante, conséquence du christianisme.
Cette morale considère l'acte de la génération comme un
crime abominable, elle se voile la face devant lui comme

devant un objet d'horreur, ce qui ne l'empêche pas de lui jeter à la dérobée de lubriques regards de convoitise ; elle fait autour de tout ce qui concerne la vie sexuelle ou la rappelle la conspiration du silence. C'est monstrueux, c'est inouï. Une telle morale ne pourrait subsister une heure, si tous les hommes, sans exception, publiquement ou dans l'intimité, ne se mettaient au-dessus d'elle et ne la regardaient comme non avenue. Elle n'a pas le moindre fondement naturel et, par conséquent, pas l'ombre d'une justification. Pourquoi une fonction organique qui est de beaucoup la plus importante, puisqu'elle a pour but la conservation de l'espèce, serait-elle moins morale que d'autres fonctions qui ont pour but seulement la conservation de l'individu ? Pourquoi manger et dormir seraient-ils des opérations légitimes que l'on peut pratiquer publiquement, dont on a le droit de parler, tandis que l'accouplement serait un péché et une honte que l'on ne peut assez cacher ou désavouer? La puberté n'est-elle pas le couronnement du développement de l'individu, et la reproduction son triomphe le plus haut et sa manifestation la plus glorieuse ? Tous les êtres vivants, les plantes et les animaux, sentent dans la copulation la confirmation la plus sublime de leur force vitale et prennent orgueilleusement la nature entière à témoin : les fleurs par la magnificence de leurs couleurs et leur parfum, les oiseaux par leur chant retentissant, les vers luisants par leur éclat rayonnant, les mammifères par le bruit de leur recherche amoureuse et le tumulte de leurs combats ; et l'homme seul devrait rougir de son sentiment le plus puissant et en dissimuler la satisfaction comme un crime !

Telle ne fut pas toujours, d'ailleurs, l'opinion des hommes ; Tartuffe n'a pas toujours été leur professeur de morale. Je ne parle pas de l'homme à l'état de nature, mais de l'homme en pleine civilisation. Des civilisations riches, très développées intellectuellement et moralement, infiniment supérieures en idéalité à notre civilisation moderne, la civilisation indoue et la civilisation grecque, par exemple, se sont placées pour les rapports sexuels à un point de vue naturel et exempt de préjugés ; elles honoraient l'ensemble de l'organisme humain sans trouver un organe plus honteux qu'un autre; elles n'avaient nullement horreur de la nudité; elles pouvaient, par conséquent, la contempler avec des regards chastes et sans arrière-pensée corrompue ; elles voyaient dans la réunion d'individus de sexe différent uniquement le but sacré de la propagation, qui en fait un acte nécessaire, noble, particulièrement élevé, et ne pouvant faire naître dans un esprit sain et mûr d'indignes associations d'idées. Les civilisations indoue et grecque n'avaient pas encore faussé et obscurci totalement, comme la nôtre, les instincts primitifs de l'homme ; elles étaient pour cette raison pénétrées d'une admiration et d'une reconnaissance toutes naturelles pour l'acte de la génération, source de toute vie dans l'univers. On honorait les organes qui concourent directement à cet acte, on plaçait leur image dans les temples, les champs et les demeures, comme symboles de la fécondité; on imaginait des divinités spéciales de la reproduction et on leur consacrait un culte qui, à l'époque de la décadence des mœurs seulement, dégénéra en une sensualité grossière dépourvue de but. Entourée de symboles qui devaient exciter son désir de savoir, la jeunesse ne pouvait être maintenue dans cette ignorance contre nature qui est un des buts principaux de notre éducation ; l'intelligence était à même, dès l'instant où les phénomènes de la vie sexuelle pouvaient l'intéresser, de les comprendre clairement; il était impossible que la fantaisie s'écartât du droit chemin pour devenir malsaine ; ce qui était exposé aux yeux de tous n'avait pas l'attrait du mystère et de la prohibition ; la jeunesse sans préjugés était plus morale et plus exempte d'appétits prématurés que la nôtre. Celle-ci, en effet, en dépit de toutes les précautions, ne peut être maintenue dans une ignorance jugée salutaire ; mais elle puise sa connaissance aux sources les plus impures, en cachette, et par conséquent au milieu d'excitations qui empoisonnent l'esprit et ruinent le système nerveux.

La transformation radicale des idées de moralité est le résultat de l'influence que les idées chrétiennes ont exercées dans l'humanité civilisée. Les doctrines fondamentales du christianisme, telles qu'elles sont exposées dans les plus anciens monuments de cette religion, se contredisent étonnamment les unes les autres et partent de deux prémisses qui auraient dû de toute nécessité s'exclure réciproquement, si le christianisme avait été fondé par un penseur logique et ayant la conscience de son œuvre. D'un côté, elles prêchent : « Aime ton prochain comme toi-même, fût-il ton ennemi » ; de l'autre côté, elles déclarent que la fin du monde est imminente, que le plaisir de la chair est le plus grand péché, que la continence est de toutes les vertus la plus agréable à Dieu, et que la chasteté absolue est l'état le plus désirable pour l'homme. En enseignant l'amour du prochain, le christianisme a élevé l'instinct naturel de solidarité humaine jusqu'à un commandement religieux et a favorisé la durée et la prospérité de l'espèce ; mais en condamnant en même temps l'amour sexuel, il a détruit sa propre œuvre, il a condamné l'humanité à la ruine, il a montré contre la nature une hostilité que l'on ne peut, pour parler son langage, que taxer de diabolique. Le dogme de l'amour du prochain devait conquérir l'humanité, car il en appelait à son instinct le plus puissant : celui de la conservation de l'espèce. Le dogme de la chasteté, par contre, aurait dû empêcher toute extension de la religion nouvelle, s'il n'avait été établi dans un temps où la société était complètement pourrie, où régnait seul l'infâme égoïsme, et où la vie sexuelle, détournée de son but naturel, n'était plus qu'une source de plaisirs égoïstes, souillée par tous les vices, une abomination pour la conscience révoltée des gens de bien.

En effet, quand cette décadence disparut et que le christianisme ne se sentit plus l'opposé de la société romaine dégénérée, il ne crut plus nécessaire de protester contre l'exagération du vice par une exagération de vertu ; le dogme misanthropique de la chasteté fut relégué à l'arrière-plan. L'Église ne l'imposa plus à tous les croyants, mais seulement à quelques élus, les prêtres et les religieuses ; elle fit même à la nature la concession d'élever le mariage jusqu'à un sacrement. Le vœu de chasteté des moines et des religieuses n'empêcha pas, il est vrai, les plus grands excès, précisément dans les couvents ; au moyen âge, alors que le christianisme exerçait sur les hommes son plus haut empire, le dérèglement était presque aussi fort qu'au temps de la décadence romaine. Depuis que le christianisme existe, la doctrine de la continence n'a été suivie à la lettre que par des individus atteints de folie religieuse, maladie qui va presque toujours de front avec des troubles ou des aberrations de la vie sexuelle, car elle repose sur les mêmes modifications pathologiques du cerveau. Mais, en principe, le christianisme n'a jamais renoncé à ce dogme, l'Église a canonisé des époux qui, pendant un long mariage, ne s'étaient jamais touchés ; les rapports sexuels sont restés en théorie un péché à ses yeux, même quand elle les tolérait dans la pratique. Dans le cours des siècles cette influence constante du christianisme a amené l'Humanité civilisée là où elle en est aujourd'hui : à l'idée que l'amour sexuel est une honte, que la continence est une vertu, que la satisfaction de l'instinct fondamental de chaque être vivant est un péché digne des plus grands châtiments.

On n'a pas dans le christianisme moins d'appétits que dans le paganisme ; on ne recherche pas moins et on n'obtient pas moins la faveur des femmes ; mais on n'a pas le sentiment net, ennobli par le cœur, qu'on se livre à un acte louable ; on est, au contraire, poursuivi par l'idée qu'on marche dans des sentiers défendus, que l'on médite un crime qui doit rester secret ; on se sent avili par la contrainte de la dissimulation et de l'hypocrisie et par la nécessité de cacher le but naturel de son inclination : la possession de la personne aimée ; on est condamné à un perpétuel mensonge envers soi-même, envers l'être aimé et envers les hommes. La morale chrétienne n'admet pas que l'amour soit légitime ; aussi n'y a-t-il pas de place pour l'amour dans les institutions animées de cette morale. Le mariage est de ce nombre, et son caractère est influencé par la morale chrétienne. D'après les idées théologiques, il n'a rien de commun avec l'amour de l'homme pour la femme. Si l'on se marie, c'est pour accomplir un sacrement, non pour s'appartenir l'un à l'autre dans l'amour. On serait encore plus agréable à Dieu si l'on ne se mariait pas du tout. Le prêtre qui, devant l'autel, unit deux fiancés, demande à la femme si elle est prête à suivre l'homme comme épouse et à lui obéir comme à son maître. Il ne demande pas si elle l'aime, car il ne reconnaît pas la légitimité d'un pareil sentiment, et, pour lui, l'union qu'il consacre a son fondement dans la promesse solennelle faite devant l'autel, mais nullement dans un instinct organique humain qui pousse deux êtres l'un vers l'autre et les attache l'un à l'autre.

Toute la situation officielle de la société à l'égard de la vie sexuelle est déterminée par ces idées de dogmatique chrétienne sur la culpabilité de l'amour charnel, c'est-à-dire du seul amour naturel et sain. Le mariage est sacré ; on n'a pas le droit de manquer au commandement de fidélité, même si cette fidélité ne donne pas la moindre satisfaction au cœur des époux. La femme s'est mariée sans amour, elle fait plus tard la connaissance d'un homme qui éveille sa passion : la société n'admet pas la possibilité d'un fait de ce genre. Quoi? la femme aime! Cela n'est pas, cela ne peut être ! Une chose comme l'amour n'est pas admise. La femme est mariée; c'est tout ce à quoi elle peut prétendre. Elle a son mari, auquel l'unit son devoir accepté par serment; en dehors de ce devoir le monde n'a rien pour elle. Manque-t-elle au devoir, elle est une coupable et tombe sous la main de la police et sous le mépris de tous les gens bien pensants. La société donne à l'époux le droit de tuer sa femme infidèle, et s'il s'est montré trop indulgent, elle charge les juges de la jeter en prison, pour faire un exemple.

Une jeune fille s'est prise d'amour pour un homme; elle a obéi aux suggestions de la nature sans attendre l'immixtion d'un prêtre ou d'un employé de l'état civil. Malheur à elle ! On la repousse de la communauté des gens convenables. L'enfant innocent, fruit de son erreur, conservera une tache dont il ne pourra se purifier pendant toute sa vie. Le vol aussi est interdit par la société; mais les juges ont parfois pitié d'un voleur qui a dérobé un pain par besoin, et ils l'acquittent. La société reconnaît donc que la faim peut parfois être plus forte que le respect de la loi établie par elle. Mais elle ne pardonne pas à la femme qui, malgré le mariage, à la jeune fille qui, sans le mariage, ont toutes deux aimé. Elle n'a aucune excuse pour la transgression de la loi par laquelle elle a réglé le rapport des sexes. Elle ne veut pas voir que l'amour, aussi bien que la faim, est assez fort pour braver la loi écrite. Ne dirait-on pas que cette loi et cette morale ont été imaginées par des vieillards épuisés et ossifiés ou par des eunuques? Est-il possible que de telles idées régissent depuis des siècles une société où les eunuques et les vieillards sont cependant en minorité, et qui renferme des jeunes filles de vingt ans et des jeunes gens de vingt-quatre ans?

Mais non, de telles idées ne régissent pas la société. Celle-ci s'est arrangée à l'amiable avec la loi inhumaine et la morale sans cœur : elle feint de les respecter ouvertement, et se moque d'elles en secret. Son refus de reconnaître l'amour est pure hypocrisie. Devant le juge qui condamne la femme adultère, devant la femme hautaine qui chasse de sa présence la fille séduite, elle ôte son chapeau; mais le poète qui chante l'amour sans faire aucune allusion au mariage est applaudi à outrance. Chacun déclare publiquement, sur un ton plein d'onction, que c'est un péché d'obéir aux élans du cœur; mais en secret il leur obéit avec joie et ne se croit pas plus mauvais homme pour cela. La théorie de la morale chrétienne subsiste uniquement parce que, dans la pratique, personne ne la suit. Une immense conspiration enlace toute l'humanité civilisée et unit tous ses membres par une alliance secrète dont les adhérents, dans la rue, s'inclinent devant le dogme des théologiens, mais, dans la chambre, sacrifient à la nature; ils tombent sans pitié sur celui qui se révolte ouvertement contre le mensonge général et a l'audace d'avouer sur la place publique les dieux qu'il adore, comme tout le monde, à l'intérieur de son foyer domestique.

Pour juger sans prévention l'institution du mariage, on doit, si difficile que cela soit, se débarrasser des préjugés dans lesquels nous avons grandi et des idées de morale chrétienne, liées intimement avec toute notre manière de penser. A l'opposé du théologien, il faut considérer l'homme comme une créature de la nature et en connexion avec le reste de la nature; si l'on veut juger la légitimité d'une institution humaine, il faut demander si cette institution est basée sur les instincts fondamentaux et vitaux de l'Humanité.

Si nous appliquons cette règle à l'institution du mariage, il est douteux que celle-ci résiste à la critique, car il semble bien difficile de prouver qu'elle soit un état naturel de l'homme. Nous avons vu que l'organisation économique de la société conduit au mariage par intérêt et que la morale chrétienne défend de reconnaître l'amour. Mais il se présente une dernière et très pénible question : le mariage est-il seulement un mensonge parce qu'il s'agit pour la plupart des époux non de la possession de l'individu, mais de l'avenir matériel, et est-il seulement une contrainte parce que la morale chrétienne ne veut pas admettre qu'à côté du lien consacré par le prêtre il y a encore une chose qu'on nomme l'amour ? Le mariage, tel qu'il existe aujourd'hui dans l'Humanité civilisée, n'est-il pas plutôt, en général, une forme dénaturée du rapport des deux sexes? Comme lien établi pour toute la vie, ne serait-il pas aussi un mensonge, si l'on ne se mariait jamais que par amour et si l'on accordait à la passion tous ses droits naturels?

En ce qui concerne les rapports des deux sexes, nous sommes aujourd'hui si éloignés de l'état de nature, qu'il est extrêmement difficile de reconnaître avec certitude ce qui est physiologiquement nécessaire et ce qui a été faussé, produit artificiellement, et dans la suite des siècles a fini par prendre une apparence naturelle. Un examen attentif des mouvements les plus intimes du cœur humain et de la vie animale supérieure semble conduire à un résultat fort décourageant pour les partisans de l'ordre existant. Le mariage, tel qu'il s'est développé parmi les peuples civilisés, repose en principe sur la reconnaissance exclusive de la monogamie. Mais il semble que la monogamie n'est pas un état naturel de l'homme, et qu'il existe, dès l'origine, une contradiction entre l'instinct individuel et l'organisation sociale. Cette contradition doit sans cesse provoquer des conflits entre le sentiment et la morale, et faire du mariage un incessant mensonge ; aucune réforme ne pourrait y remédier assez pour que l'union monogamique extérieure de deux époux fût dans toutes les circonstances synonyme de solidarité intérieure et de penchant sexuel de l'un pour l'autre.

L'organisation du mariage en général repose, comme j'ai cherché à le démontrer, sur l'idée plus ou moins nette que l'intérêt de la conservation et du perfectionnement de l'espèce exige une certaine surveillance de l'instinct sexuel par l'État. Mais cet intérêt n'exige nullement une alliance contractée pour toute l'existence entre un seul homme et une seule femme. Une telle alliance n'est pas amenée non plus par l'instinct de conservation individuelle, elle est une suite de l'organisation économique de la société, et, pour ce motif, aussi passagère sans doute que cette organisation. L'idée que le mariage doit avoir la forme de la monogamie, idée clairement établie dans les lois et les mœurs, est née évidemment du raisonnement que voici : « Dans une société qui ne connaît aucune solidarité économique, où chacun ne travaille que pour soi et laisse périr son prochain sans s'occuper de lui, les enfants devront mourir de faim si les parents ne les élèvent pas. La mère ne peut pourvoir seule à l'entretien de ses enfants, car dans cette même société égoïste la femme, étant la plus faible, se voit fermer complètement par l'homme, abusant de sa force, toutes les professions lucratives et faciles, c'est-à-dire toutes celles qu'elle peut seulement exercer ; son propre travail suffit donc à peine à la nourrir elle-même, à plus forte raison ne peut-elle nourrir ses enfants. Il faut, en conséquence, contraindre le père à aider la femme à cet effet. Mais cette contrainte ne peut être exercée efficacement que si l'on forge une chaîne liant indissolublement l'homme à la femme qu'il désire rendre mère. Cette chaîne est le mariage à vie. Et afin que l'on puisse établir plus facilement quel père doit pourvoir à l'entretien de tel enfant, chaque homme ne doit avoir d'enfants que d'une seule femme et chaque femme n'en doit avoir que d'un seul homme. C'est la monogamie.

« Maintenant la situation est claire et simple. Tu désires posséder une femme? Bien ; oblige-toi auparavant à travailler toute ta vie pour elle et pour les enfants qui pourraient résulter de vos relations. Si plus tard tu es fatigué de cette femme, ce sera tant pis pour toi. Tu l'as, et tu dois la conserver. Tu trouves que tu t'es trompé dans ton choix, que tu t'es trompé toi-même en croyant l'aimer? Tu aurais dû dès l'abord réfléchir plus mûrement. Ton excuse ne peut plus être admise. Tu brûles actuellement pour une autre? Cela ne nous regarde pas. Tu dois continuer à supporter ta femme et tes enfants ; moi, la société, je ne souffre pas que tu t'en décharges pour les mettre sur mes épaules. »

L'instinct de la conservation de l'espèce ne cesse pas d'être actif aussi longtemps que celle-ci possède de la force vitale. L'unique façon dont l'espèce, dans une organisation économique fondée sur l'égoïsme, puisse assurer la vie des femmes et des enfants, c'est la monogamie à vie. Nos institutions économiques devaient amener nos institutions matrimoniales ; dans la pratique, le mariage est devenu un moyen de satisfaire l'égoïsme des parents, puisqu'on ne le conclut pas par amour, d'après les lois de la sélection et dans l'intérêt de la descendance ; malgré cela il est, en théorie, une institution dictée par l'intérêt — mal entendu — de la conservation de l'espèce, et créée non pour les parents, mais pour les enfants. La génération adulte est en théorie sacrifiée aux nouveau-nés ou même à ceux qui ne sont pas encore nés ; les besoins de l'estomac des petits passent avant les besoins du cœur des grands ; cela se fait impitoyablement dans les pays qui sont sous l'influence complète de la théologie chrétienne, un peu plus doucement dans ceux où l'émancipation a répandu des idées plus naturelles et plus humaines. Le catholicisme traitant l'amour comme un péché, ne permet pas la dissolution du mariage et n'admet pas que deux êtres puissent s'être trompés l'un à l'égard de l'autre, ou, s'ils se sont trompés, que le bonheur de leur vie puisse exiger une séparation. Les peuples émancipés du catholicisme accordent que l'amour existe, qu'il a des droits, qu'il peut s'affirmer en dehors du mariage ; mais ils l'accordent à contre-cœur et seulement à demi ; ils ne permettent la séparation qu'après maintes difficultés ; ils poursuivent les époux divorcés de préjugés haineux ; ils vont jusqu'à défendre qu'on épouse la personne pour l'amour de laquelle on a divorcé, défense aussi cruelle que stupide.

Au point de vue de l'égoïste organisation économique, cela est parfaitement logique ; au point de vue de la physiologie et de la psychologie, au contraire, surgissent les plus graves objections. Le mariage est conclu pour la vie. Prenons le cas le plus favorable : les deux époux s'aiment réellement. Cet amour durera-t-il aussi longtemps que la vie? Peut-il durer aussi longtemps? Les deux époux ont-ils le droit de se promettre mutuellement fidélité jusqu'à la mort? N'agissent-ils pas avec témérité ou légèreté, en répondant de l'inaltérabilité de leurs sentiments? Les poètes qui, c'est là une justice à leur rendre, ont embrouillé et obscurci cette question d'une façon presque inextricable, ne sont pas embarrassés de répondre : ils sont certains que le véritable amour dure éternellement. « Et dis comment finit l'amour? — L'amour qui a pu finir, ce n'était pas de l'amour », s'écrie Frédéric Halm. « Ce n'était pas de l'amour ! » Oui ! c'est facile à dire après coup. Toute personne qui ne cherche pas à se faire illusion pourra citer à l'imprudent poète cent exemples de relations qui se sont nouées très passionnément et ne s'en sont pas moins refroidies très vite et complètement. Si le poète persistait à répondre que « ce n'était pas le véritable amour », il devrait bien nous dire à quoi il reconnaît le véritable amour, comment il le distingue de l'amour qui n'a pas été de l'amour, puisqu'au moment de sa naissance et pendant son épanouissement, de courte durée d'ailleurs, le faux amour ressemble à l'autre comme deux gouttes d'eau; il provoque, dans ceux qu'il atteint, les mêmes sensations, les porte aux mêmes actes, apparaît avec le même cortège de bruit et de mouvement, d'exaltation et de désespoir, de tendresse et de jalousie. Sans doute, il y a des cas où l'amour ne cesse qu'avec la vie. Des critiques très prosaïques trouveront peut-être que même dans ces cas sa durée peut être imputée plus ou moins aux circonstances favorables, à la puissance de l'habitude, à l'absence de troubles et de tentations, en un mot, à des influences indépendantes de la volonté des deux individus. On ne niera pas cependant l'existence de ces cas, où la monogamie à vie est un état vrai, naturel et justifié. Le bien extérieur visible ne cesse jamais d'être l'expresion d'un rapport intérieur.

Mais si de tels cas existent incontestablement, ils sont rares, et les poètes eux-mêmes en conviennent. Comment doivent maintenant se comporter les innombrables individus qui, à un moment donné, croient aimer sérieusement, et qui, après des mois ou des années, voient qu'ils se sont trompés? Doivent-ils se hâter de s'unir pour la vie? Bientôt ils cesseront de s'aimer l'un l'autre, et leur union leur deviendra aussi insupportable que si, dès le début, elle avait été formée sans inclination. Ou bien ne doivent-ils pas se marier avant d'avoir acquis la ferme conviction que leur amour durera jusqu'à leur mort? Ce serait assez difficile; la vraie nature du sentiment ne pouvant être reconnue qu'avec le temps, les amoureux devraient attendre jusqu'à l'heure de leur mort pour pouvoir dire en toute sécurité : « Notre amour était, en effet, le vrai; il a duré toute notre vie, nous pouvons maintenant, en toute confiance, nous faire... enterrer ensemble ». Si l'on exigeait comme condition préalable du mariage une épreuve aussi sévère et aussi concluante, l'Humanité devrait simplement renoncer au mariage. Il est heureux pour Roméo et Juliette qu'ils soient morts jeunes. Si la tragédie ne finissait pas au cinquième acte, je ne suis pas sûr que nous n'entendrions pas bientôt parler de désaccord entre les deux charmants jeunes gens. Je craindrais terriblement qu'au bout de quelques mois Roméo n'eût pris une maîtresse, et que Juliette se fût consolée de son abandon avec un gentilhomme véronais. Ce serait effroyable : un procès en séparation comme épilogue de la scène du balcon! Je vais même plus loin : tels que je connais Roméo et Juliette, cela serait certainement arrivé, car ils sont tous deux très jeunes, très passionnés, très peu raisonnables et très mobiles; un amour qui naît au bal, à la vue d'une belle personne, ne survit pas habituellement, comme nous le savons tous, à beaucoup de nuits à l'aurore desquelles on croit entendre « le rossignol et non l'alouette ». Mais Roméo et Juliette s'en sont-ils moins aimés pour cela? Qui donc oserait le soutenir? Et auraient-ils dû ne pas se marier? C'eût été un péché mortel aussi bien au point de vue moral qu'au point de vue poétique. Si cependant leur mariage avait mal tourné, ce n'eût pas été une preuve contre leur amour, mais contre la raison d'être du mariage, au point de vue anthropologique.

La vérité c'est que, parmi dix mille couples, il s'en trouve à peine un où mari et femme s'aiment mutuellement et exclusivement durant toute leur vie, et qui inventerait la monogamie perpétuelle, si elle n'existait déjà. Mais dans ce même nombre il y a certainement neuf mille neuf cents couples dont les membres ont éprouvé, à un certain moment, le violent désir de se joindre l'un à l'autre, étaient heureux quand ils pouvaient le faire, souffraient amèrement quand ils ne le pouvaient pas, et qui cependant, après un laps de temps plus ou moins long, en sont arrivés à éprouver des sentiments tout à fait différents, ou même contraires, pour l'objet de leur ardente inclination. Ces couples ont-ils le droit de se marier? Certainement. Leur union doit même être réclamée dans l'intérêt de l'espèce. Mais la monogamie à vie sera-t-elle toujours compatible avec leur bonheur? Personne n'osera l'affirmer.

Le fait est que l'homme n'est pas un animal monogame; toutes les institutions qui reposent sur l'hypothèse de la monogamie sont plus ou moins contre nature, plus ou moins gênantes pour lui. Des idées traditionnelles, très profondément enracinées à force de passer de père en fils, ne prouvent rien contre ce fait. Prêtez une oreille attentive aux voix les plus cachées et les plus discrètes qui murmurent dans le cœur d'amants : l'être aimé remplit-il vraiment de telle sorte l'être aimant, qu'il ne laisse aucune place à un désir ou seulement à une attention ayant pour objet un autre être ? Je le nie. Toute personne sincère avouera qu'homme et femme, même au paroxysme d'un jeune amour, gardent encore dans l'âme un coin obscur où ne pénètrent pas les rayons de la passion du moment et où se réfugient les germes d'autres sympathies et d'autres désirs. Par honnêteté, on tient peut-être ces germes sous étroite garde, on ne leur permet pas de se développer immédiatement, mais on a conscience de leur existence et l'on sent qu'ils acquerraient bientôt de la force, si l'on ne s'opposait à leur épanouissement. Si choquant que cela puisse sembler, je dirai qu'on peut aimer à la fois plusieurs personnes avec une tendresse à peu près égale, et l'on n'a pas besoin de mentir pour affirmer à chacune sa passion. Quelque amoureux que l'on soit d'une personne, on ne cesse pas pour cela d'être accessible à l'influence du sexe entier. La femme comme l'homme, si amoureux et si honnêtes qu'ils soient, sentent toujours l'attraction naturelle du sexe opposé, et il suffit de circonstances tant soit peu favorables pour que cette attraction universelle devienne le point de départ d'une nouvelle inclination pour un individu déterminé, — de même que le premier amour n'était sans doute que la concentration de l'inclination générale pour l'autre sexe sur une seule personne, habituellement la première qu'on a eu occasion de bien connaître.

Encore ai-je ici en vue, je le répète expressément, des femmes chastes et des hommes honnêtes sachant se dominer. Je ne parle pas des femmes nées avec des dispositions de courtisane, ni des hommes venus au monde pour être des débauchés; le nombre en est beaucoup plus grand que n'aime à l'avouer la morale codifiée. La fidélité absolue n'est pas dans la nature humaine; elle n'est pas une nécessité physiologique de l'amour; si on l'exige, c'est en vertu de l'égoïsme. L'individu veut régner seul sur l'être aimé, l'absorber complètement, ne retrouver en lui que sa propre image, parce que c'est la plus puissante jouissance de l'égoïsme. De même qu'on a particulièrement conscience de sa force quand on a vaincu un adversaire dans un libre combat d'homme contre homme, de même on sent sa propre individualité avec plus d'intensité et de délices quand on se reconnaît comme le plein possesseur d'une autre personne. Réclamer la fidélité n'est donc autre chose que vouloir marquer aussi larges que possible les limites de sa propre action sur un être étranger; la jalousie est le sentiment très douloureux de l'étroitesse de ces limites. On peut, par conséquent, être jaloux sans aimer soi-même le moins du monde, comme on peut vouloir vaincre un camarade dans les jeux d'adresse et de force, sans le haïr. Il s'agit, dans les deux cas, de la vanité de se sentir un individu fort; c'est une question de supériorité, de gymnastique psychique; et l'on réclame de la fidélité sans se croire pour cela nécessairement obligé à la réciprocité. Ce manque de réciprocité est la meilleure preuve que la fidélité n'est pas demandée pour le but naturel de l'amour, dans l'intérêt de la propagation, mais que c'est une condition inculquée artificiellement à l'Humanité, un produit de l'amour-propre, de la vanité et de l'égoïsme. Si l'on avait affaire à une nécessité organique, on concevrait la fidélité de l'homme comme un devoir aussi inviolable que celle de la femme ; mais comme il s'agit d'une exigence purement égoïste, l'égoïsme du plus fort a dû, dans le développement des mœurs, vaincre celui du plus faible ; et comme l'homme est le plus fort, il a fait les lois, les mœurs, toute la manière de voir, pour son propre avantage et au désavantage de la femme. Il exige de la femme fidélité absolue, mais il ne lui reconnaît pas le même droit à son égard. Si elle s'oublie, elle a commis une faute grave dont le châtiment le plus doux est le mépris général ; s'il en agit de même, il n'a fait qu'un aimable petit faux pas que la loi ne punit pas, dont la société rit discrètement et de bon cœur, et que la femme pardonne avec des larmes et des baisers, en supposant qu'elle l'ait pris au sérieux. Cette injustice, qui consiste à avoir deux balances, est encore accrue par la circonstance que si c'est la femme qui pèche, elle est toujours passive ; elle est induite en tentation par une puissance indépendante de sa volonté ; elle succombe à une puissance plus forte que sa résistance. Mais quand l'homme pèche, il est actif ; il le fait parce qu'il veut le faire ; Joseph n'apparaît pas souvent en dehors de la Bible, et madame Putiphar elle-même est rare ; l'homme prend l'initiative de la faute, il la cherche volontairement et la commet avec préméditation, avec un déploiement de forces et en dépit de la défense qu'on lui oppose.

C'est dans l'Inde que l'égoïsme de l'homme est allé le plus loin dans cette voie. Là, il comprend la possession de la femme d'une façon si absolue, il pousse si loin l'exigence de la fidélité, qu'il contraint la veuve, et même la fiancée, à suivre sur le bûcher l'époux mort ou seulement le fiancé ; mais l'homme qui perd sa femme n'a pas besoin de s'arracher un cheveu, et il peut, avec l'approbation générale, passer tout droit de la cérémonie funèbre à un nouveau lit nuptial. En Europe, l'égoïsme de l'homme n'a pas revêtu des formes aussi désastreuses. Seuls, quelques poètes sentimentaux et hystériques se sont avisés de réclamer une fidélité survivant à l'être aimé et nous ont montré des amoureux se condamnant eux-mêmes à un deuil et à une continence éternels, parce qu'ils n'avaient pu épouser l'être adoré ou parce que celui-ci était mort. Ces rêveurs avaient du moins le bon sens de demander la même obligation pour les deux sexes. Toutefois, les lecteurs raisonnables ne croient pas à ces figures et les tiennent, en tant qu'elles pourraient être imitées de la réalité, pour des êtres dégénérés ou maladifs, qui, d'un état pathologique du corps et de l'esprit, font une vertu poétique. L'usage européen admet en pratique, comme en théorie, que l'amour peut cesser, qu'on peut aimer à plusieurs reprises, et que la fidélité n'a pas besoin de survivre à l'amour; il admet parfaitement qu'un veuf se remarie. Si jamais la femme avait été plus forte que l'homme, notre manière de voir sur la fidélité serait sans doute tout autre. La légèreté de la femme aurait été une adorable faiblesse ayant un côté plaisant, tandis que l'infidélité de l'homme aurait eu une importance capitale. On aurait réclamé de l'homme, en dehors du mariage et particulièrement avant le mariage, la chasteté que l'on réclame aujourd'hui de la femme. Don Juan se serait nommé Doña Juana, et nous verserions des larmes sur le pauvre et innocent Othello que Desdémone, dans sa jalousie sauvage, égorgerait.

Je ne méconnais pas l'énorme difficulté qu'il y a de rendre la question de la fidélité et de la durée naturelle de l'amour indépendante de notre morale et de nos mœurs actuelles. Si l'on observe les animaux supérieurs, on reconnaît facilement que, chez eux, la passion du mâle pour la femelle ne dure que pendant le rut et ne se prolonge, en tout cas, que jusqu'à la fin de ce que l'on pourrait nommer la lune de miel; enfin, que la fidélité réciproque, qui existe seulement chez quelques espèces, ne survit pas à la naissance du petit. Notre orgueil humain a beau se cabrer, c'est dans ces analogies du règne animal, gouverné par les mêmes lois vitales que l'espèce humaine, qu'il nous faut étudier les habitudes humaines, pour savoir si elles sont naturelles et nécessaires ou si elles sont artificielles et arbitraires. Cette comparaison nous conduirait à admettre que l'amour, après avoir atteint son but, cesse comme la faim quand elle est apaisée, et que la naissance de l'enfant clôt définitivement pour la femme un acte de sa vie d'amour; qu'un nouvel acte, avec un nouveau décor, peut commencer. Si c'est là, selon l'apparence, l'état vrai et naturel de l'amour chez l'homme, la monogamie durable n'a aucune justification organique; elle doit, dans la plupart des cas, après la lune de miel ou tout au moins après la naissance d'un enfant, devenir une chose inutile, un mensonge, et amener des conflits entre l'inclination et le devoir, même si, originairement, le mariage a été contracté par amour.

Sans doute, une foule d'arguments viennent battre en brèche une démonstration dont la conséquence logique ne pourrait être que l'abolition du mariage et le retour à l'accouplement libre à la façon des animaux. Voici le premier de ces arguments. Il se peut que l'homme, en vertu de son instinct naturel, soit polygame, qu'il ait le penchant d'entrer en rapports avec plus d'un individu du sexe opposé; mais il a aussi d'autres instincts, et c'est précisément la tâche de la civilisation d'enseigner à l'homme qu'il peut combattre et vaincre ses instincts quand il les juge mauvais. Cet argument n'est malheureusement pas convaincant; il faudrait prouver avant tout que l'instinct polygamique nuirait à l'existence et au développement de l'Humanité ; dans ce cas seulement on serait autorisé à le regarder comme mauvais. Il faut bien se dire ensuite que la civilisation, qui est parvenue à dompter d'autres instincts, n'a jamais réussi à étouffer l'instinct polygamique, quoique l'Église le menaçât des peines de l'enfer et que la loi et la morale officielle le condamnassent. Dans les pays civilisés, l'homme vit en état de polygamie, en dépit de la monogamie légale; sur cent mille hommes, on en trouverait à peine un qui, à son lit de mort, pourrait jurer que dans toute sa vie il n'a pas eu plus d'une femme ; si le principe de la monogamie est suivi plus sévèrement par les femmes, ce n'est pas toujours parce qu'elles n'ont pas envie de l'enfreindre, mais parce que les gardiens de la morale officielle surveillent plus attentivement la femme et châtient plus durement ses révoltes qu'ils ne le font pour l'homme. Un instinct qui résiste si opiniâtrément et avec tant de succès aux lois et à la coutume doit pourtant avoir un fondement plus profond que les autres instincts, que la civilisation a su dominer.

Voici un argument qui a plus de poids. L'amour humain, qui n'est rien autre chose au fond que le désir de la possession d'un individu déterminé en vue de la reproduction, est cependant quelque chose de plus ; il est aussi une joie que fait éprouver le côté moral de l'être aimé; il est aussi de l'amitié. Cet élément de l'amour survit à l'élément physiologique. Sans doute, ce que l'on ressent pour l'être aimé après la possession n'est pas ce que l'on ressentait auparavant. Mais c'est toujours quelque chose d'élevé et de puissant et qui peut créer le désir, bien plus, la nécessité d'une existence commune pour la vie, existence qui ne tirerait plus sa raison d'être du but naturel du mariage, la reproduction, mais du besoin qu'a un être de culture supérieure de fréquenter un être d'une culture semblable. Même dans l'âme la plus fidèle, quelque forte qu'ait été la passion à son origine, l'amour subit, après la lune de miel ou après le premier enfant, cette transformation dans laquelle les chaînes du mariage ne lui pèsent pas encore, mais qui n'est plus, il faut le dire, un préservatif absolument sûr contre une nouvelle passion.

D'autres circonstances encore facilitent à la volonté la lutte contre les instincts polygamiques. Si la vie en commun de deux êtres qui se sont aimés un moment et ont prouvé par là qu'ils ont des dispositions à peu près harmoniques l'un pour l'autre, si cette vie, dis-je, a duré quelque temps, elle devient une habitude qui favorise puissamment la fidélité. On ne ressent peut-être plus, au bout d'un certain temps, le moindre amour l'un pour l'autre, pas même de l'amitié, mais la communauté subsiste pourtant et subsiste solidement. De même que, dans le phénomène de la pétrification, tous les éléments primordiaux d'une racine d'arbre, par exemple, disparaissent peu à peu et sont remplacés par des matières terreuses tout à fait étrangères qui s'insinuent à la place des molécules organiques et laissent intacte la forme générale, jusqu'à ce qu'il n'existe plus rien du tissu végétal, sans que l'aspect extérieur de la racine ait souffert en rien : de même, dans cette transformation des sentiments, l'habitude remplace imperceptiblement, particule par particule, l'amour qui s'évanouit, et quand celui-ci a complètement disparu, la forme du lien vital des deux êtres subsiste ; cette forme, quoique raide et froide, est néanmoins durable et résistante.

Le mariage produit-il des enfants, la tendresse des parents passe à ceux-ci ; dans l'âme des enfants croît un nouvel amour qui s'enlace également autour des deux parents et les réunit, comme une plante grimpante qui de ses longues tiges embrasse deux arbres, les lie indissolublement, les couvre encore de frais feuillage et de fleurs, quand déjà ils sont morts et desséchés. En outre, comme à mesure que le mariage dure on devient plus vieux, l'instinct amoureux s'affaiblit par des causes naturelles, et si les germes de nouvelles inclinations ne meurent pas, ne disparaissent pas, la volonté et l'intelligence peuvent pourtant plus facilement, d'année en année, empêcher leur développement. Enfin, après une aurore d'amour, il reste pour toute la vie un doux et profond souvenir qui dispose à la reconnaissance pour l'être qu'on a aimé et nous porte également à nous attacher à lui. Pour toutes ces raisons, il peut être opportun d'accoupler, en règle générale, les êtres humains par la monogamie et pour toute la durée de leur vie, lors même que leurs dispositions physiques et morales les auraient portés à des relations multiples, simultanées ou successives.

Mais il y aura toujours de nombreux cas où rien ne préserve d'une nouvelle passion, ni l'amitié qui accompagne l'amour, ni la reconnaissance que celui-ci laisse, ni l'habitude, ni l'âge, ni le lien d'une part commune dans l'existence des enfants. Dans ces cas, la fidélité est supprimée et le mariage cesse d'être justifié. La société admet la possibilité de ces cas, et, dans les pays assez avancés, elle a introduit le divorce. Mais la nature n'a pas encore par là conquis ses droits. Le préjugé hypocrite qui se cramponne au principe sévèrement monogamique poursuit les époux divorcés et les flétrit en les rabaissant au rang de personnes qui ne sont plus complètement honorables. Les natures un peu faibles et craintives sont portées à préférer le mensonge à la vérité, à tromper plutôt leur conjoint qu'à s'expliquer sincèrement avec lui ; à éviter le sort des divorcés en se blottissant lâchement dans une union souillée et devenue criminelle. La société doit s'habituer à estimer dans les divorcés des êtres courageux et sincères qui ne s'abaissent à aucun compromis avec leur conscience, qui brisent résolument la forme dès qu'elle n'a plus de signification et que leurs sentiments naturels se sont révoltés contre elle. Seule cette manière de voir, devenue générale, rendrait au cœur humain ses droits, au mariage la vérité et la sainteté, enlèverait au libertinage et à l'inconstance le masque de l'amour, et ferait de l'adultère un crime abominable que commettraient seulement les natures les plus vulgaires et les plus corrompues.

Nous nous sommes demandé si une union avec un seul être et pour la durée de la vie est conforme à la nature humaine et ne doit pas devenir nécessairement, tôt ou tard, un mensonge, même si à l'origine elle est contractée uniquement par amour. Mais combien sommes-nous loin encore d'un état qui ferait comprendre à la société la nécessité d'une telle recherche ! Avant d'aborder la solution du suprême problème anthropologique, — à savoir si l'homme n'aime qu'une fois et ne peut exercer ses instincts qu'avec un seul être du sexe opposé — il faudrait faire avant tout que chaque mariage eût pour base nécessaire l'amour et que le lien officiel, au moins au moment où il est formé, reposât sur une attraction réciproque. Mais l'organisation économique présente de la société s'y oppose. Aussi longtemps que l'homme n'est pas sûr de trouver du travail et, par là, une agréable aisance, il cherchera toujours dans le mariage son avantage matériel, ou, s'il ne peut y parvenir, il le redoutera et lui préférera les ignobles satisfactions que la prostitution lui offre, ou des relations fugitives, qui ne lui imposent pas de responsabilités ou ne lui en imposent que de très faibles. Aussi longtemps que la femme est réduite au mariage comme à son sort unique, elle l'acceptera toujours sans s'inquiéter de l'amour, au risque d'être dans la suite ou malheureuse ou perdue moralement.

Le sort de la femme surtout ne sera modifié en rien par les empiriques qui prônent l'émancipation des femmes comme remède à la plus grave des maladies sociales. Je ne ferai pas une critique approfondie de cette émancipation ; je veux seulement faire remarquer en quelques mots que, les deux sexes étant mis dans une situation absolument égale, la lutte pour l'existence revêtirait des formes encore plus affreuses qu'actuellement. La femme devenant sérieusement la rivale de l'homme sur beaucoup de questions industrielles, serait, étant la plus faible, écrasée sans pitié. La galanterie est une invention due au bien-être et au loisir. La nécessité et la faim suppriment ce sentiment sur lequel les femmes comptent pourtant, dès qu'on imagine un monde où la femme luttera avec l'homme pour la bouchée de pain. L'homme devra accomplir seul les travaux les plus difficiles et précisément les plus nécessaires ; il les cotera plus haut que ceux de la femme, et, comme aujourd'hui, il paiera moins cher le travail féminin que le sien propre. Pourquoi ? Parce qu'il a la force de convertir sa manière de voir en loi et de faire triompher sa volonté ; voilà la seule raison. Dans la civilisation, la femme a une situation élevée et magnifique, parce qu'elle se contente, parce qu'elle est satisfaite d'être le complément de l'homme et de reconnaître sa supériorité matérielle. Mais si elle tente de mettre celle-ci en question, elle est bientôt forcée d'en sentir la réalité. La femme pleinement émancipée, indépendante de l'homme, dans beaucoup de cas son ennemie par suite de questions d'intérêts, sera bientôt acculée. C'est alors la lutte, la lutte brutale, —

et qui en sortira vainqueur? Le doute à ce sujet n'est pas permis. L'émancipation mettrait nécessairement l'homme et la femme dans la situation d'une race supérieure et d'une race inférieure, — car l'homme est mieux armé que la femme pour la lutte de l'existence, — et le résultat serait que la femme tomberait dans une dépendance et un esclavage pires que ceux dont l'émancipation prétend la délivrer. Le but de ceux qui prêchent l'émancipation est de rendre possible à la femme de vivre sans mari et de renoncer au mariage. Cette manière de guérir un mal a la même valeur que celle d'un philanthrope qui, dans une famine, par exemple, viendrait proposer les moyens les plus convenables pour faire perdre aux hommes l'habitude de manger. Il s'agit de donner à manger à ceux qui ont faim, non de leur apprendre à se passer de nourriture.

Et vous, étranges avocats des victimes de notre civilisation, vous ne devez pas faciliter à la femme le mépris du mariage, vous devez lui assurer sa part naturelle à la vie d'amour dans l'Humanité. Dans le chapitre précédent j'ai déclaré que c'était un devoir de la société de prendre soin des enfants, de leur assurer l'instruction complète et, aussi souvent que c'est nécessaire, l'entretien jusqu'à ce qu'ils soient en état de gagner eux-mêmes leur vie; je regarde également comme un devoir de la société de protéger les femmes, nécessaires à la reproduction, contre la privation physique. L'État doit à la femme protection et entretien. Le rôle de l'homme dans la vie de l'espèce est de gagner le pain nécessaire, de conserver et de défendre la génération vivante; le rôle de la femme est de conserver l'espèce, de protéger les générations futures, d'améliorer l'espèce par la sélection; elle provoque parmi les hommes la lutte dont elle est le prix et dans laquelle les combattants les plus habiles conquièrent le plus précieux butin. Comme enfant, la femme doit recevoir les bienfaits de l'éducation générale de la jeunesse ; plus tard, elle doit avoir droit, si elle en a besoin, à une existence assurée, soit dans la maison paternelle, soit dans des établissements spéciaux. Il faut que la société arrive à sentir qu'il est honteux que, au sein d'un État civilisé, une femme — qu'elle soit jeune ou vieille, belle ou laide — puisse être dans l'indigence. Dans une société transformée d'après ces principes, la femme n'a pas le souci du pain quotidien ; elle sait que, mariée ou célibataire, elle est à l'abri des privations ; les enfants sont entretenus et instruits par l'État ; l'homme ne peut espérer se procurer pour de l'argent autant de femmes qu'il lui en faut, parce que la nécessité ne lui servira plus désormais d'entremetteuse. Dans une telle société, la femme ne se mariera plus que par inclination ; le spectacle de vieilles filles qui n'ont pas trouvé de mari sera aussi rare que celui de vieux garçons qui, dans une vie de libertinage, jouissent de tous les agréments du mariage, sans en avoir les charges et les limitations morales ; la prostitution ne se recrutera plus que dans la très petite minorité des créatures dégénérées dont les instincts déréglés n'acceptent aucune discipline, qui ne peuvent vivre que dans le vice et la honte, et qui sont absolument sans valeur pour la conservation de l'espèce. Si des considérations matérielles ne doivent plus entrer en jeu dans le mariage, si la femme peut choisir librement et ne doit plus se vendre, si l'homme est forcé de briguer la faveur de la femme par sa personne et non par sa position et sa fortune, alors l'institution du mariage peut, de mensongère qu'elle est, devenir une vérité ; alors à chaque étreinte présidera l'esprit sublime de la nature, chaque enfant viendra au monde entouré, comme d'une auréole, de l'amour de ses parents, et recevra à son berceau l'inappréciable cadeau de la force et de l'aptitude à la vie, cadeau que chaque couple s'étant rencontré dans une affinité élective transmet à ses rejetons.

DIVERS PETITS MENSONGES

I

Le fait que l'homme, semblable aux animaux qui vivent en troupeaux, a besoin de vivre en commun avec ses semblables, peut seul nous faire comprendre quelques-unes de ses particularités les plus primitives et les plus essentielles. Celles-ci resteraient absolument inexplicables, si nous devions voir en lui un être solitaire et indépendant par nature, et si jamais avait été vrai le tableau que des anthropologistes mal informés, mais doués d'une vive imagination, nous ont tracé de l'homme primitif : ils nous le montrent comme un chasseur sauvage, ennemi de l'espèce, errant seul à travers les forêts, armé d'une hache et d'un couteau de pierre. C'est uniquement sur son besoin de vivre en société qu'est fondé son instinct de solidarité ; l'éducation égoïste donnée par la civilisation a pu affaiblir et obscurcir cet instinct, mais non pas le supprimer. Cet instinct serait sans but et par conséquent non justifié chez un être que sa nature et ses besoins porteraient à une existence solitaire, sans aucune relation avec d'autres hommes, et occupé seulement à satisfaire ses propres penchants et ses intérêts personnels.

L'instinct de solidarité a pour résultat que l'homme, dans toutes ses résolutions et dans tous ses actes, a incessamment présente l'idée de l'espèce, du troupeau, et qu'il se demande : « Que diront de cela les autres ? » Il accorde la plus grande influence sur ses pensées et sur sa conduite à l'accueil que ses paroles et ses actions trouveront chez les autres hommes. L'opinion publique exerce sur chaque individu une puissance énorme, à laquelle il ne peut aucunement se dérober. S'il se révolte en apparence contre elle, cette révolte ressemble à certaines oppositions politiques qui en appellent du roi mal informé au roi mieux informé; elle a pour but avoué ou sous-entendu non de se mettre au-dessus de l'opinion publique, mais de la transformer de telle sorte qu'elle finisse par partager l'avis de celui qui proteste contre elle. L'homme qui se fraie une route à lui le fait dans l'espoir secret de retrouver finalement au bout de son chemin solitaire, si tard que ce soit, une foule humaine. Timon cherche à se persuader à lui-même que les hommes lui sont devenus complètement indifférents ; mais au fond de toute sa conduite et de toute son existence il y a pourtant l'aspiration à une Humanité qui réponde à ses vœux et à ses tendances, et dont lui aussi pourrait faire partie. Le désir de plaire à l'opinion publique est, en règle générale, plus puissant même que l'instinct de la conservation personnelle; car des hommes sans nombre sacrifient leur vie non pour défendre leurs propres intérêts, pour écarter un danger personnel, mais pour faire quelque chose dont les autres parlent avec éloges; en d'autres mots, c'est l'opinion publique qui fait les héros. Les hommes ordinaires sont nés pour marcher au plus épais de la troupe, pour laisser à d'autres la direction de l'expédition, le choix des haltes, la détermination de l'heure du départ et du repos, la conduite de l'attaque et de la défense ; ces hommes n'ont toute leur vie d'autre mobile que l'opinion des autres hommes; ils n'osent jamais suivre des idées propres ou avoir un goût personnel; dans les plus grandes choses comme dans les plus petites ils obéissent à l'opinion publique; depuis la couleur de leur cravate jusqu'au choix de leur femme, tout est déterminé en vue des compagnons dont ils ne détournent pas un instant leur œil anxieux.

Les individualités puissantes, les conducteurs naturels du troupeau, osent plutôt être eux-mêmes; sans souci de l'approbation ou du blâme des autres, ils obéissent à leurs propres idées. Mais si l'on regarde de plus près, on voit qu'eux aussi ne sont soutenus que par l'espoir d'obtenir tout de suite, ou plus tard, l'assentiment sinon de tous, du moins des meilleurs. Il faut un courage extraordinaire pour affirmer hautement une conviction personnelle, si l'on sait qu'on se met ainsi en opposition avec presque tout son entourage ; par exemple, pour défendre la cause du bas peuple, si, comme Catilina, on est né aristocrate ; ou pour déclarer la guerre à Rome, si, comme Luther, on a une mère bien-aimée qui vous croit condamné au feu éternel de l'enfer. Mais ces héros avaient la consolation de se sentir d'accord avec des minorités dont ils espéraient pouvoir faire des majorités. D'autres héros ne trouvèrent pas parmi leurs contemporains ces sympathiques minorités; ils étaient cependant encouragés dans le combat contre les opinions régnantes par l'approbation d'un seul être : une femme, un ami, un enfant; si cette consolation aussi leur manquait, ils étaient fortifiés par la conviction que l'Humanité serait un jour plus juste et plus intelligente, et qu'après les avoir lapidés de leur vivant, elle honorerait leur mémoire.

Je regarde comme absolument inadmissible que, pour obéir à une conviction personnelle, un homme en pleine possession de ses facultés intellectuelles se mette d'une façon persistante en opposition avec l'opinion publique, s'il est absolument sûr que sa manière d'agir, tant qu'il y aura des hommes sur la terre, sera à jamais condamnée par tous, que pas même la plus faible minorité ne lui donnera raison, que tous les hommes le mépriseront ou l'exécreront éternellement comme un traître, ou un lâche, ou un coquin. Vous auriez beau chercher le héros, le martyr qui, pour une idée regardée par lui comme juste, supporterait cette exclusion définitive et sans appel de l'Humanité, cet affreux isolement dans le présent et dans l'avenir, cette haine ou cette aversion universelle ; vous ne le trouveriez pas parmi les hommes à l'esprit sain. L'opinion publique n'est autre chose que la conscience de l'espèce, comme la conscience n'est autre chose que l'expression de l'opinion publique dans l'individu. L'instinct vivant chez tous de la conservation de la race fait que l'opinion publique, quand elle est abandonnée à son sentiment naturel et n'est pas obscurcie par des préjugés, n'approuvera en règle générale que les actes qui favorisent directement ou indirectement le bien de l'espèce ; elle ne condamnera que ceux dont résultera pour l'espèce un dommage plus ou moins immédiat. En sens inverse, la conscience est l'avocat des intérêts de l'espèce dans chaque âme humaine, le représentant que l'opinion publique possède dans chaque individu et par lequel l'individu se rattache toujours à l'Humanité, lors même qu'il vivrait tout seul sur une île déserte au milieu de l'Océan. L' « impératif catégorique » de Kant n'est autre chose que la voix de ce représentant intérieur de l'opinion publique. Celui qui fait ce qu'il a reconnu comme bien, même si c'est contraire à son avantage individuel, celui même qui, en remplissant un devoir, meurt obscurément en héros, sans espoir d'être jamais apprécié, celui-là agit ainsi parce qu'il sent en soi un témoin toujours présent de son héroïsme, parce qu'il entend une voix qui l'approuve hautement, au nom de l'Humanité, parce qu'il a le sentiment certain que l'opinion publique est entièrement avec lui et n'est empêchée que par le hasard de lui donner ouvertement son approbation. Impératif catégorique, conscience, opinion publique, sont donc essentiellement la même chose : des formes dans lesquelles l'individu affirme la solidarité de l'espèce.

Autrefois, l'opinion publique était quelque chose d'insaisissable; elle n'avait ni corps ni contours nets; elle naissait on ne savait comment; elle se composait de mille petits détails : d'un mot d'un prince ou d'un grand personnage, d'un signe de tête fait dans une taverne par un membre important d'une corporation, du bavardage d'une commère dans une visite, sur le marché, ou à la veillée. L'opinion publique ne prenait une forme déterminée que dans la juridiction d'honneur introduite non par la loi écrite, mais par la coutume; chaque état et notamment chaque corporation exerçaient cette juridiction sur leurs propres membres; un jugement sans appel possible à une juridiction supérieure anéantissait moralement celui qu'il frappait, et plus sûrement que ne l'aurait fait la sentence d'un tribunal proprement dit. Aujourd'hui, au contraire, l'opinion publique est une force solide pourvue d'un organe que tout le monde reconnaît comme son représentant pleinement autorisé : cet organe est la presse.

L'importance de la presse dans la civilisation moderne est énorme; son existence, la place qu'elle prend dans la vie de l'individu comme dans celle de la société caractérise notre temps bien plus que toutes les merveilleuses découvertes qui ont transformé de fond en comble les conditions matérielles et intellectuelles de notre existence. Le grand développement du journalisme coïncide avec ces découvertes et il est un de leurs effets. Qu'on essaie de se représenter les journaux actuels isolés de ces découvertes. Qu'on se représente notre siècle en possession du chemin de fer, du télégraphe, de la photographie et des canons Krupp, mais sans autres journaux que les feuilles hebdomadaires d'annonces et de comptes rendus, comme étaient ceux du siècle précédent ; que d'autre part on se le représente avec la vieille diligence mettant dix jours pour aller de Paris à Berlin, avec la chandelle et les mouchettes, le briquet et le fusil à platine, mais en possession des journaux politiques actuels : on trouvera alors que notre époque ressemblerait beaucoup plus aux époques antérieures dans le premier cas que dans le second, que la physionomie donnée par notre presse à notre culture contemporaine distingue cette culture de la précédente plus fortement que tous les autres traits qui caractérisent la vie moderne. L'importance de la presse n'est contestée par personne. On l'a nommée « le quatrième pouvoir de l'Etat », c'est-à-dire un pouvoir qui, avec les trois autres : le souverain, la Chambre haute et la Chambre des députés, fait des lois et gouverne. Il est certain qu'aujourd'hui, dans nul Etat européen, on ne peut gouverner d'une manière durable sans la collaboration de la presse ou en dépit de sa résistance, et que, sans elle, les lois ne peuvent être maintenues. Emile de Girardin a, dans un accès d'humeur paradoxale, nié la puissance de la presse. Les gens à courte vue pourront lui donner raison ; ceux qui voient plus loin hausseront les épaules. Sans doute, telle feuille ne pourra pas toujours faire prévaloir ses idées ; le premier journal du monde pourra demander en vain qu'on renvoie d'une administration publique un garçon de bureau grossier, à plus forte raison ne pourra-t-il empêcher le vote d'une loi, maintenir ou renverser un ministère, faire adopter telle ou telle politique. Mais si tous les journaux d'un pays poursuivent avec persévérance un certain but, s'ils répètent infatigablement durant des mois, durant des années, des idées exprimées d'une manière un peu générale, s'ils ramènent toujours leurs lecteurs à leur point de vue, il n'y a rien qu'ils ne puissent finir par obtenir ; gouvernement, législation, morale, vues philosophiques même, rien ne leur résistera.

Sur quoi repose l'importance et l'influence de la presse ? On a essayé de lui assigner comme rôle le plus important de servir d'intermédiaire aux relations commerciales. Nous n'avons pas besoin de nous occuper des gens qui ne regardent dans un journal que les colonnes d'annonces. Le journal donne aussi des nouvelles, mais ce n'est pas là que réside sa force : comme simple chronique des événements du jour, le journal n'aurait pas d'autre situation qu'un barbier de village, qui est son rival pour la connaissance des incidents de l'endroit. Une feuille qui ne se composerait que de sèches nouvelles n'inquiéterait pas le gouvernement, mais n'intéresserait pas non plus le public. D'autres font servir la presse à instruire les masses, à vulgariser les résultats des recherches scientifiques ; mais là, non plus, n'est pas son action principale, car, d'une part, la vulgarisation des sciences par la presse quotidienne n'a pas grande importance, et, d'autre part, l'expérience prouve que la meilleure feuille scientifique populaire fait sur l'esprit de ses lecteurs une impression infiniment moindre que n'en fait la plus misérable des feuilles politiques. Non, ce n'est pas l'annonce, ni la nouvelle, ni même l'article scientifique, qui donnent à la presse sa puissance dans l'État et son influence sur la civilisation ; c'est sa tendance, la pensée politique ou philosophique qui la dirige et qui apparaît plus ou moins clairement non seulement dans l'article de fond, mais aussi dans le choix et la disposition des nouveautés, dans l'arrangement des nouvelles, dans la mise en lumière de tous les faits enregistrés. Si la presse ne faisait que raconter des incidents, elle tomberait au rang d'un simple moyen de communication, de peu d'importance pour la civilisation. Mais elle contrôle et critique les événements du jour, elle juge les actions, les paroles et même les desseins avoués ou non des hommes, elle stigmatise ou loue ceux-ci, les encourage ou les menace, les recommande au peuple pour qu'il les aime et les imite ; ou bien elle les représente comme un objet d'horreur et de mépris ; elle personnifie l'opinion publique, s'en attribue les droits ; elle exerce la faculté de punir jusque dans sa forme la plus terrible : la proscription et l'anéantissement moral ; elle prétend, en un mot, au rôle de conscience publique.

Mais, demandera-t-on, qui donc possède les attributs les plus hauts de l'opinion publique, et de qui les tient-il ? Où prend-il le droit de gouverner au nom de l'intérêt public, de juger, de renverser les institutions existantes, d'établir un idéal de morale et de législation ? De qui le journaliste reçoit-il son nouveau mandat ? Les gouvernements se sont posé cette question à la première apparition d'une presse agissant au nom de l'opinion publique, et comme ils n'y ont jamais trouvé de réponse qui pût les satisfaire, ils ont toujours poursuivi la presse, ils ont cherché à la détruire ou du moins à la tenir sous leur férule, à la bâillonner, à l'enchaîner. L'instinct de la foule a toujours été contraire à ces tentatives des gouvernements, et la liberté de la presse est partout une des premières et des plus impérieuses exigences des peuples. Cet instinct, comme presque tout instinct populaire, était juste en soi et fondé sur l'intérêt de tous ; mais dans son application il s'est montré peu logique. Quand les peuples réclamaient la liberté de la presse, ils croyaient dire par là : « L'opinion publique, c'est-à-dire la pensée, le sentiment et la conscience de tous, ont dans toutes les questions la plus haute autorité pour juger sans appel les intérêts de tous ; il est monstrueux d'enlever ou de restreindre à cette autorité suprême la liberté de la parole, de vouloir l'empêcher de rendre son jugement ; c'est l'oppression de tous, c'est l'empiétement d'un individu ou d'une minorité, mettant violemment leur propre volonté à la place de la volonté de tous ; cela ne saurait être toléré par un peuple dont les membres sont des hommes libres et veulent déterminer eux-mêmes leurs destinées. » En raisonnant ainsi, les peuples commirent une pétition de principe : ils tiraient leurs conséquences d'une prémisse qu'ils admettaient comme prouvée, tandis qu'il s'agit précisément d'en démontrer la justesse. L'hypothèse en vertu de laquelle le peuple réclame la liberté de la presse, c'est que l'opinion publique et la presse sont identiques. Mais voilà précisément ce que les gouvernements ont toujours nié énergiquement et avec plus de raison que les peuples ne l'ont affirmé.

Les gouvernements ne se soumettent pas moins à l'opinion publique que les individus, si elle se manifeste légitimement et sans équivoque ; or, l'opinion publique trouve-t-elle dans la presse son expression légitime et sans équivoque ? Pour répondre à cette question, il faut voir ce que c'est qu'un journal, comment il naît, comment il est fait. Le premier venu, un portefaix, un bohème, un spéculateur, peut, s'il a de l'argent ou s'il trouve des commanditaires, fonder un journal de grand style, grouper autour de lui un nombreux état-major de journalistes de profession, et devenir pour ainsi dire du jour au lendemain une puissance qui exerce une pression sur les ministres et le parlement, sur l'art et la littérature, sur la bourse et le commerce.

« Mais, dira-t-on, si le nouveau journal doit devenir une puissance, il ne le peut que d'une manière, en prenant une grande extension ; cela suppose qu'il est écrit par des gens de talent et qu'il exprime des idées sympathiques au public ; or, d'un côté, il n'est pas vraisemblable que des gens de talent se laisseront imposer la haute direction, la domination d'un individu méprisable : c'est une garantie de la moralité du fondateur du journal. D'un autre côté, il n'est pas probable que le public s'abonne en masse à un journal, s'il n'est pas en conformité d'idées avec les rédacteurs : c'est une garantie que le journal exprime réellement l'opinion publique. En s'abonnant à un journal, le lecteur choisit en même temps les rédacteurs de ce journal pour ses porte-paroles ; la liste des abonnés est le mandat de la rédaction ; chaque renouvellement du prix d'abonnement signifie en même temps un renouvellement du plein pouvoir qu'a le rédacteur de parler au nom de tous ses lecteurs. »

Cela paraît évident, et pourtant il n'y a pas un mot de vrai. L'expérience montre que pour de l'argent on peut acheter toujours et partout la collaboration d'hommes de talent, mais sans caractère. On connaît par douzaines d'anciens courtiers d'annonces, des usuriers et des banqueroutiers, des criminels condamnés, des aventuriers, des émeutiers, de grossiers ignorants, qui ont fondé de grands journaux, ont embauché des plumes brillantes et ont conduit leur entreprise selon leurs sentiments bas, leur immoralité, leur absence de conviction.

L'argument tiré du nombre des abonnés ne supporte pas davantage la critique. Un entrepreneur sans conscience n'a besoin que de spéculer sur les instincts misérables et méprisables qui existent dans la foule, à côté des tendances nobles et bonnes, il sera sûr de trouver des lecteurs et des acheteurs. Qui ne connaît des journaux adonnés à la grivoiserie la plus ordurière? ou exploitant des bavardages calomnieux? ou encore cherchant à faire de l'effet par de scandaleuses extravagances de langage, ou par des dessins lubriques excitant la lasciveté des lecteurs? ou enfin offrant simplement une loterie et promettant aux acheteurs des primes ou des gains en argent? Toutes ces feuilles peuvent, par ces moyens plus ou moins honteux, acquérir une grande extension et, par là, une grande influence. Il est même probable qu'elles auront plus d'extension et partant plus d'influence que les journaux convenables racontant seulement ce qu'ils savent, n'enseignant que si leurs rédacteurs sont instruits, ayant de solides principes de morale, ne s'adressant jamais aux instincts vulgaires de leurs lecteurs, mais s'efforçant de développer leurs tendances nobles.

Eh bien! cette influence est-elle justifiée? Le rédacteur d'une feuille grivoise ou exploitant les petits scandales privés a-t-il réellement un mandat valable pour attaquer devant cent mille lecteurs le gouvernement, pour juger les actes d'un citoyen, pour diriger l'opinion, pour pousser l'esprit public dans une voie plus ou moins apparente, mais désastreuse? Nous voici en face d'une des plus étranges contradictions de la civilisation actuelle. Les idées modernes se révoltent contre toute autorité dans l'État qui n'est pas établie par le peuple. On n'admet pas même dans la monarchie la pure grâce de Dieu, mais on limite, en théorie du moins, la puissance du roi par la volonté des électeurs. Le ministère doit être nommé par le chef de l'État, mais agréé par le parlement. Le député doit briguer les voix de ses concitoyens. Le journaliste exerce une puissance égale en pratique à celle de la législation, du gouvernement ; il a les droits des députés, des ministres, et cependant il n'a pas besoin d'être nommé ni élu par personne. Il est la seule autorité dans l'État qui n'a besoin d'aucune confirmation de n'importe quelle part. Il se fait lui-même ce qu'il est et peut exercer son pouvoir comme il lui plaît, sans être aucunement responsable des excès ou des graves erreurs qu'il commet. Qu'on ne dise pas que j'exagère. Des journalistes légers ou sans conscience ont préparé et amené des révolutions ou des guerres, ils ont attiré sur leur propre pays ou sur des nations étrangères le malheur et la dévastation. S'ils avaient été rois, on les aurait chassés ; s'ils avaient été ministres, on leur aurait intenté un procès capital ; comme journalistes, on les a laissés absolument tranquilles, et seuls ils sont sortis sans dommage de la ruine générale que seuls ils avaient occasionnée. N'est-il pas étonnant qu'on supporte un tel pouvoir arbitraire, un tel despotisme, sans la plus légère tentative de révolte, tandis que l'on combat passionnément toutes les autres tyrannies ?

La situation n'est pas moins anormale si, laissant de côté l'influence politique de la presse, nous nous en tenons à son influence sociale. Le juge à qui nous accordons le droit de disposer en maître de notre honneur, de notre fortune, de notre liberté, a besoin de sérieuses études, d'un apprentissage de plusieurs années et d'une nomination en règle ; il est lié par des lois sévères ; ses erreurs ou ses transgressions sont immédiatement blâmées ; dans la plupart des cas elles sont réparées. Le journaliste peut léser et même anéantir l'honneur et la fortune d'un citoyen ; il peut porter atteinte à sa liberté personnelle, en lui rendant impossible le séjour dans un endroit déterminé ; mais il exerce ce droit juridique de punir, sans faire la preuve d'études préalables, sans être nommé par personne, sans offrir une garantie d'impartialité et d'enquête consciencieuse. On prétend, il est vrai, que la presse guérit les blessures qu'elle fait et que le citoyen est armé en principe contre le journaliste par la loi sur la presse. Cette affirmation repose sur une base bien fragile. Une attaque dans un journal contre un homme privé peut causer à celui-ci un dommage absolument irréparable. Toutes les rectifications et les rétractations sont impuissantes à lui accorder pleine satisfaction ; car maint lecteur verra bien l'attaque, mais non la défense publiée dans un autre numéro du journal ; plus d'un, par légèreté, ne lira pas la défense, et, dans ce cas, l'honneur attaqué reste à jamais noirci auprès d'une partie plus ou moins grande du public. Il en est de même du procès intenté par un particulier à un journal. Une feuille a mille moyens de tourmenter un individu sans donner prise à une plainte en justice ; lors même que le journaliste a été assez maladroit pour s'exposer à une condamnation, celle-ci, en règle générale, n'est nullement en proportion de la faute.

Cette situation explique que non seulement tous les réactionnaires, mais même beaucoup de libéraux, sont des ennemis déclarés ou secrets de la presse ; ils sont d'autant plus acharnés, que la puissance de la presse les force à cacher leurs sentiments et à feindre pour elle amitié et estime. La plupart des gens reconnaissent que la presse n'est pas nécessairement l'expression de l'opinion publique, devant laquelle seule ils s'inclinent, mais que la presse est peut-être plus souvent encore le produit de l'ignorance, de la légèreté, de la méchanceté, de l'étroitesse d'esprit ou de l'immoralité d'un individu; ces gens n'en entrent pas moins par lâcheté dans le mensonge consistant à voir dans la presse l'organe autorisé de l'opinion publique et à l'identifier même complètement avec elle. Comment ce mensonge peut-il être remplacé par une vérité? Comment peut-on empêcher que des usurpateurs s'emparent d'une puissance que seule la véritable opinion publique a le droit d'exercer par des hommes à qui elle en a expressément donné le pouvoir? C'est une des questions les plus importantes du présent, et que les gouvernements, depuis des siècles, cherchent en vain à résoudre. Il y a sans doute un moyen commode, c'est de limiter la liberté de la presse; mais ce moyen ne conduit pas au but; il est même immoral, car il met le bon plaisir d'un employé à la place du bon plaisir d'un journaliste. Il est impossible de porter atteinte par des lois à la liberté de la pensée; on ne favorise que l'hypocrisie et le mensonge universels en empêchant l'homme d'exprimer ouvertement tout ce qu'il pense. Mais l'État a le droit d'interdire à un individu de parler au nom de tous quand il devrait se borner à parler en son propre nom, et de donner par là à ses idées personnelles un poids et une portée qui ne leur appartiennent en aucune façon. Le jour viendra, espérons-le, où tous les lecteurs seront assez cultivés et assez capables de jugement pour faire eux-mêmes cette distinction entre une voix isolée et la parole éclatante de l'opinion publique. Alors on lira seulement les feuilles où l'opinion publique trouve réellement son expression, et l'on négligera celles où un individu vaniteux se complaît dans son propre bavardage; alors les journalistes qui seuls auront de l'influence seront ceux à qui le peuple reconnaîtra, par leurs qualités d'esprit et de caractère, le droit de prêcher, d'enseigner, de juger ; les autres, en s'arrogeant un rôle public, exciteront simplement la risée. Mais alors aussi il sera superflu de limiter le droit d'exercer la médecine à des personnes diplômées, car les hommes deviendront assez raisonnables pour demander conseil aux hommes de science et éviter les charlatans. Alors la plupart des lois deviendront inutiles, puisque d'ordinaire elles n'ont d'autre but que de suppléer à l'intelligence insuffisante des citoyens par l'intelligence plus sage du législateur. En attendant que l'instruction et la capacité du jugement générales se soient élevées à cette hauteur idéale, une intervention quelque peu protectrice de la législation est nécessaire. Mais il ne doit pas y avoir de restriction pour les livres, les brochures, les affiches murales, les feuilles volantes, dans lesquels un individu se présente au public sous son propre nom ou sous la garantie et la responsabilité d'un éditeur ou d'un imprimeur et réclame l'acquiescement à des vues individuelles ; chacun doit pouvoir parler par cette voie à ses concitoyens et leur dire tout ce qui lui passe par la tête. S'il attaque l'honneur d'un citoyen, en le calomniant, il doit être contraint à faire publiquement amende honorable et à faire une rectification d'une publicité étendue, telle, par exemple, qu'une insertion pendant plusieurs mois dans tous les journaux d'une ville ou d'une province, une publication de même durée sur les affiches murales et de fréquentes proclamations sur les places publiques ; si le calomniateur ne peut supporter les frais de cette publicité, qu'on le condamne à un long travail forcé qui lui donne les moyens de se procurer l'argent nécessaire.

Il en est autrement pour les écrits périodiques, qui s'adressent à un cercle de lecteurs assuré par des abonnements et forment une tribune sûre de ses auditeurs pour tout ce qu'ils débitent. Une telle tribune est une institution publique, elle doit être soumise au contrôle public comme toutes les autres institutions publiques qui ont de l'importance pour le bien physique, intellectuel ou moral des citoyens. Pour établir une école publique, une pharmacie, un hôpital, un théâtre, on a besoin d'une permission dont l'obtention est subordonnée à l'accomplissement de cent conditions stipulées dans l'intérêt de tout le monde. Un journal devrait pour le moins être assimilé à de tels établissements. Pour pouvoir fonder et diriger un journal, on devrait avoir besoin d'une permission accordée non pas selon l'agrément d'une autorité, mais par un mandat du peuple. Il faudrait édicter par une loi qu'un candidat à un mandat de rédacteur doit avoir un âge déterminé qui garantisse sa maturité, qu'il doit avoir une conduite irréprochable et fournir la preuve d'un certain degré d'instruction. Celui qui posséderait ces qualités pourrait seul se présenter à ses concitoyens et leur demander de l'élire comme rédacteur. Cette élection se ferait à la majorité des voix des votants. Une fois en possession de son mandat, le journaliste aurait le droit d'écrire ce qu'il lui plairait; mais il serait déchu de ce mandat au cas où il viendrait à être condamné pour calomnie, et il aurait à le faire renouveler tous les dix ans, par exemple, par un nouveau choix populaire. De cette façon, un inconnu ou un homme représentant des idées antipathiques à la majorité des citoyens aurait peine à obtenir un mandat de rédacteur, mais le candidat malheureux aurait toujours la ressource de travailler pour ses idées en écrivain indépendant. Le possesseur d'un mandat aurait vraisemblablement moins de difficulté à trouver un journal que n'en a aujourd'hui un médecin, un avocat, un professeur ou un ingénieur à se faire une clientèle, à obtenir une chaire ou la construction d'un chemin de fer. Le mandat serait valable pour le cercle administratif du chef-lieu qui l'a délivré, par conséquent pour le pays tout entier, si c'est la capitale, pour le département, si c'est le corps électoral du chef-lieu.

Entrer dans d'autres détails, exposer, par exemple, un projet de loi détaillé sur ce sujet, c'est ce que je n'ai aucun motif de faire ici. J'ai voulu seulement esquisser à grands traits un système dont la réalisation donnerait en fait au journaliste le droit de parler au nom de tous, assurerait à son autorité la même estime qu'à celle du juge, du professeur, du représentant du peuple, et chargerait le peuple de le nommer son mandataire. Alors la presse serait réellement ce que maintenant à tort elle prétend être : l'organe légitime de l'opinion publique, et elle occuperait à juste titre dans la civilisation et dans la vie publique la grande place qu'elle usurpe aujourd'hui.

II

La soumission que pratiquent presque tous les hommes envers l'opinion publique est cause de la persistance, au sein de notre civilisation, d'un des restes les plus étranges d'un degré de culture dépassé depuis très longtemps : je veux parler du duel. Le duel prouve que l'instinct de conservation de l'homme est plus faible que son instinct social ; si le premier était le plus fort, un homme ne s'exposerait jamais à un danger de mort évident et facile à éviter, uniquement pour que ses égaux, dont chacun pris à part lui est peut-être absolument indifférent, continuent dans leur ensemble à avoir de lui une bonne opinion et à reconnaître son droit à prendre place parmi eux. Le duel est la négation de tous les principes sur lesquels est fondée notre civilisation actuelle; il est dû à une irruption de la barbarie primitive dans nos institutions publiques et sociales, si hautement développées qu'elles soient.

Dans l'origine, le duel était assurément naturel et justifié. Il appartient aux premiers phénomènes anthropologiques ou plutôt zoologiques et n'est rien autre chose que la forme la plus simple de la lutte pour l'existence, lutte dans laquelle nous voyons la source de tout développement. Quand un homme primitif trouvait dans un autre homme un obstacle à la satisfaction d'un besoin ou d'un caprice, il le combattait aussitôt sans hésiter. Il cherchait à mettre en fuite ou à tuer son rival auprès d'une femme, le maraudeur qui volait ses fruits, l'envahisseur de la caverne où il dormait, ou le possesseur d'une caverne plus commode. La lutte avait un intérêt sérieux, et toutes les armes y étaient bonnes. Le plus fort égorgeait le plus faible, le plus malin jouait le plus niais, l'homme vigilant surprenait l'homme négligent dans son sommeil. On s'exposait complètement, soi et sa propre existence, mais on visait à l'anéantissement de l'ennemi. Cette situation où l'on devait, pour ne pas périr, être le plus fort dans toutes les circonstances et vis-à-vis de tous les hommes, cessa par la formation de l'état juridique. Sans doute, la force est aussi le fond du droit, et celui-ci a ses plus profondes racines dans ce fait que le plus faible doit céder au plus fort et subir sa loi. Mais le progrès dans le développement du droit naturel du plus fort au droit de la société civilisée consiste précisément en ce qu'on élève le droit originairement individuel de la force à un principe général dont la mise en action ne dépend plus de la force d'un individu. Le barbare disait : « Cette propriété m'appartient, parce que j'ai été assez fort pour m'en emparer, et personne ne peut maintenant me la prendre, car je tuerais celui qui voudrait l'essayer. » Cette parole était juste, si le barbare avait la puissance de l'exécuter; elle était fausse, s'il se trouvait en face d'un adversaire plus fort que lui. La civilisation vint, et généralisa cette parole. Elle dit : « La propriété t'appartient, et personne n'a droit de te la prendre. » Dès lors, le mot était vrai dans tous les cas. Sa justesse ne dépendait plus de la force de celui qui voulait l'appliquer. Si l'individu était trop faible pour protéger sa propriété contre un agresseur plus robuste, il appelait la société à son aide et celle-ci était en tout cas plus forte que l'individu le plus robuste. L'individu non seulement n'a plus besoin de défendre son droit par sa force personnelle ; il ne le peut même pas, s'il ne veut transgresser la loi fondamentale de la société, qui permet à celle-ci seule de défendre les principes juridiques établis par elle et qui interdit à l'individu de se défendre personnellement.

Ce développement du droit a laissé absolument intact le duel. La loi protége la propriété, elle ne protége pas la vie. La coutume et le droit ne permettent pas qu'un homme prenne à un autre sa montre, mais la coutume permet et le droit écrit ne défend pas efficacement que ce même homme, s'il manie mieux l'épée ou le pistolet, en tue un autre ; cependant, la vie est un bien plus précieux qu'une montre. Tant que les hommes ont cru à des dieux personnels et à un ordre du monde réglé par eux, le duel avait encore un certain sens. Il ne signifiait pas alors en théorie la force du poing; les adversaires et leurs témoins se rendaient au lieu du combat non avec l'idée que le plus fort tuerait le plus faible, mais avec la conviction que Dieu donnerait la victoire au droit et que l'adversaire injuste aurait à combattre non contre un adversaire humain peut-être plus faible, mais contre la puissance surnaturelle du maître et du juge universel. Avec une telle manière de voir, le duel était une institution juridique et non un triomphe de la force. Mais ce caractère juridique disparaît dans une société qui ne croit pas à un Dieu personnel ni à des interventions surnaturelles dans les affaires privées. Le duelliste éclairé sait qu'il n'a près de lui aucun protecteur invisible, lors même qu'il défend son bon droit, et il ne craint pas de combattre contre Dieu même, s'il tire l'épée pour une cause injuste. Le duel n'est plus qu'une cynique sophistication de tous les principes de droit et une proclamation de la loi primitive qui met purement et simplement la vie du plus faible dans la main du plus fort.

De même que dans toutes ses autres folies, dans tous ses autres préjugés, la société est parfaitement inconséquente dans son attitude envers le duel. Si elle permet et même exige que ses membres reviennent aux idées du sauvage anthropophage et menacent la vie de tous ceux dont le nez leur déplaît, elle devrait admettre logiquement aussi que cela se fasse dans les conditions de sauvagerie de l'existence primitive. Si sur le point le plus essentiel on sort de la civilisation, il est ridicule et absurde de s'embarrasser d'égards pour la civilisation et de renoncer à la liberté de ses mouvements. J'ai le choix d'être un homme civilisé ou un Peau-Rouge; si je me décide pour ce dernier, je dois pouvoir être de tout point un Peau-Rouge. Je veux alors avoir le droit d'utiliser dans le combat contre un adversaire tous les avantages que je puis me procurer. Je veux l'assaillir et lui planter mon couteau dans le dos, si je crains de ne pouvoir lui tenir tête autrement; je veux la nuit incendier sa maison et, dans le tumulte, lui couper la gorge. Je m'attends au même traitement de sa part et je me tiens sur mes gardes. Que l'adversaire aussi prenne ses précautions le mieux qu'il peut! Sur quel principe la société veut-elle s'appuyer pour m'interdire ce genre de combat, pour m'empêcher de faire du guet-apens et de l'incendie mes alliés? Ce n'est pas sur l'ordre juridique existant, car si celui-ci doit être valable, il faut qu'avant tout il écarte la possibilité que deux hommes puissent se menacer mutuellement d'un coup mortel pour une cause en général futile ou mesquine.

Mais non: la société ne reconnaît pas la logique. Elle ordonne la défense personnelle, et défend en même temps que celle-ci soit efficace. Le duelliste doit comme le Peau-Rouge mettre sa vie en jeu, mais il ne doit pas comme le Peau-Rouge obéir à toutes les suggestions de l'instinct de conservation personnelle. Il doit seulement devenir à demi animal sauvage et rester à demi homme civilisé, raffiné. C'est ainsi que le veut la société dans sa sagesse et sa justice. Un mauvais drôle vous a manqué d'égard: le mieux pour vous serait de le mépriser ou tout au plus de châtier son impertinence par un soufflet. Vous ne le pouvez pas. Vous devez provoquer l'insolent et exposer votre vie. Mais vous avez passé votre existence courbé sur les livres et vous n'avez jamais manié d'autre instrument de meurtre que des ciseaux à ongles, tandis que l'offenseur est un oisif qui depuis son enfance a passé tout son temps dans les salles d'armes et les tirs; vous êtes vraiment à plaindre, car vous n'avez pas de chance; mais il faut vous battre. Vous avez des devoirs sacrés dans le monde, vous êtes le soutien de votre famille; votre femme et vos enfants seront perdus si vous mourez, tandis que votre offenseur est seul ou est riche; il n'apporte sur le lieu du combat que sa propre vie, et non celle d'êtres qui lui sont chers: peu importe, battez-vous, tuez ou mourez, car si vous ne le faites pas, vous êtes un lâche, un homme déshonoré. Si vous succombez et que votre femme mendie, que vos filles deviennent des courtisanes, vos fils des malfaiteurs, ou que tous meurent de faim, vous n'avez à attendre de personne de la pitié ou des secours. Mais si, pour cette raison, vous ne voulez pas exposer votre vie, nous vous crachons tous au visage. — Ainsi parle la société, et qui veut vivre au milieu d'elle doit s'incliner devant ces idées horribles.

La cause de la persistance du duel doit certainement être imputée principalement au militarisme. Ce n'est pas un pur hasard que justement dans les armées permanentes le duel soit une loi expresse et que l'officier soit chassé honteusement de l'armée, s'il ne se bat pas aussi facilement qu'il allume un cigare. La guerre est un appel à la force comme primant le droit; par conséquent, c'est une suspension momentanée de la civilisation et un retour à l'état primitif. Quoi d'étonnant que des hommes qui ont pour profession la guerre soient tentés d'en transporter les principes dans leur vie privée, et de voir dans leur sabre et leur revolver l'unique code des relations sociales, comme les canons et les fusils sont l'unique code des rapports des peuples? Mais là aussi nous trouvons un moyen de combattre ce grossier préjugé. Le meilleur procédé pour montrer clairement une absurdité et pour la réfuter, c'est de la poursuivre jusqu'à ses dernières conséquences. Admettons que des hommes résolus acceptent une provocation, mettent hors de combat leur adversaire d'une manière quelconque, se laissent ensuite arrêter et traduire en jugement, et parlent ainsi aux juges : « Je suis un homme civilisé, et non pas un chasseur de rennes de l'âge de pierre. Mes idées sont celles de la civilisation. Je respecte la loi et tiens le juge pour l'unique autorité à laquelle il incombe d'appliquer la loi et d'en punir la violation. Mais un homme est venu me mettre dans la nécessité de me faire à moi-même la loi, d'être mon propre juge et de chercher ma protection dans les armes. En un mot, il a suspendu pour moi les conditions normales de l'existence civilisée et m'a déclaré la guerre. Je n'ai pu faire autrement que d'accepter. Mais j'ai fait la guerre exactement d'après les prescriptions en usage pour les guerres entre peuples civilisés. La tâche de la diplomatie d'un peuple qui fait la guerre est de s'occuper à trouver des alliés. J'ai donc cherché des alliés. Je me félicite de mon succès diplomatique. J'ai réussi à conclure une alliance avec deux lutteurs de cirque, trois maîtres d'armes et cinq tireurs émérites. Le devoir du chef d'armée est de se présenter partout devant l'ennemi avec des forces supérieures. J'ai rempli consciencieusement ce devoir. La victoire est assurée à celui qui fait les mouvements les plus rapides et opère le plus adroitement. Ma mobilisation a été plus rapide que celle de mon adversaire. Je l'ai surpris avec mes alliés au moment où il s'y attendait le moins. Il s'est plaint que je ne l'avais pas informé au préalable du lieu et du temps de la rencontre. Cette prétention me fait rire. Je n'ai trouvé dans aucun manuel moderne de science militaire qu'il soit d'usage d'assigner des rendez-vous pour des batailles décisives. Comme toujours, Dieu s'est trouvé du côté des bataillons les plus forts. Nous avons mal arrangé notre ennemi; nous aurions pu le tuer, mais nous ne l'avons pas fait; nous avons voulu rester jusqu'au bout des belligérants civilisés. Le vaincu s'est vu imposer une contribution, il a eu à payer mes frais de guerre, c'est-à-dire la récompense de mes alliés et quelques bouteilles de vin. Jusqu'à l'accomplissement de ces conditions de paix nous l'avons occupé, c'est-à-dire tenu sous nos poings. Quand il a payé l'indemnité de guerre, nous l'avons lâché. Voilà tout. Puisqu'on m'a imposé une guerre privée, je l'ai conduite diplomatiquement, stratégiquement et financièrement, d'après toutes les règles reconnues. »

Celui qui parlerait ainsi serait vraisemblablement condamné, peut-être pour extorsion ou pour blessures corporelles. Mais cela ne fait rien ; tout progrès est acheté par des sacrifices. Un nombre infini de grands esprits se sont laissé torturer et brûler pour la liberté de penser. Quelques sacrifices de liberté ne comptent pas, s'ils sont le seul prix auquel on peut obtenir le triomphe de la civilisation sur la barbarie et celui de la raison sur la sottise. Si dans un pays cent hommes sérieux et résolus voulaient se sacrifier et réduire de cette façon le duel à l'absurde, on verrait bientôt disparaître un usage remontant à la plus sauvage barbarie, et que notre époque de droit et de civilisation caresse cependant avec amour.

III

A côté des grands mensonges, combien de petits mensonges pénètrent et enveloppent notre vie tout entière ! Semblables à des moisissures, ils y portent dans toutes les parties la décomposition et la pourriture, mais il n'en peut être autrement. Si l'on est né et si l'on a grandi dans le mensonge, constamment entouré de mensonges, si l'on doit mentir chaque fois que l'on ouvre la bouche en public ou que l'on entre en rapport actif avec les institutions politiques et sociales, si l'on a l'habitude de toujours parler et agir autrement qu'on ne sent et qu'on ne pense, de supporter comme quelque chose de tout naturel la constante contradiction entre ses convictions et les formes extérieures de la vie, de voir dans l'hypocrisie une prudence mondaine et un devoir civique : comment peut-on conserver un caractère droit, être sincère dans ses rapports avec les autres hommes, et vrai dans sa vie privée ? On ment à la promenade et dans le salon, comme on ment à l'église, dans la réunion électorale, au bureau de l'état civil et à la Bourse.

Tous les rapports sociaux ont ce caractère de mensonge. Ces rapports sont fondés sur la sociabilité et l'instinct de solidarité de l'homme. Ils sont nés de son désir de s'entourer de compagnons de son espèce et d'éviter l'isolement comme un état contre nature. Les formes des relations sociales laissent encore reconnaître cette origine. Elles marquent le plaisir des hommes à se trouver ensemble et leur sympathie mutuelle. Quand on voit une personne de connaissance, on la salue, c'est-à-dire on lui exprime ses vœux de prospérité. Quand on reçoit une visite, on s'en montre heureux, on engage le visiteur à rester, on le presse de revenir bientôt. On donne des fêtes pour offrir à ses semblables une occasion de plaisirs variés ; on organise des festins pour les réjouir ; on leur fait des présents. S'il leur arrive quelque chose de triste ou de gai, on s'empresse d'aller les voir pour les consoler ou les féliciter. Est-on resté quelque temps sans les voir, on leur rend visite pour s'assurer de leur santé et pour leur demander s'ils n'ont besoin de rien. Voilà la signification théorique des formes usitées dans la société. Mais en fait, presque chaque contact d'un homme avec un autre est une hypocrisie et un mensonge. Nous souhaitons le bonjour à un passant, et nous ne serions pas fâchés d'apprendre qu'en nous quittant il s'est cassé les deux jambes. Nous invitons un visiteur à revenir bientôt, et nous éprouvons à son aspect la même sensation que si nous touchions involontairement un serpent. Nous organisons des fêtes et nous y invitons des gens que nous méprisons, que nous détestons, dont nous médisons, ou qui, dans le meilleur cas, nous sont tellement indifférents, que nous ne lèverions pas la main pour leur procurer un plaisir, si nous pouvions le faire au prix de cette petite peine. Nous allons aux fêtes des autres, et nous passons en sots bavardages des heures entières que nous préférerions mille fois consacrer au sommeil; nous sourions complaisamment en réprimant un bâillement pénible; nous faisons des compliments dont nous ne croyons pas un mot; nous remercions la maîtresse de la maison de son aimable invitation, tandis qu'au fond du cœur nous l'envoyons à tous les diables; nous assurons le maître du logis de notre constant dévouement, et le lendemain même nous ordonnons à notre domestique de lui consigner notre porte, s'il vient nous demander un service sérieux. Nous rendons visite à des gens que nous détestons, uniquement parce que nous leur devons une visite; nous faisons à Noël ou en d'autres circonstances des cadeaux, et nous pestons d'être contraints à de telles dépenses; nous fréquentons dans une intimité apparente des gens dont nous pensons et disons tout le mal possible, et qui, nous le savons, nous traitent absolument de la même façon. Par suite de ce manque de sincérité, la vie sociale, qui en théorie complète la vie individuelle et augmente le bien-être de chacun, devient une source de gêne constante; chaque fois que nous entrons en contact avec nos semblables, nous rapportons chez nous l'ennui, le mécontentement, l'envie, le mépris, la confusion, la raillerie, bref, les impressions les plus désagréables et les plus pénibles.

Et pourtant, on se condamne volontairement à ces désagréments, et la plupart des hommes des classes dites supérieures se dépensent complètement en vie mondaine, laquelle, ils le savent bien, ne peut leur donner ni joies, ni stimulants, ni force morale. Qu'est-ce qui les pousse à cette fatigante et interminable comédie dans laquelle ils doivent sourire, alors qu'ils voudraient grincer des dents, et être aimables avec des gens qui leur déplaisent? C'est l'égoïsme, qui est au fond de toutes les institutions actuelles. L'un a encore le monde à conquérir; il court aux fêtes et aux réceptions, aux raouts d'après-dîner et aux petites soirées intimes, pour faire des connaissances qu'il aspire à transformer en protecteurs, pour se ménager un beau mariage, pour acquérir de la gloire, pour arriver plus sûrement et plus commodément, par les faiblesses et les défauts des autres, qu'il ne le pourrait par ses propres mérites. Un autre a déjà conquis une situation; il se condamne aux fatigues et aux sacrifices pécuniaires pour intriguer contre des collègues, ou simplement pour les chagriner, pour donner aux gens une haute idée de sa richesse, de son prestige et de son influence, pour réunir autour de lui des courtisans, bref, pour satisfaire par tous les moyens sa vanité. Au milieu des hommes, ces gens de salon ne voient qu'une seule personne : la leur; dans la conversation la plus animée, tandis qu'ils paraissent écouter et se prêter aux idées des autres, s'oublier complètement eux-mêmes, ils ne pensent qu'à eux-mêmes, n'écoutent qu'eux-mêmes. C'est ainsi que l'égoïsme fausse les plus innocents rapports des hommes entre eux, et que toutes les formes sociales créées par l'instinct de solidarité deviennent des mensonges.

HARMONIE FINALE

Nous avons vu comment tout ce qui nous entoure est mensonge et hypocrisie; comment nous jouons une comédie profondément immorale quand nous entrons dans l'église et dans le palais du roi, dans la salle du parlement et à la mairie; comment notre intelligence et notre raison, notre sentiment de la vérité et de la justice se révoltent contre toutes les institutions politiques et économiques, contre toutes les formes existantes de la vie sociale et de la vie sexuelle. Nous avons longtemps cheminé, dans une obscurité désespérante, entre des ruines et de ridicules décors de théâtre. Il est temps qu'enfin la lumière et l'aspect d'un abri hospitalier nous réconfortent et nous consolent.

La contradiction entre la nouvelle conception du monde et les vieilles institutions attriste douloureusement tout homme civilisé, et chacun aspire ardemment à échapper à cette souffrance continuelle. On croit souvent qu'il y a deux méthodes pour retrouver la paix perdue, et qu'on a le choix entre elles. L'une serait de retourner résolument en arrière, et l'autre d'aller résolument en avant. Il faudrait ou bien rendre leur fond aux

formes qui l'ont perdu, ou les déchirer complètement et
les rejeter. Que l'on enseigne donc au peuple à croire de
nouveau ; qu'on l'attire ou qu'on le pousse dans l'église ;
qu'on affermisse la puissance du roi ; qu'on accroisse la
considération du prêtre ; qu'on efface des mémoires le
souvenir des révolutions ; qu'on brûle les livres de la
libre-pensée, et, par la même occasion, un peu aussi les
libres-penseurs ; qu'on détruise les chaires d'enseignement et que l'on construise des chaires de prédicateurs ;
que l'on prie, jeûne, chante des psaumes et obéisse à
l'autorité ; qu'on se réjouisse aux fêtes de l'église ; qu'on
s'amuse à la lecture de la vie des saints ; qu'on s'édifie
par des histoires de miracles ; que le riche fasse au
pauvre des aumônes suffisantes, et, si cela ne rassasie
pas le pauvre, qu'il prenne patience jusqu'à ce qu'il
entre au royaume céleste, où il aura tous les jours du
rôti et du vin. Alors, le bonheur renaîtra sur terre ; celui
qui possède quelque chose jouira en paix, celui qui n'a
rien conservera l'espoir d'une autre vie meilleure ;
l'homme mécontent restera libre d'émigrer vers une île
déserte, s'il peut en découvrir une quelque part. Ou bien
encore, qu'on balaie toute la friperie d'institutions datant du moyen âge ; qu'on traite les curés, les pasteurs
et les rabbins comme de vulgaires charlatans, si on les
regarde comme tels ; qu'on chasse avec force compliments les rois de leurs palais, si on les tient pour des
hommes de paille ou des usurpateurs ; qu'on abolisse
toutes les lois qui ne peuvent résister à la critique scientifique, et que, dans tous les rapports des hommes entre
eux, on fasse régner la raison et la logique seules. Voilà
les deux méthodes proposées ; les partisans de la première combattent ceux de la seconde, et la lutte désespérée forme le fond unique de la vie politique et intellectuelle de notre temps.

Eh bien ! le point de départ de cette lutte entre deux partis dont chacun prétend rendre à l'Humanité la paix intérieure, est une erreur. Il n'y a pas deux méthodes, il n'y en a qu'une. Retourner en arrière est impossible, s'arrêter l'est également. On ne peut qu'aller en avant, et plus vite on marchera, plus tôt on arrivera au but qui assure le repos. Il est possible que les avocats du passé tendent également au bonheur de l'Humanité. On pourrait même admettre que tout le monde se trouverait mieux d'un retour aux idées du moyen âge ou de l'antiquité. Mais à quoi servirait aux réactionnaires cette concession, puisque leur système ne peut absolument pas se réaliser ! Aucune force humaine ne peut déterminer l'esprit de l'homme à renoncer à des vérités acquises. C'est un résultat du développement naturel. L'enfant dans son ignorance et son irresponsabilité est certes plus heureux que ne l'est l'adulte ; il est plus beau, plus aimable, il a davantage la joie de la vie. On peut aspirer comme homme, comme vieillard, à retrouver les délices de l'enfance ; mais une fois qu'elles sont passées, elles le sont pour toujours, et nul effort de notre volonté ne peut les ramener. On peut tuer un adulte, mais non pas en refaire un enfant. Il est tout aussi impossible de faire de l'homme d'aujourd'hui l'homme d'il y a mille ou deux mille ans. Toute notion, toute lumière est venue à l'Humanité dans le cours de son développement naturel et comme résultat de ses forces vivantes. Vouloir s'opposer à l'action de ces forces élémentaires serait aussi insensé que de vouloir empêcher la terre de tourner. Il ne faut pas croire que les vérités scientifiques aient été trouvées par hasard, et qu'elles auraient pu aussi bien n'être pas trouvées ; elles résultent de la maturité de l'Humanité et n'ont été trouvées que lorsque la civilisation était parvenue à un âge déterminé. On peut en retarder la découverte et la propagation, on peut accélérer peut-être celle-ci, quoique cette accélération soit beaucoup plus invraisemblable que le retardement ; mais on ne peut pas empêcher à jamais cette découverte. C'est tellement évident, que l'on ne comprend même pas comment on peut être dans le cas de le prouver ou seulement de l'affirmer expressément. Si un homme annonçait publiquement qu'il fera que les hommes, à chaque année nouvelle, deviennent d'une année plus jeunes, on l'enfermerait, selon toute apparence, dans une maison de fous. Et pourtant on peut faire impunément d'une prétention toute semblable le fond d'un programme de gouvernement ; beaucoup d'auditeurs conservent leur sérieux quand un homme d'État recommande le retour aux vieilles idées théologico-féodales pour guérir les maladies du temps. N'est-ce pas proposer à l'Humanité de revenir de l'âge mûr à l'heureuse enfance, et, à chaque année, de se rajeunir d'un an ?

Non ! cela n'est pas sérieux ; il s'agit cependant de grandes questions, qui ne peuvent être traitées que sérieusement. Admettons que l'Humanité était plus heureuse quand, dans la plus profonde ignorance, au milieu d'un horizon intellectuel rempli de grossières erreurs et d'une niaise superstition, elle menait une vie morne et végétative ; mais ce bonheur de l'enfance est passé, et il est aussi inutile qu'insensé d'en désirer le retour. Le salut de l'Humanité n'est donc pas dans le passé. Le présent lui est intolérable : elle doit par conséquent mettre tout son espoir dans l'avenir. Ce qui rend le présent intolérable, c'est, comme nous l'avons vu, le déchirement intérieur de chaque être civilisé ; c'est le contraste entre nos pensées et nos actions, entre nos sentiments et leur manifestation, le perpétuel désaccord entre la forme et le fond. La nécessité de mener deux existences, l'une extérieure, l'autre intérieure, qui sont dans un conflit incessant, conduit à une dépense de force morale qui est au-dessus du pouvoir de l'homme et l'épuise. De ce que nous ne pouvons donner de réponse satisfaisante à la voix intérieure qui demande la raison de tout ce que nous faisons, nous devenons impatients et malheureux, d'autant plus qu'il nous est impossible d'imposer silence à cette voix. La lutte de notre conviction contre notre hypocrisie nous agite constamment et nous rend impossibles le repos et la paix. Telle est notre situation. Elle exclut absolument toute possibilité de bonheur ; celui-ci, en effet, suppose avant tout l'amitié intérieure, c'est-à-dire l'absence de combats pénibles, la tranquillité de l'âme.

Il y a un sens profond dans l'idée que les Hindous se font du bonheur, qu'ils se représentent sous la forme du *nirwana*. Le *nirwana* est l'absolu repos ; c'est la détente délicieuse de l'esprit, qui se produit quand celui-ci n'a plus de désir ni d'aspiration, quand il ne perçoit plus en dehors de lui-même un seul point qui l'attire ou le repousse. C'est un état de félicité que ne peut même plus se représenter l'homme civilisé perpétuellement en proie à un tourbillon d'idées. Un tel état ne peut être atteint que de deux manières : par l'absolue ignorance, quand l'esprit manque encore des organes nécessaires pour percevoir les points d'attraction et de répulsion qui existent en dehors de lui, ou par la connaissance absolue, quand l'esprit est si largement et si hautement développé qu'il comprend en lui tout ce qui est, de sorte qu'en dehors de lui il n'existe absolument plus rien qui pourrait l'inciter à un mouvement, éveiller en lui un désir, une aspiration, un souci. Ce dernier état est évidemment pour l'homme un idéal inaccessible ; il ne pourra jamais arriver à posséder toute vérité, à ramener les phénomènes complexes à leurs lois simples et à être le savant absolu au regard duquel la diversité des phénomènes universels s'affirme comme rationnelle et nécessaire. D'autre part, il a depuis longtemps dépassé l'autre état. Il n'est plus ignorant, il voit les phénomènes qui se passent en dehors de lui, il cherche la vérité, aspire à la science, et tend fiévreusement à un but qui l'attire et où il espère trouver le repos. Le pire que puisse faire l'homme dans cette situation, c'est de réprimer son élan et d'employer sa force à lutter contre la puissante attraction de son développement naturel. Cette lutte n'est pas seulement déraisonnable, mais encore infiniment fatigante et douloureuse. L'opportunisme, si répandu aujourd'hui, redoute les solutions radicales, veut retenir dans le mensonge l'Humanité avide de vérité, et dans la lutte entre les anciennes formes et les idées nouvelles il défend celles-là sans donner tort à celles-ci. Il est à la fois l'ennemi le plus cruel de la race humaine et de la morale.

Ce qu'il faut avant tout à l'Humanité, c'est la possibilité de vivre conformément à sa manière de voir. Les vieilles formes doivent disparaître ; elles doivent faire place à de nouvelles, conformes à la raison ; l'individu doit être guéri de son déchirement intérieur, il doit redevenir vrai et honnête. Sans doute, l'homme n'atteindra pas encore par là le bonheur du *nirwana*, du repos sans effort, du contentement sans désir ; ce bonheur absolu est inconciliable avec la vie organique, qui est synonyme de développement. Le développement suppose un effort vers une chose non encore atteinte, par suite un manque de satisfaction sur ce qui a déjà été atteint ; or, le manque de satisfaction est incompatible avec le sentiment du bonheur absolu. L'individu doit ressentir d'autant plus ce manque de satisfaction, qu'il est une partie du grand tout — l'espèce — et que par son développement il travaille moins pour lui que pour l'ensemble. Les résultats de son travail de perfectionnement ne lui profitent pas à lui, mais à ses héritiers ; chaque génération lutte pour la suivante, chaque organisme particulier lutte pour la collectivité ; l'individu ne peut par conséquent jamais arriver au sentiment de l'achèvement définitif, de la réalisation de son propre idéal, de la rémunération de sa peine. Ce sentiment, en supposant que nous puissions le concevoir, peut être éprouvé seulement par l'espèce, qui est un tout, mais jamais par l'individu, et il n'existera peut-être un jour qu'à un stade idéal du développement de l'Humanité, comme une disposition universelle caractérisant l'espèce. Mais si le bonheur absolu n'est pas possible à l'homme, l'individu peut du moins suivre son instinct de développement et sentir qu'il se dirige vers son but : l'idéal. Le sentiment qu'on s'approche du but de développement est déjà un avant-goût du sentiment d'avoir atteint ce but et peut suppléer au bonheur absolu qui ne peut être atteint. C'est ainsi qu'un homme qui a la plus vive impatience d'arriver à un endroit déterminé est déjà tranquille et content, quand un train de chemin de fer le rapproche rapidement du but de son voyage.

Voilà ce qu'on peut atteindre. Il faut seulement ne pas opposer d'obstacles artificiels au désir de progrès des peuples civilisés et ne pas rendre leur développement plus pénible et plus douloureux en maintenant et en défendant les institutions vieillies dont ils se sont affranchis. On ne peut préserver celles-ci de la destruction ; tôt ou tard elles tomberont, et ce serait un bienfait de faire disparaître sur-le-champ ce qui est destiné à la ruine, ou d'abréger autant que possible la désagréable période de démolition ; en effet, on patauge alors dans la boue, on est enveloppé par la poussière, menacé à chaque instant par des poutres branlantes. Nous sommes au milieu de cette époque de démolition, et nous en subissons tous les ennuis. Peut-être une génération, peut-être même plusieurs générations encore seront-elles condamnées à cette situation pénible ; mais il en résultera certainement ensuite la commodité et le bien-être. Nous sommes sacrifiés ; pour nous ne s'ouvriront pas les salles magnifiques du nouveau palais à la construction duquel nous travaillons ; mais les générations futures habiteront ce palais, fières, tranquilles et gaies comme leurs prédécesseurs sur terre ne l'ont jamais été.

L'Humanité tend à s'ennoblir et non à s'abaisser ; son développement la rend meilleure et plus élevée, et non pire et plus vulgaire, comme le prétendent ses calomniateurs. A travers l'atmosphère pure et transparente de la conception scientifique du monde, elle aperçoit son idéal de développement d'une façon plus claire et plus rayonnante qu'à travers les nuages et les brouillards épais de la superstition. Voilà ce qu'il faut répondre aux gens croyant sincèrement que sans religion il ne peut y avoir de morale ni d'idéalisme, et que sans l'État despotique, la propriété égoïste et le mariage ennemi de l'amour, il n'y a pas de civilisation. Quant aux trompeurs qui, sans en être convaincus, en disent autant uniquement parce qu'ils ont intérêt à défendre l'ordre établi, on n'a pas à discuter avec eux. Les philanthropes au cœur tendre, mais à la vue courte, sont inquiets de l'avenir, parce qu'ils croient y voir de la grossièreté et de la licence effrénée, peut-être un retour à l'état bestial. Ils peuvent se tranquilliser. L'Humanité sans Dieu, sans despotisme et sans égoïsme, sera infiniment plus morale que celle qui « prie Dieu et tient sa poudre sèche. » Le progrès enseigne à l'homme des vérités qui tout d'abord peuvent sonner désagréablement à ses oreilles remplies de flatteries mensongères. Il lui dit : « Tu es un être animé appartenant à une espèce nommée Humanité. Tu es gouverné exactement par les mêmes lois naturelles que tous les autres êtres vivants. Ta place dans la nature est celle que tu peux conquérir par un emploi bien approprié de toutes les forces de ton organisme. L'espèce est une unité plus élevée dont tu fais partie, un organisme complet dont tu es une cellule. Tu vis de la grande vie de l'Humanité, sa force vitale te produit et te soutient jusqu'à ta mort, son mouvement t'emporte avec elle sur les hauteurs, ses satisfactions sont tes joies. » Cela chatouille moins l'amour-propre de l'homme que si un charlatan lui dit : « Tu es le favori d'un dominateur universel tout-puissant, nommé Dieu ; tu as une situation privilégiée dans l'univers et tu peux te procurer d'autres avantages encore, si tu me paies la dîme et si tu obéis à mes ordres. »

Mais si, un jour, il est assez mûr pour reconnaître que le plaisir enfantin que donnent de vaines flatteries est une indigne faiblesse, s'il étudie mieux la doctrine du progrès et celle de la théologie, il trouvera facilement que la première est la plus belle et la plus consolante. Elle lui ôte le ciel, mais quels rapports profonds et intimes elle lui donne en échange avec la terre amie ! Elle lui supprime les relations avec un Dieu, des saints, des anges et d'autres êtres fabuleux qu'on n'a jamais vus, mais elle lui donne en échange l'Humanité entière pour famille, elle lui amène des millions de parents consanguins qui lui doivent amour, aide et protection, et ce lien commun de solidarité lui est attesté par tous ses sens. Elle combat sa prétention orgueilleuse à une vie éternelle, mais elle l'empêche de se désespérer de sa nature limitée, en lui enseignant à se résigner à être un insignifiant épisode dans le mouvement, seul essentiel, de la vie universelle, et en lui montrant la possibilité d'une durée interminable de son existence dans les descendants qui en sont sortis.

Elle détruit la morale existante fondée sur la religion, cela est certain ; mais cette morale est arbitraire, superficielle et tout simplement immorale ; elle n'explique pas pourquoi elle appelle telles actions bonnes et telles autres mauvaises ; le motif de faire le bien, suivant elle, c'est qu'on s'assure par là une place au paradis, et le motif de s'abstenir du mal, c'est qu'autrement on brûle en enfer; afin qu'on ne s'expose pas à la tentation de tromper, d'être méchant au fond et bon en apparence, elle fait accroire qu'on est toujours surveillé.

Telle est la morale religieuse : elle se base sur l'égoïsme et la peur des châtiments corporels, sur l'espérance des avantages du paradis et la crainte des flammes de l'enfer. Cette morale est bonne pour des égoïstes et des lâches, mais surtout pour des enfants, sur qui l'on a prise en les menaçant du fouet et en leur promettant un sucre d'orge.

A la place de cette morale, qui fait appel aux instincts les plus misérables de l'homme, le progrès pose un principe général : la solidarité de l'Humanité, d'où résulte une nouvelle morale incomparablement plus profonde, plus sublime et plus naturelle. Celle-ci prescrit : « Fais tout ce qui contribue au bien de l'Humanité; abstiens-toi de tout ce qui cause à l'Humanité du dommage ou de la douleur. » Elle a pour chaque question une réponse raisonnable. « Qu'est-ce qui est bien? » La théologie dit : « Ce qui plaît à Dieu », affirmation qui n'a aucun sens intelligible, à moins que l'on ne croie que Dieu nous a révélé ses pensées. La morale de la solidarité dit : « Le bien, c'est ce qui, étant généralisé, créerait à l'espèce des conditions plus favorables d'existence. » « Qu'est-ce qui est mal? » La théologie répond de nouveau : « Ce que Dieu a défendu. » La morale de la solidarité répond : « Le mal est ce qui, étant généralisé, nuirait à la vie de l'espèce. » Pourquoi dois-je faire le bien et m'abstenir du mal? » La théologie dit : « Parce que Dieu le veut ainsi. » La morale de la solidarité dit : « Parce que tu ne peux faire autrement. L'espèce, tant qu'elle possède la force vitale, a aussi un instinct de conservation personnelle; celui-ci l'engage à éviter ce qui lui est nuisible, et à faire ce qui lui est avantageux. Cet instinct est d'abord inconscient, mais s'élève jusqu'à la conscience. Quand un jour la force vitale de l'espèce sera épuisée, son instinct de conservation personnelle s'émoussera aussi. Alors les idées de bien et de mal se perdront peu à peu, il n'y aura plus en réalité de morale, et la disparition de la morale sera cause de la mort immédiate de l'Humanité atteinte de décrépitude. Elle commettra alors formellement un suicide. » « Quelle sera la récompense ou le châtiment de mes actions? » La théologie radote sur le ciel et l'enfer; la morale de la solidarité dit simplement : « Comme tu es une partie de l'Humanité, sa prospérité est ta prospérité et sa souffrance est ta souffrance. Si, par conséquent, tu fais ce qui est bon pour elle, tu te rends service à toi-même; si tu fais ce qui est mauvais pour elle, tu te nuis à toi-même. L'Humanité florissante est ton paradis, l'Humanité dépérissante est ton enfer. Et comme l'instinct de conservation personnelle de l'espèce est la source de tes actions, tu feras instinctivement le bien et tu t'abstiendras du mal tant que ton esprit sera dans un état normal. Tu ne commenceras à pécher contre la morale naturelle que quand tu seras devenu victime de la dégénérescence morbide qui pousse aussi l'individu à se mutiler lui-même et à se suicider. »

Voilà le court catéchisme de la morale naturelle, qui a pour source la solidarité de l'espèce. Cette morale est la seule que l'Humanité ait jamais ressentie réellement ; tous les autres principes de morale n'ont jamais été qu'hypocrisie, tromperie de soi-même et des autres. La morale naturelle est résumée dans le précepte de Rabbi Hillel : « Aime ton prochain comme toi-même, » dans l'injonction faite par l'Evangile, qu'on doit pardonner même à son ennemi et l'aimer, enfin dans l'impératif catégorique de Kant. Quiconque a jamais cherché une base sûre pour la morale, comme fondateur de religion ou philosophe, s'est finalement heurté à ce principe éternel de la solidarité ; car ce principe est un élément fondamental de la conscience humaine, il est un des ressorts naturels de ses actes. Seules les religions qui ont fait du principe de la solidarité leur dogme principal ont pu prendre une extension universelle et durer. C'était uniquement ce principe indestructible qui portait les autres dogmes, comme le léger gaz qui fait monter l'aérostat, entraîne avec lui dans les airs toutes les parties plus pesantes de celui-ci. Si à la morale théologique on substitue la morale naturelle, au christianisme la solidarité, on accomplit uniquement une œuvre d'épurement et de simplification ; on maintient ce que la religion a puisé dans les instincts primordiaux de l'Humanité, en se l'appropriant, et l'on rejette les enveloppes et les travestissements usés qui en dissimulent la véritable essence.

Mais la solidarité ne doit pas seulement devenir la source de toute morale, il faut encore qu'elle devienne la source de toutes les institutions. Les formes existantes sont l'expression de l'égoïsme ; c'est la solidarité qui déterminera les formes appelées à prendre leur place. L'égoïsme éveille le désir de dominer les autres, il conduit au despotisme, il fait les rois, les conquérants, les ministres et les chefs de parti passionnés pour leurs intérêts; l'amour de l'espèce suggère le désir de servir la collectivité, il conduit à l'autonomie, à la libre disposition de soi-même, à une législation dont le seul but est le bien général. L'égoïsme est la cause des pires injustices dans la répartition des biens; la solidarité fait tellement disparaître ces injustices, que l'instruction et le pain quotidien sont assurés à tout homme qui est susceptible d'éducation et qui veut travailler. La lutte pour l'existence durera aussi longtemps que la vie elle-même et sera toujours la raison d'être de tout développement et de tout perfectionnement; mais elle revêtira des formes plus douces et sera, en comparaison de son déchaînement actuel, ce qu'est la guerre des nations civilisées comparée à un égorgement d'anthropophages. A la civilisation d'aujourd'hui, dont les caractères distinctifs sont le pessimisme, le mensonge et l'égoïsme, je vois succéder une civilisation de vérité, d'amour du prochain, de bien-être. L'Humanité, qui aujourd'hui est une idée abstraite, sera alors un fait. Heureuses les générations futures! Caressées par l'air pur de l'avenir et baignées de ses rayons lumineux, il leur sera donné de vivre au sein de cette union fraternelle, sincères, instruites, libres et bonnes !

FIN

TABLE DES MATIÈRES

Note pour cette nouvelle édition. III
Avant-propos du traducteur pour la première édition. . v
Préface.. I
Mané, Thécel, Pharès.. 1
Le Mensonge religieux. 31
Le Mensonge monarchique et aristocratique.. 69
Le Mensonge politique.. 142
Le Mensonge économique. 188
Le Mensonge matrimonial. 261
Divers petits Mensonges. 313
Harmonie finale.. 342

ÉMILE COLIN — IMPRIMERIE DE LAGNY

CHEZ LE MÊME ÉDITEUR

LES FORCES RESPECTIVES
DE LA FRANCE ET DE L'ALLEMAGNE
LEUR ROLE DANS LA PROCHAINE GUERRE
PAR
Le Lieutenant-colonel C. KOETTSCHAU

Traduit par ERNEST JAEGLÉ
Professeur à l'École spéciale militaire de Saint-Cyr

Un beau volume in-18. — Prix . . . . . . 3 fr. 50

LA PROCHAINE
GUERRE FRANCO-ALLEMANDE
Par le Lieutenant-colonel C. KOETTSCHAU

Un beau volume in-18. — Prix : 3 fr. 50

L'ARTILLERIE DE L'AVENIR
CONSIDÉRATIONS SUR
L'ARTILLERIE DE CAMPAGNE ALLEMANDE
SON ÉTAT ACTUEL ET LES RÉFORMES INDISPENSABLES
Par un Officier supérieur d'Artillerie

Un beau volume in-18. — Prix . . . . 3 fr.

PAS DE GUERRE !
LA PROCHAINE GUERRE AU POINT DE VUE DES CHIFFRES
Par ALBERT E. FR. SCHAEFFLE, ancien Ministre

Une brochure grand in-8°. — Prix : 1 fr.

LE TIR DE L'INFANTERIE
Par un Officier supérieur de l'Armée allemande

Traduit par Ernest JAEGLÉ, Professeur à l'École spéciale militaire de Saint-Cyr

Un beau volume in-18 avec une planche. — Prix : 4 fr.

CHEZ LE MÊME ÉDITEUR

LA SAINTE BIBLE

EN IMAGES

Par J. SCHNORR

Ouvrage illustré de **240** belles Gravures sur bois
avec texte explicatif

Publié en 20 Livraisons in-folio, au prix de **2** *fr. la Livraison*

Conçues dans un esprit de fervente piété et exécutées avec un sentiment artistique profond et une science du dessin admirables les illustrations de la Bible que nous offrons au public sont en même temps un sujet d'édification pure et élevée et un élément d'instruction artistique du plus grand effet. La religion et l'art ont uni leurs efforts pour créer le livre de la famille par excellence. Mères et enfants seront heureux de le feuilleter et y reviendront sans cesse aux veillées paisibles du dimanche.

La vingtième livraison contiendra le titre et la table des matières. Les six premières livraisons sont dès aujourd'hui en vente, les quatorze autres paraîtront jusqu'à la fin de l'année 1888.

Les livraisons contiendront douze feuilles de gravures accompagnées de leur texte et seront encartées sous une couverture.

Pour l'*Ancien Testament* il y aura 160 planches (N° 1 à 160), pour le *Nouveau Testament* 80 planches (N° 161 à 240). Chacune de ces deux parties se vendra séparément. Les gravures ont 22 centimètres sur 26, le papier (*vélin superfin*) mesure 32 centimètres, sur 38.

La *Sainte Bible en Images*, du célèbre peintre, est surtout un beau cadeau pour **étrennes et fêtes**, ainsi que pour **mariages et première communion**.

ÉMILE COLIN — IMPRIMERIE DE LAGNY

www.ingramcontent.com/pod-product-compliance
Lightning Source LLC
Chambersburg PA
CBHW060054190426
43201CB00034B/1494